U1007872

城市基层治理
现代化指标体系构建研究

以深圳市龙华区为例

CHENGSHI JICENG ZHILI
XIANDAIHUA ZHIBIAO TIXI GOUJIAN YANJIU
YI SHENZHENSHI LONGHUAQU WEILI

城市基层治理现代化指标体系构建研究编写组 编著

中国社会出版社
国家一级出版社 · 全国百佳图书出版单位

图书在版编目（CIP）数据

城市基层治理现代化指标体系构建研究：以深圳市龙华区为例／城市基层治理现代化指标体系构建研究编写组编著．-- 北京：中国社会出版社，2024.5
ISBN 978-7-5087-7034-5

Ⅰ．①城… Ⅱ．①城… Ⅲ．①城市管理－体系建设－研究－深圳 Ⅳ．①F299.276.54

中国国家版本馆 CIP 数据核字（2024）第 056329 号

城市基层治理现代化指标体系构建研究：以深圳市龙华区为例

出 版 人：程　伟
策划编辑：张　迟
终 审 人：陆　强
责任编辑：张　迟
装帧设计：尹　帅
出版发行：中国社会出版社
（北京市西城区二龙路甲 33 号　邮编 100032）
印刷装订：北京虎彩文化传播有限公司
版　　次：2024 年 5 月第 1 版
印　　次：2024 年 5 月第 1 次印刷
开　　本：170mm × 240mm　1/16
字　　数：285 千字
印　　张：16.5
定　　价：60.00 元

版权所有·侵权必究（法律顾问：北京玺泽律师事务所）

凡购本书，如有缺页、倒页、脱页，由营销中心调换。

客服热线：（010）58124852　投稿热线：（010）58124812　盗版举报：（010）58124808

购书热线：（010）58124841；58124842；58124845；58124848；58124849

编委会

编 委 会 主 任：王　卫

编委会常务副主任：吴振兴

编 委 会 副 主 任：何连连　何立军

编 委 会 成 员：何新生　孟祥斐　李　想
蒋天佑　王龙飞　陈科霖
耿　旭　冯秀成

CONTENTS 目 录

导　论

一、研究背景与缘起

2021 年 2 月 4 日，习近平总书记在贵州省贵阳市观山湖区金元社区考察调研时指出："基层强则国家强，基层安则天下安，必须抓好基层治理现代化这项基础性工作。"基层治理是国家治理的基石，理解中国必须理解基层。深圳作为经济特区，经过改革开放 40 多年的高速发展，城市人口大幅增加，城市社会结构、组织形态发生深刻变化，人民群众需求越加复杂多元，给基层治理带来了严峻挑战，亟须加快推进基层治理现代化。当下，以深圳这一超大型城市为例，开展城市基层治理现代化评价体系构建研究，具有特殊的时代背景和深远的现实意义。

（一）推进基层治理现代化是全面推进中国式现代化的应有之义

党的十九届六中全会审议通过的《中共中央关于党的百年奋斗重大成就和历史经验的决议》深刻指出，"党领导人民成功走出中国式现代化道路，创造了人类文明新形态，拓展了发展中国家走向现代化的途径"。党的十八大以来，以习近平同志为核心的党中央对全面建成社会主义现代化强国作出了分两步走的战略安排：从 2020 年到 2035 年基本实现社会主义现代化，从 2035 年到本世纪中叶把我国建成富强、民主、文明、和谐、美丽的社会主义现代化强国。"十三五""十四五"规划也分别提出了具有标志性的相关重大战略安排，以及具有前瞻性、全局性、基础性、针对性的重大举措。[①] 2021 年 7 月，习近平总书记在"七一"重要讲话中提出了"中国式现代化"这一重大历史命题，从比较现代化视角创立了"中国式

---

① 叶小文．中国式现代化的基本逻辑和文化底蕴［J］．北京社会科学，2023，（01）：4-11.

现代化”这一独特的现代化理论范畴体系，对100年来中国共产党领导中国人民开展现代化建设的比较特征和伟大成就进行了历史性总结和学理性概括。习近平总书记指出：“我们建设的现代化必须是具有中国特色、符合中国实际的。我国现代化是人口规模巨大的现代化，是全体人民共同富裕的现代化，是物质文明和精神文明相协调的现代化，是人与自然和谐共生的现代化，是走和平发展道路的现代化，这是我国现代化建设必须坚持的方向。”这段论述深刻展现了中国式现代化的比较特征和价值内蕴。中国式现代化的五个特征环环相扣、由内而外地层层深入，阐明中国式现代化道路是具有社会主义性质的现代化，不是对苏联模式、西方式现代化的复制再版，而是在新时代呈现出新特点的创造性的理论形态。中国式现代化既切合中国实际，体现社会主义建设规律，也体现人类社会发展规律，实现了对西方现代化理论的全面超越，有着深刻的历史逻辑、理论逻辑、实践逻辑。①

中国共产党历经新民主主义革命时期、社会主义革命和建设时期、改革开放和社会主义现代化建设新时期、中国特色社会主义新时代的不同历史阶段，在百年的历史征程中实现了从落后挨打走向独立自主的现代化，创造出了一条中国式现代化新道路。② 中国式现代化新道路不仅是对现代化发展模式的实践探索，是对新的更高文明形态的创造与开启，也是对中国特色社会主义道路自信的凝练表达。在党的二十大报告中，习近平总书记强调指出：“从现在起，中国共产党的中心任务就是团结带领全国各族人民全面建成社会主义现代化强国、实现第二个百年奋斗目标，以中国式现代化全面推进中华民族伟大复兴。”中国式现代化是中国作为最大的发展中国家和东方大国，通过独具特色的发展实践，自觉主动融入世界历史并深刻影响和改变世界体系以及人类文明形态的现代化探索之路。③ 党的百年历史征程中取得的辉煌成就证明：我们建设的现代化，必须是具有中国特色、符合中国实际的现代化；坚定不移走中国特色社会主义道路，是全

① 叶小文．中国式现代化的基本逻辑和文化底蕴［J］．北京社会科学，2023，(01)：4-11.

② 王晓青．中国共产党探索中国式现代化道路的百年历程及经验启示［J］．贵州省党校学报，2022，(02)：21-28.

③ 庞立生．新时代马克思主义中国化新飞跃的新成果［J］．思想教育研究，2021，(12)：11-14.

面建成社会主义现代化强国、实现中华民族伟大复兴的必由之路。

（二）推进基层治理现代化是全面推进国家治理现代化的重要任务

党的十八届三中全会提出了“国家治理体系和治理能力现代化”重大命题，把国家治理问题同现代化相联系，深刻揭示了国家治理与现代化的内在关系。关于国家治理体系和治理能力现代化，习近平总书记在《切实把思想统一到党的十八届三中全会精神上来》一文中强调，“这是完善和发展中国特色社会主义制度的必然要求，是实现社会主义现代化的应有之义”。习近平总书记指出，“国家治理体系是在党领导下管理国家的制度体系，包括经济、政治、文化、社会、生态文明和党的建设等各领域体制机制、法律法规安排”，需要在中国式现代化的指引下不断健全国家治理体系。中国式现代化推动各方在党的统一领导下协同发力，对国家治理能力的持续提升提出了很高要求。国家治理能力是国家运用制度规范和促进各项事业发展的能力，包括改革发展稳定、内政外交国防、治党治国治军等各个方面。如果没有国家治理体系和治理能力现代化，中国式现代化就难以实现。①

党的十九届四中全会对我国在现阶段如何推进国家治理体系和治理能力现代化作出了重要部署，指出在国家与社会的发展过程中要不断实现社会治理模式创新，构建共建共治共享的基层社会治理共同体。党的十九届五中全会确立了“十四五”时期国家治理层面的主要目标以及到2035年的远景目标，为我国推进国家治理以及基层治理现代化明确了方向和任务。从国家制定的一系列重大方针政策中可以看出，我国对制度体系发展的重视程度在不断提升，这也对基层治理的发展产生了巨大的影响，国家治理体系的现代化促进了基层治理的发展进步。

（三）推进基层治理现代化是推进城市治理现代化的关键举措

城市治理现代化水平在很大程度上体现在基层。2015年6月，习近平总书记在贵州调研时指出：“党的工作最坚实的力量支撑在基层，经济社会发展和民生最突出的矛盾和问题也在基层，必须把抓基层打基础作为长

① 辛璐璐，刘雪华．中国国家治理现代化研究述要［J］．经济社会体制比较，2015，(04)：205-211.

远之计和固本之策，丝毫不能放松。”这充分表明了基层治理在国家治理中的基石地位。党的十九届四中全会提出，要“健全党组织领导的自治、法治、德治相结合的城乡基层治理体系”。党的十九届五中全会通过的《中共中央关于制定国民经济和社会发展第十四个五年规划和2035年远景目标的建议》指出，“十四五”期间要努力实现“社会治理特别是基层治理水平明显提高”的目标。2021年4月，《中共中央 国务院关于加强基层治理体系和治理能力现代化建设的意见》，从总体要求、完善党全面领导基层治理制度、加强基层政权治理能力建设、健全基层群众自治制度、推进基层法治和德治建设、加强基层智慧治理能力建设、加强组织保障7个方面，就推进基层治理体系和治理能力现代化建设作出决策部署。全国各地根据党和国家的部署要求，结合自身实际，制订相关制度规划和实施方案，形成了推进基层治理现代化建设“百舸争流”的生动局面。

深圳作为率先建设中国特色社会主义先行示范区城市，是探索构建具有中国特色的基层治理现代化指标体系的优质研究样本。2019年，中共中央、国务院出台《关于支持深圳建设中国特色社会主义先行示范区的意见》，深圳再次扛起改革发展的大旗。作为我国改革开放的重要窗口和率先建设中国特色社会主义先行示范区城市，深圳市自建市以来经济社会发展取得显著成绩，目前已发展成为一座充满魅力、动力、活力、创新力的国际化创新型城市。深圳市龙华区居于深圳地理中心，处在粤港澳大湾区的核心中轴地带。近年来，龙华区坚持以人民为中心的发展思想，着力打造党建引领基层治理的“龙华样本”，在推进基层治理体系和治理能力现代化建设方面可圈可点，受到各方面广泛关注，是我们探索构建具有中国特色的基层治理现代化指标体系的优质研究样本。

综上所述，基于中国式现代化、国家治理现代化、城市治理现代化的时代背景和深圳市高质量发展的现实基础，在党和国家关于推进基层治理现代化和建设中国特色社会主义先行示范区等重大决策部署指引下，以深圳为例，探索构建对其他地区有借鉴意义的基层治理现代化评价指标体系是值得我们深入研究的重要课题。

二、研究目的与意义

习近平总书记多次强调，“基础不牢，地动山摇”。

基于前文分析，本研究以基层治理为切入点，以城市基层治理为主体，以推进治理体系和治理能力现代化的路径为研究对象，力图在现有研究基础上，按照基层治理理论研究与实践探索新导向，理性分析中国城市基层治理体系的现状与问题，探讨既符合人类社会政治文明主流趋势又深具中国特色的现代化基层治理体系，助力深圳等地加快健全基层治理体制机制，构建政府调控与社会协同机制紧密互联、政府服务与社会自治功能有机互补、政府管理力量与社会调节力量良性互动的基层治理格局，为实现经济社会高质量发展提供不可或缺的有效保障。

本研究旨在立足深圳实际，以深圳市龙华区为例，通过构建评价指标体系，对龙华区基层治理现代化水平进行评价，进而探索构建一套以深圳为蓝本的科学的适用全国的城市基层治理现代化指标体系，助力深圳在基层治理领域先行示范，为推进基层治理体系和治理能力现代化工作提供理论和实践支撑。

（一）理论意义

第一，有助于丰富当前我国基层治理现代化理论研究体系。本研究通过对当前我国城市基层治理现代化指标体系内涵和外延进行深入研究，一方面，可以完善国内对城市基层治理现代化能力水平影响因素的理论研究。目前国内外对“治理能力”或“治理水平”的研究大多集中于对其整个治理行为过程的研究，对于“治理体系与能力评价”的指标研究比较有限，本研究可弥补这方面的不足；另一方面，本研究基于中共中央、国务院发布的《关于加强基层治理体系和治理能力现代化建设的意见》中提出的基层治理体系和治理能力现代化视角，运用“治理”“现代化”“善治”等方面理论来解释基层治理的细分影响因素，不仅从个案具体实际情况出发，同时也充分考虑了各地环境差异，努力实现由个案研究转向一般性研究的目标。

第二，有助于为我国城市基层治理现代化评价提供理论依据。本研究通过构建城市基层治理体系与能力评价指标体系，对影响我国城市基层治理体系与治理能力的多方面因素进行综合评估与考量，并通过变异系数法等技术手段，科学客观地分析各因素之间存在的内在联系及现实依据，从而得出较为切实可行的城市基层治理体系与治理能力的综合定量指标体系。当前全国范围内对城市基层治理体系与治理能力的量化指标评价缺乏明确有效的理论依据，主要研究方向大体依赖于对反映治理能力的部分指标的定性分析，大多数研究成果存在评价标准缺乏科学性、评述方式陈旧主观化、评价结果难以反映现实状况等问题，尚未形成一个具有极强说服力和明确规范的评价指标体系。本研究构建城市基层治理现代化指标体系的最终目的，就是为衡量和评价城市基层治理现代化水平提供科学合理的理论依据，从而进一步拓展城市基层治理现代化研究的高度、广度和深度。

第三，有助于开辟“治理现代化”相关领域研究新方向。城市基层治理现代化指标体系是一个应用性较强的研究范畴。展望我国基层治理发展趋势，应突出城市基层治理现代化指标体系量化评估的现实导向性，在指标选择上应充分考虑到中国特定的国情实际，从而开拓具有中国特色的基层治理现代化评价体系。

（二）现实意义

第一，有助于科学、客观地反映、评价城市基层治理现代化水平。对于我国城市基层治理指标体系的系统化构建，可使党委政府部门对当前所在城市基层治理现代化状况水平进行系统性测评，使其在了解城市治理能力不足之处的同时，充分关注与基层治理现代化相关的关键问题和优先发展内容，准确把握这些问题的状态和进展情况，为其进行相关决策提供基础数据支撑和智力支持。

第二，有助于促进城市基层治理能力向着更加全面、协调、可持续的方向发展。城市基层治理现代化指标体系的构建，从我国基层社会发展的各领域多角度地考量当前影响城市基层治理现代化水平的主客观因素，选取大量的量化指标，使城市基层治理能力现代化同治理体系现代化更为有机地结合在一起，推动其相互协调、相互促进；同时也不断体现着我国当前以人为本的全面协调可持续发展的治理理念，有利于城市基层治理水平现代化目标的科学确立。

第三，有助于推进城市基层治理改革更加深入。我国城市基层治理现代化指标体系可充分反映城市基层治理现代化的发展现状和相关方面政策的实施效果，使党委政府部门可随时掌握城市基层治理现代化发展进程。

同时通过对城市基层治理能力观测基础数据的评估与反馈，可使决策者及时地了解当前推进基层治理现代化战略的正确性和有效性，从而推动城市基层治理改革向着更深层次发展，并且为今后的改革发展提供充足动力。

第四，有助于解决当前城市基层治理突出问题。本研究的最终目的是提高城市基层治理能力和水平，使党委政府部门能观测到城市基层治理存在的优势和不足，从而强化优势、补齐短板，实现基层治理均衡发展。通过构建一套完善的城市基层治理现代化指标体系，有助于决策者预测基层社会发展的态势及未来走向，从而根据当前环境变化适当调整或制定新政策以使基层社会向着合理有序的方向发展。

改革开放以来，中国城市社会的基层治理单元发生了极大转变，从"单位制"转变为"街居-社区制"。在计划经济时代，城市基层治理体系是单位管理模式。单位是计划经济体制下城市基层治理的基本单元和组织化方式，单位管理模式的显著特征，是行政主导和条块分割，单位制时代基层治理表现出"总体性依附"逻辑。[①] 在市场经济时代，"街居-社区制"成为基层治理的基本单元。但是，单位制时代遗留下的条块分割、社区事务管理的"行政化"以及基层社会组织发育不充分等问题制约着基层治理现代化的发展。如何从国家和社会相互增权的维度推动中国基层治理现代化，成为亟待破解的现实问题。

城市基层治理现代化水平的提高，也是当代经济社会发展的客观规律。

本书选取深圳市龙华区作为研究对象，符合我国超大城市基层治理的特点：治理规模较大、城区人口多、拥有一定的基层治理经验。同时，在现代化过程中，吸收了较多的外来务工人员，经济形式和发展模式更加多样化。因此，以该地区作为样本进行研究，具有一定的代表性和前瞻性。研究成果可以为推进城市基层治理体系和治理能力现代化建设提供参考。[②]

① 刘建平，杨磊．我国城市基层治理变迁：困境与出路：构建一种"嵌合式治理"机制［J］．学习与实践，2014（1）：94-99.

② 汪律．基层社会治理能力评价研究［D］．福建农林大学，2020.

三、研究对象与内容

本研究关注的核心是：以深圳市龙华区为例，在当代中国推进基层治理体系和治理能力现代化的战略思路下，通过构建城市基层治理现代化指标体系，对龙华区基层治理现代化水平进行现状分析和综合评价，进而提出建设性的对策建议，同时探索构建一套在全国超大、特大、大型城市等具有参考借鉴意义的城市基层治理现代化评价指标体系。

本研究试图回答的问题主要有六个方面：一是为什么要研究和构建城市基层治理现代化指标体系；二是什么是城市基层治理现代化，如何理解城市基层治理现代化指标体系；三是按照什么原则和方法设计城市基层治理现代化评价指标体系，该指标体系的制定标准是什么以及如何确定指标的权重、如何测评；四是城市基层治理现代化指标体系所包含的具体内容是什么；五是城市基层治理现代化指标体系有何实际应用价值；六是针对测评结果对研究的样本乃至国家层面研究制定相关政策提供决策参考。

本研究的主要内容如下。

（一）导论

开篇阐明研究背景与缘起，站在整个中国式现代化的宏观层面、国家治理现代化的中观层面、城市基层治理现代化的微观层面提出城市基层治理现代化这一研究主题，并对研究目的及其意义进行分析，结合深圳市中国特色社会主义先行示范区建设的背景，把话题落到本研究的研究对象上来，科学地选取研究路径与方法，并呈现研究创新与特色之处。

（二）城市基层治理现代化内涵解析

主要围绕城市基层治理现代化这一核心概念的基本内涵，对城市基层治理现代化的理论基础进行梳理，介绍现代化理论、国家治理现代化理论、多中心治理理论、新公共服务理论这四大理论基础，并阐明其与本研究的契合性，从而对城市基层治理现代化的概念作出系统全面的界定，并分析城市基层治理现代化的主要特征。

（三）城市基层治理现代化实践探索

主要围绕城市基层治理现代化实践探索展开。首先对城市基层治理现代化的发展历程进行梳理，体现其阶段性特征，并以深圳市龙华区基层治理的实践探索作为个案研究，围绕其基本情况及城市基层治理现状展开分析，在此基础上提出其城市基层治理现代化面临的挑战，指明如何对城市基层治理现代化水平进行评价。

（四）城市基层治理现代化指标体系建构经验借鉴

主要围绕城市基层治理现代化指标体系建构相关可借鉴的经验展开。首先深入分析国内外相关指标体系，从指标体系内容、评估工具与方法等方面进行综合分析，阐明其对构建城市基层治理现代化指标体系的若干启示，并对全国范围内探索构建城市基层治理相关的指标体系的实践案例进行分析，简述其指标体系内容及具体实践做法，从而对前述内容进行整体评价，归纳总结出其可供借鉴之处。

（五）城市基层治理现代化指标体系设计

主要围绕城市基层治理现代化指标体系的构建展开。政策依据与指导思想是构建城市基层治理现代化指标体系的根本遵循和基础依据，本研究所构建的指标体系主要是依据中共中央和国务院有关政策文件、习近平总书记关于基层治理现代化的重要指示批示和重要讲话精神以及与推进基层治理现代化工作密切相关部门的决策部署，采用引领性与契合性相结合、科学性与可行性相结合、硬性指标与弹性指标相结合、定性与定量相结合等原则，详细阐述指标体系指标库构建及选择过程，提出指标测度数据来源、测度方法及注意事项。

（六）深圳市龙华区基层治理现代化综合指数测度

主要是通过本研究构建城市基层治理指标体系对深圳市龙华区基层治理现代化水平做一个全面测度。从龙华区治理体系现代化、治理能力现代化、治理效能现代化三个维度进行衡量。指标体系构建主要采取定性指标与定量指标相结合的方式，涉及的数据来源分为三大类：专家打分、主观问卷、客观数据。一级指标和二级指标权重采用“最优最劣打分法”，综合相关专家的评估，得出指标体系权重表；三级指标采用均等权重，依次构建各决策者的最优化模型，并采用 LINGO 软件对模型中的各指标权重进行测算和一致性检验。通过 3 个维度下的 53 个三级指标的测量得到综合性指数，再根据每个指标的权重最终合成龙华区基层治理现代化指数，为评估龙华区基层治理现代化水平提供基础数据支撑。

（七）推进城市基层治理现代化的若干建议

主要根据指标体系测度结果研究提出对策建议。首先是给深圳市龙华区有关方面的建议。建议从区、街道以及社区三个层面进行分析：一是加强薄弱环节，推动建立现代基层治理体系；二是增强治理能力，全面提高基层治理水平；三是释放制度优势，全面提升基层治理效能。其次是给深圳市有关方面的建议。主要是将指标体系做深入推广，形成深圳全市范围内的各区比较数据：一是补齐公共服务短板弱项，全面提升城市品质；二是推动区域公共服务均等化，提升全域公共服务均衡性；三是保障外来人口公共服务需求，扩大公共服务覆盖面；四是优化全市社会保障体系，增强公共服务层次性。最后是站在全国层面提出相关建议。主要是从提升综合治理能力、搭建能力转化机制、提高基层治理效能、健全基层治理体系、完善基层治理制度等方面提出建议，推动实现我国基层治理制度优势充分转化为治理效能的基层治理现代化建设目标。

四、研究方法与过程

（一）研究路径与方法

本研究将按照“政策、理论与案例研究—指导思想与原则确定—分析框架与指标库构建—调研论证—指标筛选与权重确定”的整体思路探索构建城市基层治理现代化指标体系（见图 0-1）。

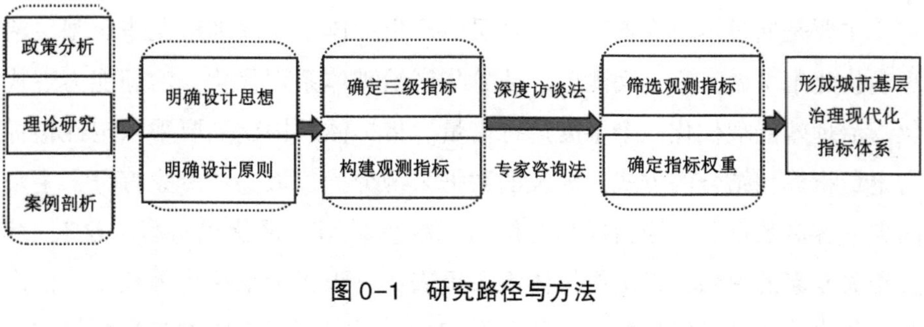

图 0-1 研究路径与方法

在此过程中，主要采用的研究方法与分析工具包括：

1. 理论与文献分析

本研究将充分收集国内关于城市基层治理现代化的研究论文与实践报告；收集国内北京、上海、武汉、广州等城市基层治理典型案例和城市基层治理的政策与数据等信息；全面收集整理国家、各省区市关于城市基层治理现代化的官方政策文件以及《中国统计年鉴》《中国城市统计年鉴》《深圳市统计年鉴》等。在此基础上，对文献资料进行研读、梳理和总结，深入了解和把握我国城市基层治理现代化的基本方向政策依据。

2. 案例研究法

城市基层治理现代化指标体系的构建主要基于对深圳市龙华区个案的深度研究，通过对龙华区推进基层治理现代化方面的工作实践进行深度调研，掌握区级层面政策和实践的第一手资料、最新数据和经验素材。采用“解剖麻雀”的研究方法，针对龙华区个案展开研讨，以此为基础，建构科学的指标体系。

3. 深度访谈法

初步构建观测指标库后，将采用深度访谈法，征集有关专家学者和相关部门意见，并根据该意见对指标体系进行修改、更新和完善，坚持“多数一致”原则，严格筛选确定最终的指标体系。

4. 专家咨询法

本研究在指标体系构建中采用德尔菲法进行专家咨询，拟选取理论界与实务界共15名专家进行匿名打分，对指标库中的指标进行比较选择，并根据打分结果对指标进行筛选，确定指标等权重。① 通过将评价指标库的指标以问卷打分形式对指标进行筛选。课题组拟开展2~4轮专家咨询。在首轮咨询中，请专家对课题组确定的指标体系进行初步筛选、增补。在汇总专家第一轮意见的基础上，形成新的指标体系，并开展第二轮专家咨询，直至所有专家对城市基层治理现代化的一、二、三级指标形成一致性意见，最终确定指标范畴。评价指标体系确定后，本课题组需要确定各项指标体系权重，鉴于城市基层治理现代化指标评价体系是相互关联、相互

① 等权重是指标体系中常见的处理方法，如HDI中的教育指数采用了此方法，考虑到每个指标均代表了一个重要领域，本研究也可以使用等权重的处理方法。

制约的众多因素构成的复杂系统，因素的权重不容易直接获得，本研究采用层次分析法（以下简称 AHP 法）来确定权重。

（二）研究过程

城市基层治理现代化指标体系构建研究是一项基础性、前瞻性、创新性、系统性研究，为努力确保呈现高质量的研究成果、实现预期研究目标，本着凝聚多方力量优势互补、精诚合作的理念原则，中共深圳市龙华区委党校与中国社会治理研究会联合组建了课题组。在多方共同努力下，本研究有序推进，取得了较为丰硕的成果。

一是扎实开展调研工作。中共深圳市龙华区委对此研究高度重视，区领导亲自牵头组建理论与实践研究专长相结合的课题组，结合相关课题，先后到北京、上海、杭州、衢州、武汉、宜昌、广州、深圳、成都等地，围绕基层治理体系、基层治理能力、自治法治德治建设等相关问题展开调研，收集了大量有价值的信息。

二是认真组织研究工作。围绕指标体系的目标定位、框架设计、核心内容、指标选取与论证、数据采集分析等环节，课题组开展了大量工作。中共深圳市龙华区委党校积极组织以深圳、北京两地为主的专家团队对指标体系的方案设计进行论证，并借鉴大量其他相关研究成果对指标体系进行优化。多方联动、群策群力，组织大量人力投入此项研究工作。

三是汇聚各方力量支持。中国社会治理研究会对本研究给予鼎立支持，研究会领导全程参与指导、论证，研究确立课题研究框架和整个指标体系，提出了一系列建设性意见建议，多次听取课题组工作情况汇报，帮助协调解决课题研究过程中遇到的难题。在课题开展过程中，中共深圳市龙华区委党校联合中国社会治理研究会积极开展问卷调查并多次参加龙华区相关调研活动，收集了大量数据和一手材料。

五、研究创新与特色

（一）研究视角创新

既往的研究不能很好地展现城市基层治理工作的“复杂性”。本研究系统制定针对城市基层治理现代化的指标体系，结合中央与地方最新精神和政策要求，设计城市基层治理现代化多维度指标体系。

（二）研究内容创新

既往的研究偏重主观测度的，局限于治理成效满意度研究。本研究既有主观指标又有客观指标，且以客观指标居多，弥补了之前有关研究的缺陷。

（三）成果应用创新

研究出来的指标体系对深圳市龙华区进行一个全面测度，主要包括三方面：一是深圳市龙华区基层治理现代化指数年度纵向比较；二是龙华区与深圳市其他区基层治理现代化指数横向比较；三是深圳市基层治理现代化指数年度纵向比较。通过指标体系的多层次应用，在实现对科研成果进行有效转化利用的同时，深入分析评价结果，形成相关资政建议，为实际工作提供决策参考。

第一章　城市基层治理现代化内涵解析

一、基层治理现代化的基本内涵

（一）基层治理研究综述

1. 传统基层治理结构形态研究

国内研究人员在对传统社会的治理结构、社会政治制度和管理制度结构进行研究时，往往使用的是“官府–社会”的二元视野和二维结构①。费孝通认为，传统中国社会治理的基本内涵为“自上而下的中央集权专制体制”和“自下而上的地方自治民主体制”的“双轨政治”；其中，自上而下的轨道运作过程为自中央通过行政命令传输到各级地方政府，再到地方的士绅，政策执行由高层往下层层层下达②。自下而上的轨道运作过程为底层农民通过各种正式或者非正式的渠道，将自身利益和政治诉求，通过层层上传或者跨级上传的方式将利益诉求传达至统治高层，这与“双轨政治”的实践路径明显相悖，但实践逻辑却趋于一致，前者实现对社会的有效管理，后者为基层自治、乡村自治的原动力。

与现在社会结构相异之处在于传统社会的乡村自治更多的是通过乡绅或宗族组织来实现的，这也是学者们普遍认为的中国传统社会的行政机构止于县级、“皇权不下县”的基本政治逻辑。正如著名的家庭史研究专家古德所说：“在帝国统治之下，行政机构的管理还没有渗透到乡村一级，而宗族特有的势力却维持着乡村的安定和秩序。”③ 自隋朝至清代，由于国家管理结构实行郡县制，国家管理的触角大多集中在州县，少有到达基层，州县与基层之间的空隙由乡绅阶层补充，由此，乡绅阶层便成为当时

---

① 吴银蓉．乡镇基层社会共治实施路径研究［D］．华南农业大学，2020.

② 费孝通．乡土重建［M］．北京：中信出版社，2019：1.

③ ［美］威廉·J. 古德．家庭［M］．魏章玲，译．北京：社会科学文献出版社，1986：10.

中国乡村社会主导性政治力量。① 因此，学界大多持这种观点：在传统社会中，宗族和士绅是乡村社会中国家权力与权威的主要载体，是传统基层治理实践的主体。

然而，随着对史料的挖掘和研究的深入，学界也有不同的观点，有学者认真考证研究长沙走马楼发掘的吴简并对其进行详细分析后认为，吴简所反映的乡村社会并没有那么“宗族化”②，绝对不是单纯依靠传统宗族自治，而是在中央集权的严格控制下，国家权力对当时的乡村社会影响巨大，也就是说，国家也是当时乡村治理的主体。这一研究发现意味着传统基层社会存在多元的治理主体，传统基层社会秩序由官治体系和民治体系两大统治体系构成，并不只是单一的权力结构。古代中国乡村社会并非完全由地方自治，政府和官吏的影响无处不在，乡村是一种官员和乡绅巧妙结合的“官督绅办”体制或“官督绅治”体制，官府借助乡绅势力对村社进行控制，而乡绅借助官府的权威实现对乡村的合法化管理。官府和乡绅在长期的社会管理中形成了特有的默契，即通过权力的相互借助和管辖权的相互划分，实现对传统社会基层的有效治理。③

2. 现代基层治理演变研究

基层治理的演变是由其历史和社会基础决定的。中国是一个超大型的、传统的农业社会，其经济的基础在农业，政治的基础在基层，推动社会发展的主体是基层农民和市民。④ 新中国成立后，传统的“乡绅体制”瓦解，“三级所有、队为基础”的人民公社体制取代了原有的体制。有学者研究认为，新中国的国家权力能直接对农民实行有效的管理和控制，体现了“全能主义政治”`生态，同时，在当时以农业为主的新兴国家，在经济资源和物质资源方面国家与农民体现出明显的“汲取型关系”。然而，学者张静并不这样认为，她认为新中国成立初期的基层政权对乡村社会未能实现有效的管控；相反，当时情形充满了各种利益冲突下引起的紧张和

① 吴理财．中国政府与政治［M］．武汉：华中师范大学出版社，2016：4.

② 秦晖．传统中华帝国的乡村基层控制：汉唐间的乡村组织［G］．中国乡村研究（第1辑）．北京：商务印书馆，2003：27.

③ 从翰香．近代冀鲁豫乡村［M］．北京：中国社会科学出版社，1995.

④ 陈家刚．基层治理：转型发展的逻辑与路径［J］．学习与探索，2015（2）：47-55.

对抗关系，因为当时并未建立完善的、具有共识的公共制度和社会规则，乡村治理充满了非正式的治理结构。学者吴毅也赞同这一观点，认为这一时期的国家权力只是单向地、强势地向基层渗透，而在主体之间未能取得有效的互动和反馈。但从效果来看，学者都承认在当时的情形下这种管理取得了显著的成效。学者杜赞奇认为，新中国的政权用“权力的组织网络”代替了“权力的文化网络”，建立了与政权密切相连的各级横向和纵向组织，新生的政权与农民的直接线性关系直接地、毫不留恋地取代了原来的国家政权、地主士绅和农民之间的复杂三角关系。①

然而，基层治理的权力关系并非一成不变的，伴随家庭联产承包责任制的推行，国家的权力开始逐渐撤出基层社会，取而代之的是“村民自治”，在村民自治的过程中村民们对乡村治理表现出强烈的兴趣，积极参与乡村的事务管理，以及提供乡村公共产品和公共服务②。同时，由于乡村基层组织过强的权力欲望，导致这一时期干群关系紧张，出现“治理性危机”。孙立平、郭于华等学者以华北某镇订购粮的征收案例，深入分析了权力运作的非正式性，即通过人情、灰色社交、非正式途径变相获取权力，体现了当时基层社会矛盾和基层治理问题。

各级政府发现乡村的这种潜在风险以后，为了减轻农民负担，化解基层矛盾，试图用税费改革来解决，这在一定程度上缓解了部分矛盾并解决了部分问题，但同时产生的基层权力组织财政困难、运作乏力等问题也相当明显。税费改革后，维持基层政府运转的农业税费转变为依靠上级转移支付，基层政府主要任务由过去的向农民“要钱、要粮”变为向上级“跑钱、借债”，基层政权由此从过去的“汲取型”变为与农民关系更为松散的“悬浮型”③，基层政府与农民关系进一步割裂，两者中间不再有强有力的利益关联，表现为当前乡村基层政权对所管辖区域公共事务的消极和不作为，做事办事遵循着“不出事逻辑”，由此，基层治理能力逐步弱化，基层政权陷入困境。

---

① ［美］杜赞奇．从民族国家拯救历史民族主义话语与中国现代史研究［M］．王宪明，等译．北京：社会科学文献出版社，2003：2.

② 吴银蓉．乡镇基层社会共治实施路径研究［D］．华南农业大学，2020.

③ 周飞舟．从汲取型政权到“悬浮型”政权——税费改革对国家与农民关系之影响［J］．社会学研究，2006，(03)：1-38+243.

党和政府积极探讨基层治理之道，一批学者积极建言献策。如张康之认为，从20世纪80年代开始，人类逐步进入全球化以及后工业化时代，原来在工业时期构建的社会治理模式受到严峻的挑战，无法解决新时期社会治理中遇到的一系列问题，因此需要尽快建构一种合作治理模式。① 周庆智认为，由于生产经营体制的改革、农村人民公社解体等原因，中国乡村的基层治理的一元体制已经结束，基本完成了从一元向多元治理结构的转型，光靠政府来管理乡村已经无法适应时代的要求，需要通过民主化自治和法治化规范来系统治理乡村。②

党的十六大以来，我国加快建设服务政府、责任政府、法治政府，改革行政管理体制，调整政府的职能定位，提高公共服务水平，加大对依法行政行为的监督力度。政府职能的转变使政府在解决社会矛盾方面定位更加清楚、措施更加有力，在自身积极统筹协调推进公共事务过程中，充分调动社会各方面的力量参与社会治理全过程，让社会更多地利用各方力量自主解决问题。③

蒋源认为，随着现代社会利益取向多样化和社会分工深化，推动社会治理转型的重要“机制性”策略就是政府社会管理从粗放到精细的转变。从理论上来深化对精细化治理的定位、内涵、建设方向的认识，有助于增强改革成效。从定位来看，精细化社会治理必须从政府职能转变以及社会治理转型两个层面统筹考虑。因此，理解精细化社会治理的内涵应当结合技术和服务两个维度。既要健全行政管理的程序与机制，做到以科学管理促进科学发展，又要加强对社会诉求的回应性，从而提升治理的灵敏度与细致化程度。因此，要达到有效的社会治理的目标要求，可以通过积极培育社会治理的精细文化，搭建高效的“精明行政”体系，运用现代信息技术促进社会资源的整合，通过构筑多元主体治理格局等方式实现。④

---

① 张康之．合作治理是社会治理变革的归宿［J］．社会科学研究，2012（3）：35-42.

② 周庆智．基层治理：权威与社会变迁——以中西部乡村治理为例［J］．学习与探索，2014（9）：63-72.

③ 赵和岗．成都市城市社区党组织领导城市社区治理研究［D］．西南交通大学，2020；罗冬冬．基层社会矛盾化解中政府职能转变研究［D］．安徽大学，2014.

④ 蒋源．从粗放式管理到精细化治理：社会治理转型的机制性转换［J］．云南社会科学，2015（5）：6-11.

3. 基层治理现代化研究

改革开放以来，随着我国政府职能转变逐步深化，大中型城市基本上形成了以街居制为基础的城市社会管理体制，并在国家的主导下将城市基层治理现代化引入社区治理模式，不断总结治理经验，探索新的治理模式。在社会管理制度改革方面借鉴市场机制，采用购买服务的方式将部分公共服务供给转移给市场和社会组织，实现了公共服务的政府、市场与社会的多方供给机制。随着我国市场化和城市化的持续推进，城市基层治理情况也更加错综复杂，面临新的困难与问题。比如城市经济发展与社会发展不协调，各个城市经济社会发展不平衡，服务型政府建设不够高效，城市基层治理组织架构设置不够科学，城市社会的基础秩序比较脆弱等因素。在此背景下，学界对于基层治理现代化展开一系列相关研究，主要集中在对概念阐述、目标界定、功能定位、主体架构、治理模式、运行机制和实践路径等方面。

基层治理目标研究。有学者认为，基层治理目标是要实现在党领导下的政府治理、社会调节、居民良性互动，全面提升城乡治理法治化、科学化，提高精细化水平和组织化水平。① 基层应是适合居民生活意愿、乐于人居的生活共同体，应是充满活力、与国家治理长远目标相适应的善治共同体，因此其目标简化为：生活宽裕、环境整洁、生活便捷、文明祥和、民主自治。②

基层治理模式研究。有学者认为，目前我国各城市情况千差万别，对于基层治理模式的选择必须深思熟虑，应从城市经济社会发展、历史原因、人口结构和政府治理能力出发，分别选择最适合的治理模式。③ 也有学者认为，处于街道办事处以及社区居委会辖区范围内的政府、社区组织与社区居民等城市基层治理主体，为达到城市基层治理的目的，采取各种管理体制、机制、手段和方法而形成的实践范式即治理模式，主要有街居

---

① 郭丽兰．基层治理结构和动力创新：广东的实践和探索［M］．北京：人民出版社，2020：4.

② 肖唐镖．基层治理亟待走向系统性改革［J］．国家行政学院学报，2015（4）：32-37.

③ 焦亦民．当前中国城市基层治理问题及对策研究［J］．中国行政管理，2013（3）：20-24.

模式、居社分离模式以及社区自治三种。①

基层治理的功能定位研究。厘清基层治理的功能定位问题，应准确把握社会治理体制创新与国家治理体系的内在逻辑。在国家治理视域下，社会治理体制的价值目标中存在“维稳”诉求大于“维权”诉求、党政包揽替代多元协同、风险控制重于社会建设、“即兴式”举措多于制度规范等误区。② 有学者调研发现，基层党组织和政府通过推动基层治理体制机制创新、推进基层治理体系理性化规范化、以基层群众需求为导向加大公共服务供给、提升人力财力和机制保障能力等措施，使民主和服务运转起来并真正落实落地，提升了基层治理能力水平。③

基层治理的机制研究。有学者认为，改善城市基层治理首要的任务是改革现行的“街道—居委会”体制，尤其要对街道和居委会的职能和任务作出明确的制度安排。④ 也有学者认为，要提升城市基层治理现代化的水平，不能光靠改革“街道—居委会”体制，还要依靠改革来整合社区内部的各种社会资源，并且改革应该以是否有利于社区内部的治理资源的整合为基本尺度，改革绝对不能阻碍社区内部各种资源的整合进程。基层治理是一个多元的结构性存在，包括国家政权的基层组织、企事业单位、群众自治组织和社会组织；自上而下的科层制治理范式突出了国家政权建设的特征，但并没有涵盖基层治理的全部，所以也不能以科层制来统领基层社会。⑤

基层治理方式研究。基层治理方式是基于基层治理面临的问题挑战以及机遇而提出的。例如面对基层利益诉求、治理结构等方面过于碎片化的

---

① 蔡小慎，牟春雪．治理现代化背景下我国城市基层治理模式的比较与选择［J］．学习与实践，2016（2）：15-20.

② 姜晓萍．国家治理现代化进程中的社会治理体制创新［J］．中国行政管理，2014（2）：24-28.

③ 叶本乾．治理民主使民主和服务运转起来：基于成都市龙泉驿区基层治理的调查与思考［J］．党政研究，2015（1）：102-107.

④ 李友梅．基层社区组织的实际生活方式：对上海康健社区实地调查的初步认识［J］．社会学研究，2002（4）：15-23.

⑤ 吴新叶．基层治理需要跨越科层制范式的藩篱：与王龙飞博士商榷［J］．学术争鸣，2016（1）：55-58.

问题，有学者主张应推进整体性治理。[①] 简约化与复杂化是两种在价值理念、制度安排、组织架构等方面均存在显著差异的治理传统，为在简约与复杂之间寻求均衡，坚持可控的韧性治理。[②] 随着政府职能转变、社会管理创新的推进，我国应从具体国情出发，构建“强国家-强社会”的城市基层治理模式，走国家合理嵌入和社区自主治理相结合的“嵌合式治理”道路，实现国家和社会的互动与相互增权。[③] 当前我国社会治理逻辑呈现出“总体-支配型”管控特征，由此带来了“刚性稳定”思维中运动式治理突出、“条块”关系矛盾所导致的治理机制无法整合与优化、服务型社会组织培育的制度性困境重重以及规范化的治理效能评估体系等诸多问题，成为当前我国地方政府社会治理创新的主要行动困境；因此，未来社会治理的策略逻辑应从“总体-支配型”的管控行动逻辑迈向“技术-治理型”的共享共治逻辑，进而提升社会治理效能。[④]

（二）治理

1. 当代西方治理理论

要了解“基层治理”的内涵，首先应该了解“治理”的内涵。治理的概念被应用于许多领域，其内涵十分丰富。英语中的“治理”（Governance）一词起源于古拉丁文和古希腊语，其主要用于与国家公共事务相关的管理活动和政治活动中，并与“统治”（Goverment）一词交叉使用。[⑤] 1989 年，世界银行发布了题为《撒哈拉以南非洲：从危机到可持续增长》的报告，在描述当时非洲发展面临的问题时首次使用了“治理危机”（Crisis in Governance）一词，并赋予“治理”新的含义，由此其相关理论开始流行于有关国际组织及国际社会科学界。1992 年，世界银行发布题为《治

① 李德．从“碎片化”到“整体性”：创新我国基层社会治理运行机制研究［J］．吉林大学社会科学学报，2016，56（5）：90-99+189-190.

② 唐皇凤，王豪．可控的韧性治理：新时代基层治理现代化的模式选择［J］．探索与争鸣，2019（12）：53-62+158.

③ 刘建平，杨磊．我国城市基层治理变迁：困境与出路——构建一种“嵌合式治理”机制［J］．学习与实践，2014（1）：94-99.

④ 黄毅，文军．从“总体-支配型”到“技术-治理型”：地方政府社会治理创新的逻辑［J］．新疆师范大学学报（哲学社会科学版），2014，35（2）：35-44.

⑤ 结构—过程—功能：基层治理数字化转型研究 何立军-《吉林大学博士论文》-2022-12-01.

理与发展》的年度发展报告，提出公共部门管理、问责、法制、信息透明的“善治”（Good Governance）标准。1995 年，“全球治理委员会”（Commission on Global Governance）将治理的定义界定为：治理是或公或私的个人和机构经营管理相同事务的诸多方式的总和；它是使相互冲突或不同的利益得以调和并且采取联合行动的持续过程；它包括有权迫使人们服从的正式机构和规章制度，以及种种非正式安排；而凡此种种均由人民和机构或者同意，或者认为符合他们的利益而授予其权力。[①]

治理源于统治，其基本内涵是在与统治的比较中深化的。20 世纪 90 年代，在西方国家，由于市场调控及政府管控的失灵，难以实现资源的优化配置，治理机制则成为更优选择，“愈来愈多的人热衷于以治理机制对付市场或国家政府协调的失败”[②]。此后，西方学者赋予“治理”新的含义，用以区分“统治”。治理与统治不同，统治的权威是政府，而治理的权威并不一定是政府。不同于政府具有合法的、正式的权威和决策权力，治理则更多是由共享目标的个人和组织进行合作，他们可能并没有权威和决策权力。治理理论的主要创始人之一詹姆斯·罗西瑙（James N. Rosenau）将治理看作一种正式或非正式的管理机制，即使未得到正式授权仍在不同活动领域中发挥作用，其内涵要比政府的统治和管理更为多样化。英国学者罗兹（Rhodes）则从国家管理活动、法人组织的治理、新公共管理、善治、“社会-控制”系统和自组织网络六个方面界定了治理的不同理论和逻辑，表明庞杂的治理理论有不同的研究途径。德国学者克劳斯·丁沃斯（Klaus Dingwerth）和荷兰学者菲利普·帕特伯格（Philipp Pattberg）认为，治理是一种特殊类型的社会互动模式，其逻辑与市场和政府迥异，治理是共同管理社会事务的一种复合模式，其包括公民社会的自我管理、公共和私人行为体的共同管理，以及政府的权威管理。英国学者格里·斯托克（Gerry Stoker）认为，治理改变了以往的管理方式，治理主体发生了改变，在治理过程中公私都可能成为治理主体。他归纳了治理的五点要素：治理指出自政府但又不限于政府的一套社会公共机构和行为者；治理明确指出在为社会和经济问题寻求解答的过程中存

① 赵和岗．成都市城市社区党组织领导城市社区治理研究［D］．西南交通大学，2020；

② 鲍勃·杰索普．治理的兴起及其失败的风险：以经济发展为例的论述［J］．漆燕，译．国际社会科学杂志（中文版），1999，（1）．

在的界限和责任方面的模糊之点；治理明确肯定涉及集体行为的各个社会公共机构之间存在权力依赖；治理指行为者网络的自主自治；治理认定，办好事情的能力并不在于政府的权力，不在于政府下命令或运用其权威，政府可以动用新的工具和技术来控制和指引。①

2. 中国特色的治理理论

20世纪90年代中后期，国内学者引入治理理论。1995年，作者署名“智贤”的《Governance：现代“治道”新概念》一文首次将Governance翻译为治道，认为治道是治理公共事务的道理、方法和逻辑，主要从政府管理的角度关注治理理论。1997年，徐勇在《政治学研究》上发表论文《GOVERNANCE：治理的阐释》，认为治理是通过对公共事务的处理，以支配、影响和调控社会，提倡将“Governance”译为“治理”。俞可平在理论意义上拓宽了治理的研究视角和思路，他在综述国外学者治理论述的基础上，提出治理的基本含义：在一个既定的范围内运用权威维持秩序，满足公众的需要。陈家刚将治理界定为：在人们生活的共同体中，为着共同的目的和公共利益，各种不同的权威主体通过运用权力去引导、控制和规范各种活动，从而最大限度地促进公共利益。②

基于以上对治理定义的分析，可以概括出治理的五大内涵要素。③

一是从治理主体来看，其突破了以往在市场领域把企业视为唯一、在公共领域把政府视为唯一的局限性，包含政府、企业、社会组织和居民自治组织等多元化治理主体。

二是从权威的性质来看，不同于统治的强制性，治理可以是强制性的，但更多的是协商性的。

三是从权威的来源来看，统治的权威来源就是强制性的国家法律，而治理的权威来源除法律以外，还包括各种非国家强制的契约。

四是从权力运行的向度来看，与统治重视的自上而下的权力运行不同，治理的权力可以是自上而下的，但更多的是平行的、协同的。

---

① 格里·斯托克．作为理论的治理：五个论点［J］．华夏风，译．国际社会科学杂志（中文版），2019，36（3）：23-32.

② 陈家刚．基层治理：转型发展的逻辑与路径［J］．学习与探索，2015（2）：47-55.

③ 俞可平．中国的治理改革（1978—2018）［J］．武汉大学学报（哲学社会科学版），2018，71（3）：48-59.

五是从作用及范围来看，统治所及的范围以政府权力所及领域为边界，而治理所及的范围则以公共领域为边界，其比统治的范围要宽广得多。

（三）基层与基层治理

1. 基层

“基层”（Base Course）的原意是指在建筑中，地面层以下的结构层，由填充层、隔离层、找平层、垫层和基土等构成，主要承受由地面层传递的各种荷载，并分布到地面层或土基上。引申到基层治理中，基层（Grass root）特指各种组织中最低的一层，跟群众联系最直接。

实际上，对于“基层”的理解，存在广义和狭义两种解释。狭义来说，基层主要是指行政区划规定上的最小单元。现代语境下的“基层”这一概念，首先源于中国共产党的组织体系建设，如党支部建立在军队的连队、建立在农村的行政村一级。伴随国家政权建设不断深入，“基层”逐渐从党的系统拓展到国家政权体系，产生了国家基层政权体系，如城市居民委员会组织和农村村民委员会组织。因而，作为国家政权体系的“基层”与党组织的“基层”，二者都是国家建构的产物，基层是中国国家与社会建设的基础细胞，是国家治理与社会治理的基本单元。①

根据《中华人民共和国宪法》第一百零七条和《中华人民共和国地方各级人民代表大会和地方各级人民政府组织法》，县级以上各级人民政府依照法律规定的权限，管理本行政区域内的经济、教育、科学、文化、卫生、体育事业、城乡建设事业和财政、民政、公安、民族事务、司法行政、计划生育等行政工作，发布决定和命令，任免、培训、考核和奖惩行政工作人员。由此可知，县级政府是职能部门设置最完整的最为基层的政府。②《中华人民共和国城市居民委员会组织法》第二条第二款规定：“不设区的市、市辖区的人民政府或者它的派出机关对居民委员会的工作给予指导、支持和帮助。居民委员会协助不设区的市、市辖区的人民政府或者它的派出机关开展工作。”《中华人民共和国村民委员会组织法》第五条规

① 邓少君．基层矛盾治理［M］．北京：中国法制出版社，2019：12.

② 辨析国家治理、地方治理、基层治理与社会治理［EB/OL］．（2019-9-2）．光明网，http：//www.sx-dj.gov.cn/a/dcyj/20190902/7454.shtml.

定："乡、民族乡、镇的人民政府对村民委员会的工作给予指导、支持和帮助，但是不得干预依法属于村民自治范围内的事项。村民委员会协助乡、民族乡、镇的人民政府开展工作。"由此，不设区的市、市辖区是我国的城市基层政权，乡、民族乡、镇是我国的农村基层政权。广义来说，基层由农村乡镇和城市街道及以下村（居）构成。而从农村乡镇和城市街道向上扩大到县一级（含县级市）和城市区一级，向下延伸到行政建制村和居委会。一般意义上说，中国"村（居）"中的村，包含农村地区的行政村和自然村（自然村庄绝大部分地方称"组"）；而"居"一般是指城市街道、镇建制所辖的居委会以及所属的社区。

2. 基层治理

中国特色社会主义进入新时代，我国社会主要矛盾已经转化为人民日益增长的美好生活需要和不平衡不充分的发展之间的矛盾。① 基层既是产生利益冲突和社会矛盾的"源头"，也是协调利益关系和疏导社会矛盾的"茬口"②。基层治理直接面向民众，解决产生于基层的社会矛盾。因而基层治理有其丰富内涵。从字面表述来看，基层治理实际上就是对"基层"的治理。现有研究大多强调基层治理的地理空间性，认为基层是国家政权的最低一个层次，而基层治理则是对区、县以下的组织和空间的治理③。在过去，基层治理实际上是基层政府治理，随着治理现代化的推进，基层治理强化政府治理同社会、居民良性互动，即不仅仅包含基层政府行政制度，还包含鼓励群众广泛参与的制度。④ 因此，新时期的基层治理形成了"党委领导，政府负责，社会协同，公众参与"的治理结构。学界多从基层政府治理、基层社会治理两个维度来解读基层治理的内涵。⑤

基层政府治理。基层政府作为基层治理框架的主体。基层政府治理是基层政府在加强自身治理基础上对社会进行治理，包括基层社会事务管理

---

① 习近平．决胜全面建成小康社会 夺取新时代中国特色社会主义伟大胜利：在中国共产党第十九次全国代表大会上的报告，中国政府网［EB/OL］．（2017-10-18）．http：//www. gov. cn/zhuanti/2017-10/27/content_ 5234876. htm.

② 习近平．加强基层基础工作，夯实社会和谐之基［J］．求是，2006（21）．

③ 何立军．结构—过程—功能：基层治理数字化转型研究［D］．吉林大学，2022.

④ 刘植靖．基层治理现代化：基本内涵、历史理路、时代背景［J］．中共太原市委党校学报，2022（3）：62-65.

⑤ 何立军．结构—过程—功能：基层治理数字化转型研究［D］．吉林大学，2022.

和服务供给，以及对社区居民的回应和社区建设等，基层政府通常也会吸纳居民和其他主体共同参与治理过程①。2021 年 4 月，《中共中央 国务院关于加强基层治理体系和治理能力现代化建设的意见》，特别强调党和政府在推进基层治理现代化中的重要作用，明确提出要把“完善党全面领导基层治理制度，加强基层政权治理能力建设，健全基层群众自治制度，推进基层法治和德治建设，加强基层智慧治理能力建设”作为重点任务②。

基层社会治理。基层社会为人们生产生活提供地域空间，人们的衣食住行、生老病死、文化娱乐等大部分活动发生在这里。③ 有学者认为，基层社会治理就是指以党和政府为主导的基层社会多元主体以基层社会公共利益为旨归，通过引导、协商、沟通等方式，依法对城乡基层社会公共事务进行规范和疏导的过程。④ 也有学者指出，基层社会治理即居民自主治理社区事务和提供服务，表现为社区自治。⑤ 基层社会治理与基层政府治理既有联系也有区别，两者都是对基层公共事务的治理，但治理主体和治理对象有所差异；从治理主体来看，基层政府治理的主体是政府，而基层社会治理的主体强调的则是社会力量；基层社会治理需要党和政府的支持和引导，但更多强调的是社会力量的参与，而不是党和政府直接治理；从治理对象来看，基层政府治理主要涉及政府职能范围内的事项，而基层社会治理主要是社会领域的事务，两者有交叉但侧重点不同；因此，基层社会治理具有很强的社会性和自治性，需要在党组织领导下实行自治、法治、德治相结合。⑥

（四）基层治理现代化

新时代基层治理现代化主要涉及两大维度：基层治理体系现代化和基层治理能力现代化；治理体系是实现治理能力现代化的基础，治理能力现

① 何立军．结构—过程—功能：基层治理数字化转型研究［D］．吉林大学，2022.

② 何立军．结构—过程—功能：基层治理数字化转型研究［D］．吉林大学，2022.

③ 龚维斌．“十四五”时期推进基层治理现代化研究［J］．中国特色社会主义研究，2021（4）：23-29.

④ 王宗礼，李连军．新中国 70 年来基层社会治理的演进逻辑与主要启示［J］．青海社会科学，2019（6）：9-15+23.

⑤ 李慧凤．中国城市基层治理：路径、方式与转型［M］．北京：中国社会科学出版社，2021：7.

⑥ 龚维斌．加强和创新基层社会治理［J］．理论导报，2020（9）：7-9.

代化推动着治理体系现代化的进程①。从人类历史经验来看，过度关注治理体系现代化会导致对原则和形式的迷恋，过度关注治理能力现代化则会导致治理体系弹性的缺失；反之，忽视治理体系现代化则难以融入世界文明的大潮，忽视治理能力现代化则会滋生无休止的不稳定状态。

基层治理体系强调的是基层治理的结构，它涉及制度的完善、权力结构的优化等。基层面临的情况复杂多变，有建立完善的体制机制和治理体系，才能从根本上解决基层出现的各种问题矛盾。

基层治理能力更多强调的是基层治理的能量、工具及其成效。《中共中央 国务院关于加强基层治理体系和治理能力现代化建设的意见》重点强调两大能力：基层政权治理能力和基层智慧治理能力。基层政权治理能力包括乡镇（街道）的行政执行能力、为民服务能力、议事协商能力、应急管理能力、平安建设能力，这些都是对乡镇（街道）提出的能力提升要求；智慧治理能力则是治理方式的改变，牵涉到各级政府和全国“一盘棋”的数字政府与数字社会建设，是各地应对突发事件的重要依据②。

二、基层治理现代化的理论基础

（一）现代化理论

现代化是人类文明进步发展的标志，是世界各国一直以来的共同追求。从现代化理论产生至今，世界现代化研究出现了 3 次热潮：20 世纪 50—60 年代的现代化研究，理论成果主要是经典现代化理论；70—80 年代的后现代研究，后现代主义和后现代理论开始兴起；80—90 年代以来的新现代化研究，生态现代化理论、再现代化理论、多元现代化理论和第二次现代化理论等新的现代化理论不断涌现。③ 最早的现代化理论研究缘起于解释西方世界变革为资本主义社会的原因，作为一种社会思潮的现代化理论是 50—60 年代才开始逐渐形成的。原因主要有两个：一是获得独立的新

① 刘植靖．基层治理现代化：基本内涵、历史理路、时代背景［J］．中共太原市委党校学报，2022，(03)：62-65.

② 刘植靖．基层治理现代化：基本内涵、历史理路、时代背景［J］．中共太原市委党校学报，2022，(03)：62-65.

③ 何传启，刘雷，赵西君．世界现代化指标体系研究［J］．中国科学院院刊，2020，35(11)：1373-1383.

兴民族国家急于赶超西方发达国家，使自己的国家也如同西方国家那样“现代”的渴望，“现代化”被视为一种新的价值观念，逐步成为新兴民族国家知识阶层精英分子的理想和“官方信息”①；二是冷战中美欧为了争取那些新生的中坚力量，大力资助本国的研究机构，希望以美欧现代化模式为样板构建出一种可供新独立的发展中国家学习的“新理论”，这种被视为“现代化理论”的“新理论”应运而生。

经典现代化理论可以用来解释发达国家18世纪工业革命到20世纪中叶的发展过程，也可以用来解释发展中国家追赶世界先进水平的过程，但是不能解释发达工业国家20世纪70年代以后的发展②，西方学者对发达工业国家未来的发展进行研究，产生了很多理论成果，其中之一便是后现代化理论。在某种意义上，后现代理论并没有完全超越现代化理论，从本质上来看是一种关于发达国家的社会发展理论。它认为，社会经济的发展不是直线的，70年代以来，发达国家社会发展方向发生了根本转变，已经从现代化阶段进入后现代化阶段。1998年中国学者何传启提出第二次现代化理论，将现代化赋予三种新含义：一是第一次现代化，指从农业时代向工业时代、农业经济向工业经济、农业社会向工业社会、农业文明向工业文明的转变，即经典现代化理论描述的现代化；二是第二次现代化，指工业时代向知识时代、工业经济向知识经济、工业社会向知识社会、工业文明向知识文明的转变；三是未来的现代化，指完成第二次现代化后，人类社会进行的新的现代化③。

近代以来，现代化成为中国的主题，早期的中国在被动卷入现代化潮流后被迫开启了现代化，孙中山作为最早一批觉醒的革命者提出追赶欧美、学习“现代文明”的主张。中国共产党最早是在20世纪30年代使用“现代化”一词的。1938年，毛泽东在领导革命的过程中首次在军事领域使用“现代化”。改革开放和社会主义现代化建设时期，邓小平按照当时中国的实际发展情况，首次明确提出了“中国式的现代化”概念，制定出一条从温饱到小康再到富裕的现代化战略路径，“我们要实现的四个现代

---

① 朱荣贤．现代化理论研究综述［J］．学术论坛，2005（10）：17.
② 何传启．现代化概念的三维定义［J］．管理评论，2003，（03）：8-14+63.
③ 杨文轩，冯霞．体育与人的现代化［J］．体育学刊，2003，（01）：1-5.

化，是中国式的四个现代化”。“就是到20世纪末在中国建立一个小康社会。这个小康社会，叫作中国式的现代化。”这一时期也使中国进入对现代化研究的高潮时期。党的二十大报告明确概括了“中国式现代化是人口规模巨大的现代化，是全体人民共同富裕的现代化，是物质文明和精神文明相协调的现代化，是人与自然和谐共生的现代化，是走和平发展道路的现代化”。中国式现代化理论作为党的二十大的一个重大理论创新，既体现了各国现代化的共同特征，更有基于本国国情的鲜明特色。当前中国处于“百年未有之大变局”的旋涡之中，新旧矛盾相互交织，国际关系更加多变，作为中国现代化进程中的重要环节，基层治理被摆到更加重要的位置，必须以中国式现代化全面推进基层治理体系和治理能力现代化建设，为全面建设社会主义现代化强国夯实基层基础。

（二）多中心治理理论

多中心治理理论是来自西方的一种现代治理理论，20世纪80年代，文森特·奥斯特洛姆（Vincent Ostrom）和艾莉诺·奥斯特洛姆（Elinor Ostrom）通过对多个发展中国家公共池塘资源（Common-Pool Resources）治理案例的考察，在迈克尔·博兰尼（Michael Polanyi）多中心理论的基础上进行完善，初步创立多中心治理理论，强调以具有独立决策能力的公民为基础，通过理性经济人的自我管理，完成基本的社会活动。为实现上述活动的规范，则要求进行必要的组织，以强化层级节制、权责界限清晰，此前由人员独立完成的工作，改为以政府部门主导或引导、多部门协同进行，通过必要的集权管理提升治理效率①。因此，多中心治理理论最鲜明的特点在于治理主体的多元化，作为一种治理思路，它相信公共物品的生产、服务提供和相关事务的处理存在多个供给主体，政府只是其中的一个②。

20世纪80年代，以民主行政理论、公共行政运动理论为基础，我国学者针对“多中心治理”获得了相对一致的研究结果。首先，多中心治理理论强调，所有治理的最终目的为表达公众利益，且尝试通过治理行为实

---

① 汪律．基层社会治理能力评价研究［D］．福建农林大学，2020.

② 吴江龙，刘伶俐．从“单位治理”到“社会治理”：城市基层的治理模式变迁——基于多中心治理理论的视角［J］．青少年研究与实践，2015，30（03）：73-76.

现公众利益的最大化；其次，治理行为的执行者并不是单一的，政府部门、普通民众、民间组织等，均可参与治理工作；再次，尽管基层社会治理以政府部门为主导，但多中心治理理论认为，服务性是治理的基本要求，为保证服务效果，则需要尽量保证各参与主体的分工明确；最后，在多中心治理理论视域下，一切公共政策、治理行为，应考虑所有公众的诉求、需要，或以绝大多数人的诉求、需要为着眼点①。

城市基层是一个国家行政权力、居民自治权力和各类社会组织参与权力相交会的场域。在这个活动场域中，由于权力来源不同、性质不同以及运行方式不同，也因此存在多个中心，为使多种治理力量凝聚在基层治理中，多中心治理理论被引入城市基层治理研究。② 党的十九大报告指出：要打造共建共治共享的社会治理格局，"完善党委领导、政府负责、社会协同、公众参与、法治保障的社会治理体制"。这表明从以政府为主导的"单中心"治理模式正在转向党政机关、非营利组织、社会大众等主体多方参与、协同共治的多元主体共治模式③。《中共中央 国务院关于加强基层治理体系和治理能力现代化建设的意见》更是指出"坚持共建共治共享，建设人人有责、人人尽责、人人享有的基层治理共同体"。综上，多中心治理理论所倡导的多元共治、合作治理理念为各个主体参与基层治理提供了理论支撑，为城市基层治理现代化提供了新的思路。

（三）国家治理现代化理论

国家治理现代化理论，是中国共产党提出的一个马克思主义中国化原创性理论。在国家治理现代化中，"治理"是关键词。我们党对于"治理"概念的运用，一方面汲取了中国传统政治文化中治国理政的有益精神，但在本质上又不同于皇权统治者的"治国理政"；另一方面吸收了西方"治理"概念的有益要素，但又不同于西方倾向于政府分权、实现社会多中心治理和社会自治的"治理"概念。国家治理在广义上涵盖了对国家一切事务的治理，同时涵盖了纵向、横向、时间、空间四个维度——在纵向上，

① 汪律．基层社会治理能力评价研究［D］．福建农林大学，2020.

② 赵卫卫，李媛媛．城市基层治理研究回顾与展望［J］．领导科学论坛，2019（1）：4-9.

③ 刘月梅．多中心治理理论下的基层社会治理模式研究［J］．中共南宁市委党校学报，2020，22（05）：26-29.

涵盖了从中央到地方，再到基层以及组织、个体层面的治理；在横向上，涵盖了政府、市场、社会等领域的治理；在空间范围上，涉及东、中、西等不同地区、不同省市县的协调与管理；在时间维度上，涉及从宏观上制定当下和未来的发展战略。[①] 中国的国家治理，就是党领导人民依照法律规定，通过各种途径和形式，管理国家事务、经济和文化事业以及社会事务。国家治理的过程，就在于充分动员各个方面的力量，以多元共治激发国家、社会与市场的活力，促使三方积极互动，实现国家治理的预期目标。中国国家治理必须坚持的根本原则是党的领导、人民当家做主、依法治国有机统一。人民是国家治理的主体，党在国家治理中发挥着总揽全局、协调各方的领导核心作用，法治是治国理政的基本方式。

2013 年 11 月，党的十八届三中全会召开，会议通过了《中共中央关于全面深化改革若干重大问题的决定》，提出“完善和发展中国特色社会主义制度，推进国家治理体系和治理能力现代化”，正式提出国家治理现代化这一时代命题，这也是我们党在社会主义现代化框架下，继工业现代化、农业现代化、国防现代化、科学技术现代化后的又一个“现代化”提法。习近平总书记指出，“国家治理体系是在党领导下管理国家的制度体系，包括经济、政治、文化、社会、生态文明和党的建设等”，实质上就是“各领域体制机制、法律法规安排，也就是一整套紧密相连、相互协调的国家制度”，是“为党和国家事业发展、为人民幸福安康、为社会和谐稳定、为国家长治久安提供一整套更完备、更稳定、更管用的制度体系”。而关于国家治理能力，习近平总书记在《切实把思想统一到党的十八届三中全会精神上来》中指出：“国家治理能力则是运用国家制度管理社会各方面事务的能力，包括改革发展稳定、内政外交国防、治党治国治军等各个方面。”国家治理涵盖现代化建设五位一体总布局和党的建设，而基层治理是国家治理的基础层面。基层治理现代化是国家治理现代化的一部分，而且是以国家提供的基本制度、体制、政策、设施为依归的；国家治理对基层治理的顶层设计、制度引导与政策调控，又必然要以基层的灵活、自治与创新为基础；因此，需要在制度、理论、道路和文化上充满自

① 郁建兴．辨析国家治理、地方治理、基层治理与社会治理［N］．光明日报，2019-8-30.

信地处理好国家治理现代化与基层治理现代化的辩证关系①。

三、城市基层治理现代化的概念界定

从字面理解，城市基层治理是指区别于乡村基层治理的一套基层治理范畴。快速的城市化进程推动了城市社会形态快速转型，城市的空间规划、产业布局、职业形态、人口构成、利益分配、分层结构、居住模式等场景都发生了多重而巨大的变化②。为适应现实社会形态的变化，中国城市基层治理制度设计与行为方式发生转变，其核心问题聚焦在三个方面：一是城市基层政府组织内部的权力与职能分配问题；二是以行政权力为代表的国家和以居民自治为代表的社会在城市基层治理中达到动态平衡；三是如何构建多元主体参与、互惠合作的治理体系。

从空间范围上来看，城市基层治理是国家治理在城市区域范围内基层的具体实施，包括城市行政区域的街道、社区。从行动主体来看，城市基层治理是城市基层党委领导、政府主导，以人民需求为导向，以增进人民福祉为出发点和落脚点，由基层党组织领导、基层政府主导、多方参与，进行社会化、法治化、智能化、专业化的治理。

综上所述，本研究将城市基层治理现代化定义为：在国家治理体系和治理能力现代化推进过程中，处于城市行政区域的基层党组织、政府、其他各类组织与群众等治理主体，共同参与管理基层社会公共事务活动，促进城市发展、推动政府治理同社会调节、居民自治良性互动，以满足城市居民物质和文化需求、维持城市基层社会秩序稳定发展的过程。

四、城市基层治理现代化的主要特征

政治性。中国共产党是中国特色社会主义事业的领导核心，加强基层治理体系和治理能力现代化建设，必须以习近平新时代中国特色社会主义思想为指导，坚持和加强党的全面领导，坚持以人民为中心，以增进人民

---

① 郭伟和．国家治理与社区治理的关系及其协同演进的现代化进程［J］．社会工作与管理，2021，21（4）：5-15.

② 孙柏瑛．新时代中国城市基层治理的价值基石与制度能力［J］．教学与研究，2022（4）：35-44.

福祉为出发点和落脚点，以加强基层党组织建设、增强基层党组织政治功能和组织力为关键，不断提高基层治理社会化、法治化、智慧化、专业化水平。

全局性。基层治理问题是社会问题、经济问题，更是政治问题[①]。中国特色社会主义现代化建设进入新阶段，社会中不同的利益群体日渐形成，利益诉求也日益多元化。基层治理的好坏直接关乎群众的切身利益，牵一发而动全身，这就要求我党从大局、从全局考虑，推进基层治理体系建设。[②]

开放性。进入转型期的中国社会面临社会利益分化、固化加剧等现实问题，各种矛盾集中多发，给传统社会管理理念、管理模式带来巨大挑战。一方面，基层治理体系要随着社会的发展而改进和完善，以适应新阶段社会的发展之所需，解决发展中的问题；另一方面，基层治理能力只有不断地优化升级，才能更好地引领和适应社会的发展，基层治理实践才能发挥最大的效能，才能更好地服务于社会主义现代化建设。这就决定了基层治理必定是一个不断革新的、开放的系统。[③]

适应性。党的十八大以来，以习近平同志为核心的党中央对城市基层治理现代化提出了一系列新要求、做出了一系列重要决策部署。因此，新时代城市基层治理现代化必须与国家的基本政治制度、经济社会发展阶段、国家发展水平相适应；既要充分发挥和体现中国特色社会主义制度的优越性，坚定走中国特色社会主义道路，坚持党的领导，坚决依靠人民群众力量，又要与多样化、多层次的人民群众需求相适应，在不断破解发展不平衡、不充分问题中，不断提高城市基层治理现代化程度和水平，逐步实现基层社会的平衡发展、充分发展。

包容性。所谓包容性，是指新时代城市基层治理现代化并不是全国各地整齐划一、统一水平的现代化，而是从中国城市发展不平衡的现实状况

---

① 文丰安．当前基层社会治理体系与治理能力现代化之理性审视［J］．重庆工商大学学报（社会科学版），2017，34（6）：62-69.

② 文丰安．当前基层社会治理体系与治理能力现代化之理性审视［J］．重庆工商大学学报（社会科学版），2017，34（6）：62-69.

③ 文丰安．当前基层社会治理体系与治理能力现代化之理性审视［J］．重庆工商大学学报（社会科学版），2017，34（6）：62-69.

出发，从最突出的社会问题和当地人民群众的最大共同需求出发，寻求城市基层治理现代化创新的突破口和最大优势，进而在城市基层治理体制、制度、政策、手段等方面形成自己的特色，形成丰富多元和有效的城市基层治理现代化模式，积累各具特色的经验，如“上海模式”“枫桥经验”“温州模式”“大庆模式”等①。中国正处于经济快速发展和社会快速转型时期，在这个过程中必然会遇到各种复杂的利益和观念的冲突，各种矛盾相对突出，对城市基层治理构成挑战。正是在探索新型治理的过程中，包容性治理成为化解新时期各种矛盾的基本选择。因此，包容性也是新时代基层治理现代化的重要特征。

创新性。创新性是新时代城市基层治理现代化的重要特征。新时期各种社会问题和利益矛盾交织存在，新时代城市基层治理现代化就是一个谋求社会制度持续性变革和创新的过程，创意、创新、创造成为新时代社会治理实现现代化的根本保障，主要包括治理理念、治理体制、治理机制、治理手段、治理方法的创新等②。

① 陶希东．新时代中国社会治理现代化的内涵、特征与路径［J］．治理现代化研究，2018（3）：77-83.

② 陶希东．新时代中国社会治理现代化的内涵、特征与路径［J］．治理现代化研究，2018（3）：77-83.

第二章　城市基层治理现代化的实践探索

一、城市基层治理现代化历程

新中国成立以来，国家对社会结构的平衡机制作出了重大调整。社会组织化方式从“单位制-街居制”向“社区制”转变，社会组织取得长足的发展，基层党组织也呈现出再组织化的趋势；治理结构从一元治理结构向多元治理结构转变；治理方式从单向管制变为协同治理。[①] 纵观新中国成立后城市基层治理的历史脉络，基层治理的变迁既不是简单的市民社会自主性的追求，也不是单纯的国家权力下渗的过程，而是国家在基层社会治理能力的体现，只有把握中国城市基层治理的演变逻辑，才能更好地促进城市基层治理方式的改革与创新。[②] 基于上述分析，本研究认为我国的城市基层治理格局的变迁可划分为以下三个阶段。

（一）“单位制-街居制”阶段

新中国成立之初，面对遗留下来的复杂局面，为使中国的政治、经济、社会发展步入正轨，中国共产党和新生的人民政府面临的迫切任务就是将全社会组织起来，建立起有效的组织体系，为新生的人民政权奠定坚实的社会基础[③]。因此，在我国农村掀起人民公社化运动，人民公社实行政社合一体制，其既是一级政权组织，也是一个社会管理组织；而在我国城市，则形成了一种与高度集中、自上而下的行政管理体制相适应的单位

---

① 邓雯文．我国 70 年城市基层治理的历程与展望［J］．南方论刊，2020（2）：47-48+52.

② 吴晓霞．当代中国城市基层治理的演进线索和内在逻辑［J］．新视野，2016（2）：67-71+91.

③ 王宗礼，李连军．新中国 70 年来基层社会治理的演进逻辑与主要启示［J］．青海社会科学，2019（6）：9-15+23.

体制[1]。“单位制”实际上是归属于工作单位的城市居民的职业身份和社会身份相重合，单位制作为党和国家社会管理的重要组织手段，管理本单位职工、整合职工需求并为其提供社会福利与社会保障[2]。在单位制当中，中国的城市社会被置于政府管控之下，其秩序的形成和维护是政府通过“行政单位”来实现的，亦即承担基层治理责任的组织主要不是政府，而是遍布于城市社会的企事业单位[3]。1954 年，全国人大一届四次会议通过《城市街道办事处组织条例》和《城市居委会组织条例》，明确规定了居民委员会群众性自治组织的性质，形成由街道办事处和居委会构成的街居管理体制。“街居制”以街道办事处和居民委员会为组织架构，街道办事处是政府的派出机构，居民委员会则是居民自治组织[4]。国家通过单位这一组织形式管理职工，通过街居体系管理社会闲散人员、民政救济和社会优抚对象等，实现对城市全体社会成员的管理[5]。由于新中国成立初期的特殊国情，在很长一段时期内，政府尤其是地方政府必须承担起发展经济的重任，客观要求政府必须借助高度集中统一的领导体制来获得极强的资源动员、配置和调度的能力，在经济社会治理领域实行高度集中的计划经济体制，在城市基层社会建立与计划经济体制相适应的“单位制–街居制”，强化对社会秩序的管理，以维护社会稳定进而促进经济的发展[6]。

（二）“社区制”阶段

1978 年底党的十一届三中全会召开以后，党和国家的工作重心转移到了经济建设上，改革开放由此拉开帷幕，城市基层治理的方向从此发生巨大变化。随着改革开放的逐步深入，计划经济体制逐步瓦解，社会主义市场经济体制逐步建立，推动了社会分工和利益群体多元化[7]。一方面，由于广大居民需求不断增强，单位的各项服务功能无法对其有效满足，越来

① 王宗礼，李连军．新中国 70 年来基层社会治理的演进逻辑与主要启示［J］．青海社会科学，2019（6）：9–15+23.

② 王尘子．新时代城市基层治理体制机制改革：创新与挑战——基于地方政府实践的分析［J］．求实，2019，（05）：27–41+109–110.

③ 邓雯文．我国 70 年城市基层治理的历程与展望［J］．南方论刊，2020（2）：47–48+52.

④ 罗光华．城市基层社会管理模式创新研究［D］．武汉大学，2011.

⑤ 邓雯文．我国 70 年城市基层治理的历程与展望［J］．南方论刊，2020（2）：47–48+52.

⑥ 邓雯文．我国 70 年城市基层治理的历程与展望［J］．南方论刊，2020（2）：47–48+52.

⑦ 邓雯文．我国 70 年城市基层治理的历程与展望［J］．南方论刊，2020（2）：47–48+52.

越多的人离开了单位体制，进入公共社会的利益组织化架构当中，社会组织化结构形式发生了变化，新的社会组织和市场组织成为社会的基本组织形式。单位体制开始退出城市基层治理的历史舞台，形成了以街道办事处为核心的城市基层治理体制；另一方面，国家原本主要通过单位制进行社会管理，管理主体单一化，但随着单位制的瓦解，为把城市基层社会重新纳入国家的管理中，“社区制”应运而生①。1986年，民政部为推进城市社会福利工作改革，调动社会力量参与兴办社会福利事业，使用“社区服务”概念替代街道“社会福利网络”，由此，“社区”概念正式被引入中国。1991年，民政部又提出“社区建设”概念②。2000年11月，中共中央办公厅、国务院办公厅联合下发《中共中央办公厅、国务院办公厅关于转发〈民政部关于在全国推进社区建设的意见〉的通知》，社区建设在政府的推动下蓬勃发展，“社区制”取代“单位制-街居制”成为城市社会的组织化结构形式。中国的基层治理出现了党的基层组织、基层政府和基层自治组织三大行动主体。党组织在基层治理中发挥着核心作用。在政府的主导下帮助社会逐渐成长起来，国家权力对基层全面管控的局面开始改变。由此，随着我国社会主义市场经济体制的不断发展，政企不分、政社不分的局面得到改观，社会结构发生明显变化，基层公共需求日益旺盛，为适应这一系列变化，党和国家开始提出并重视社会管理。2004年党的十六届四中全会通过《中共中央关于加强党的执政能力建设的决定》，提出建立健全“党委领导、政府负责、社会协同、公众参与的社会管理格局”。2012年党的十八大明确提出建立健全“党委领导、政府负责、社会协同、公众参与、法治保障的社会管理体制”，强调社会管理的重点在于“加强基层社会管理和服务体系建设，增强城乡社区服务功能，充分发挥群众参与社会治理的基础作用”，党委领导、政府负责、多元主体协作的治理模式日渐成为城市基层治理的基本方式。

（三）治理现代化阶段

2013年党的十八届三中全会通过《中共中央关于全面深化改革若干重

① 邓雯文．我国70年城市基层治理的历程与展望［J］．南方论刊，2020（2）：47-48+52.
② 罗光华．城市基层社会管理模式创新研究［D］．武汉大学，2011.

大问题的决定》，明确提出“完善和发展中国特色社会主义制度，推进国家治理体系和治理能力现代化”；指出要从改进社会治理方式、激发社会组织活力、创新有效预防和化解社会矛盾体制、健全公共安全体系。这是新中国成立以来党的正式文件中第一次提出“社会治理”的概念，治理现代化也正式党和政府的。正如习近平总书记所说：“治理和管理一字之差，体现的是系统治理、依法治理、源头治理、综合施策。”2017 年 6 月，中共中央、国务院印发的《关于加强和完善城乡社区治理的意见》提出到 2020 年“基本形成基层党组织领导、基层政府主导的多方参与、共同治理的城乡社区治理体系”的工作目标。2018 年党的十九大根据中国特色社会主义进入新时代的时代特征，指出要“打造共建共治共享的社会治理格局。加强社会治理制度建设，完善党委领导、政府负责、社会协同、公众参与、法治保障的社会治理体制，提高社会治理社会化、法治化、智能化、专业化水平”。此后，我国基层社会治理体制机制改革不断深化①，共建共治共享的治理格局是对过往基层社会治理格局的改变，逐步成为基层治理现代化正在实践的路径。② 2021 年以来，国家层面出台的《中共中央 国务院关于加强基层治理体系和治理能力现代化建设的意见》《关于深入推进智慧社区建设的意见》等重要文件，进一步明确了要建立党组织统一领导、政府依法履责、各类组织积极协同、群众广泛参与，自治、法治、德治相结合的基层治理体系，③ 为我国城市基层治理现代化提供了强有力的政策指引。

二、深圳市龙华区基层治理实践探索

（一）深圳市龙华区经济社会发展情况

龙华区下辖 6 个街道、69 个社区工作站和 113 个居委会，总面积 175.65 平方千米，实际管理人口约 296 万（其中户籍人口约 69 万）。2023 年地区生产总值为 3011 亿元，发展势头强劲。

---

① 王宗礼，李连军．新中国 70 年来基层社会治理的演进逻辑与主要启示［J］．青海社会科学，2019（6）：9-15+23.

② 徐勇．中国式基层治理现代化的方位与路向［J］．政治学研究，2023（1）：3-12+155.

③ 王杰秀．“四治融合”推进基层治理现代化［J］．中国民政，2023（4）：34-35.

——区位交通优越。龙华地处深圳地理几何中心和粤港澳大湾区城市发展中轴，毗邻六区一市，拥有深圳北站这一特大型综合交通枢纽。15 分钟直达香港西九龙，4 小时通达厦门、长沙、武汉、贵阳等大半个中国的主要城市。

——产业基础雄厚。拥有 2 万余家制造业企业，2 家世界级“灯塔工厂”，是国内制造业门类最齐全、集聚度最高、链条最完整的区域之一。2023 年，全区规模以上工业总产值 6135.59 亿元，战略性新兴产业占地区生产总值比重 44.3%，数字经济核心企业 1104 家、总产出 5345.86 亿元，拥有 3 个省级以上中小企业特色产业集群，稳居全国工业百强区第 13 位，城区经济高质量发展名列“赛迪中国百强区”第 23 位。

——创新动力澎湃。拥有 1892 家规模以上工业企业、超 3700 家国家高新技术企业、90 家国家级专精特新“小巨人”企业，是省级人工智能产业核心区、工业互联网产业示范基地。区内梅观创新产业走廊沿线布局了华为、富士康等世界级产业巨头和万亿级制造产业集群，拥有全国唯一的国家高性能医疗器械创新中心。全国首台国产 ECMO 在此诞生，打破了国外技术垄断。全球首台 5.0T 医学磁共振成像系统在此实现国产。

——生态环境优美。获评国家生态文明建设示范区、“绿水青山就是金山银山”实践优秀区、中国气候宜居县、国家水土保持示范县、全国减污降碳协同创新试点。拥有亚洲最大的观澜高尔夫球会、艺术家云集的观澜版画村，以及国家 AAAAA 级景区观澜湖度假区、AAAA 级景区山水田园、深圳八景之一的“阳台叠翠”。

——民生蓬勃发展。现有中小学 116 所，义务教育学位总量 22 万座，教育体量全市第三。区属综合医院全部创三甲，医院床位数达 4227 张。2017 年以来，筹建保障性住房超 10 万套，供应分配保障性住房约 6 万套。龙华人才园获批国家级人力资源服务产业园，“龙华就业第一站”模式获国务院通报表扬。

——人文底蕴深厚。汇聚客家文化、红色文化、时尚文化等特色资源，中国文化名人大营救旧址入选第三批国家级抗战纪念遗址，白石龙红色村入选全国红色美丽村庄建设试点。拥有两条省级工业旅游精品线路，获评省全域旅游示范区。

——基层活力迸发。龙华“多调联动 精智解纷”工作法获评全国新时代“枫桥经验”先进典型，获奖代表受到习近平总书记的亲切接见。成立全国首家区级综合调解院、深圳市首个涉外涉港涉港澳台家事纠纷人民调解委员会，在全市率先推进“深平安”试点，2021 年以来万人成讼率连续三年全市最低，群众信访诉求综合服务中心获评广东省县级标杆荣誉。

（二）深圳市龙华区基层治理创新实践

本研究从单案例研究设计的角度切入，以深圳市龙华区为研究个案，聚焦个案中多个层面的嵌入性分析单位，通过分析深圳市龙华区基层治理现代化各个层面的探索与实践，建构科学适用的指标体系。

一是龙华区基层治理现代化取得了良好成效，基层活力迸发。近年来，龙华区坚持大抓基层、大抓支部，固本培元、夯实根基，打造具有坚强组织力的战斗堡垒，确保党的领导在基层治理中始终站在高处、贯穿其中、提供支撑，走出一条具有龙华特色的党建引领基层治理新路子。2018 年 10 月 24 日，习近平总书记亲临深圳市龙华区民治街道北站社区党群服务中心考察，并对如何抓好超大城市基层治理作出重要指示。龙华区建立全国首个“社工村”；非户籍人口融合共治模式等治理经验获全国推广；龙华区成为全国社会治理首个基层观测基地、全国社会工作服务综合示范地区、国家级社会管理和公共服务综合标准化试点；获评“全国社会治理创新示范区”；连续三年位居“中国县域智慧城市百强榜”前五强；等等。这些荣誉正是龙华区推动城市基层治理现代化进程中的徽章，其关于城市基层治理现代化的探索与实践，具有较强的代表性。

二是龙华区基层治理现代化形成了基本经验，具有启示性。2019 年，龙华区提出“党建+科技+治理”的创新模式，在北站社区成功试点后，在全区全面推广运行，打造了党建引领基层治理的“龙华样本”，有效提升了城市基层治理的智能化、科学化、精准化水平。在党建引领方面，建立社区党委班子全链条建设机制，涵盖选拔、培育、管理、任用全过程，将社区党委班子直接纳入区级干部队伍进行培训培养；推进社区专职工作者管理扁平化改革，将职能部门垂直管理的网格员、安全员、消防员、治安员、市容巡查员 5 支队伍整合下沉至社区，统一编入辅助岗、主办岗、负责人岗 3 类共 35 档可升可降、可进可出的岗位职级体系，统一由社区党委调度指挥、考核管理；推进基层党务工作者专业化职业化改革，健全党务工作初、中、高等三级专业测评制度和常态化培训机制[①]；强化社区党组织队伍建设的同时，积极探索党建引领“联席会商”“居民议事”“社区茶话会”等机制；等等。在共建共治共享方面，通过实施民生微实事项目、推进党群服务中心建设、开展社区居委会标准化建设、探索外来人口融合共治模式等举措，充分发挥群众在基层治理中的重要作用。在智慧治理方面，龙华区充分利用大数据、互联网、云计算等智能互联技术，持续推进基层治理体制机制改革；利用“智慧大脑”对接整合辖区26个系统、上万个智能感知设备，汇聚经济、人口、教育、医疗、住房、交通等上千万条数据，为精细化、精准化治理提供支撑。[②] 正是在党中央、国务院和省市党委、政府基层治理现代化相关政策的引领下，龙华区探索出一条符合自身实际的城市基层治理现代化之路。其经验值得参考借鉴，虽然仍存在一些短板，但是可以通过指标体系的建立及应用，作出规划调整。

案例一

观湖街道“大和社工村”：党建引领基层民主管理的“龙华样本”

“人民群众是我们一切工作的最终落脚点”。可以说，社区治理是为了群众，社区治理也离不开群众。为更好地落实基层治理工作、走好基层民主管理的“最后一公里”，在区委区政府、观湖街道党工委统筹部署下，观湖街道大和社区积极探索“党建+社工+治理”新模式，构建出“1+3+1”的城中村治理体系，建立大和社工村党社联席会议机制，打造了党建引领“良序型”人文社区大和模式，推动基层民主政治高质量发展，共商共建美好家园。

① 广东省深圳市龙华区：党建引领打造融合高效的基层治理新格局［J］．党建，2020，(04)：58-59.

② 宝安日报．龙华形成“党建+科技+治理”基层治理模式［EB/OL］．(2022-9-26)．http：//barb. sznews. com/PC/content/202209/26/content_ 1258064. html.

一、龙华区发展基层协商民主的主要背景

观湖街道大和社区是典型的城中村社区，面积2.083平方千米，20世纪八十年代中后期，大和社区以农业种植为主，1992年前后农业用地逐步转为工业用地，聚集了大量来深建设者。村内共有房屋1049栋14125间（套），居民4241户21059人，非户籍人口占比超过90%，租房占比83%，基础设施落后、人口成分复杂、社区融合度低、社会力量参与治理积极性不高。作为城中村社区，大和社区具有许多城中村普遍存在的社区特点和治理难点：一是公共服务设施相对匮乏，党群服务中心服务难以辐射到，加上流动人口多，居民参与社区治理意识不强、能力不足，社区治理难度较大。二是集体经济较为发达，群众自治组织发展空间小，基层治理力量弱。三是治理资源和抓手少，人口密集且利益格局复杂，人口结构倒挂，外来人口结构松散，对社区来说，基层管理人少事多压力大，治理和服务粗放。

二、龙华区探索基层协商民主的主要做法

（一）全面加强基层党的领导，组建党群共治“户联网”

大和社区党委联合区社会工作行业党总支，以“网格化”管理为突破口，把社工村划分为15个网格，社区党委班子成员作为“第一责任人”，挂点1个红色网格，组织驻村社会工作机构参与“社工支网计划”，把15个社会服务机构党支部建在网格上，将党建、网格、社工、居民等有效组织起来，打造以网格党建为中心的“同心圆”，编织出一张党群共治“户联网”。创建“党建+社工”精准化服务模式，通过社区网格包楼包栋服务，党建网格员联合专业社工共商社区事务，资源互融共享，延伸精细化管理“触角”，实行“人在网中走，事在格中办”。

（二）加强基层群众组织建设，夯实社区自治基础

针对社区自治能力弱、居民“原子化”、社区事务参与率低等问题，持续推进居委会组织体系等“七个标准化”，为社区居委会培力赋能；建设公共卫生等专业委员会；实行社区社会组织登记备案双轨制，激发社区社会组织发展潜力，以街道为单位成立社区社会组织促进会，设立社区社会组织“户联中心”，引导区社会工作协会、社会组织总会、社会工作机构参与社区事务。社区居委会使用“民微资金”“活力资金”引导社会组

织开展社区服务，通过居民议事会机制，收集群众对社区环境治理、公共设施维护、日常文化活动诉求，集合各方智慧，把居民身边的烦心事，转化为放心事、顺心事、暖心事；发展社区志愿者、社区慈善力量，以每月一次的“聚善日”培育社区慈善文化力量。发挥社区自治活力，在社区党委领导及支持下，发动社区各自治小组、志愿者队伍、小区物业、商业企业等参与社区事务，在疫情防控、创文活动中发挥作用。

（三）创新议事协商平台，加强基层协商民主建设

搭建“大和流水席”“议事会”等基层民主协商平台，建立大和社工村党社联席会议机制，形成社区党委牵头，股份公司、居委会、社会组织、社工多方参与的议事模式。原则上每季度召开一次联席会，聚焦社工村二期建设、群团特色主题活动等有关社区治理的事项，共同规划大和社工村二期建设，共同商议社工村民生群团服务大事，规范议事协商闭环管理，做到会前有准备、会中有指导、会后有跟进，推动社区协商议事形成闭环，实现“民事民商”“民事民决”。

（四）培育家园意识，依靠群众打造特色社工街区

引入30名社工“村民”，在北大设计团队指导下，发动群众开展社区共建活动，绘制大和社区资源地图，共同设计、建设美好家园，营造“一步一景观、一景一话题”的特色主题街区。组建全市首个社区情感护理站—大和情感护理站，培育30名情感护理志愿者，关注居民情绪、情感问题，以情感护理推动社区治理，实现服务资源就地培育、落地见效。大和社区以培育群众家园意识为导向，不断深化居民群众生活在社区的幸福感和融入感，让社工街的每一米空间都体现出基层治理“共建共治共享”的理念。

（五）引领社会组织多融入，提升专业化服务水平

自打造社工村以来，大和社区持续深化“共治共建共享”理念，搭建了以社区为平台、以社会工作者为支撑、以社会组织为载体、以社区志愿者为辅助、以社区公益慈善资源为补充的“五社联动”社区治理新机制，着力构建“一街一巷一馆”，深化“益”系列。通过“1+N”模式聚合打造的益群社、益学社、益心社、益目社等共同发展的公益矩阵，链接公益组织资源，充分服务居民群众、助力基层融合共治的多元化公益阵地。

（六）提供精准党建服务，共建共享美好社区

大和社工村汇聚了来自全国各地，有着不同专业特长的社工精英30人，成立了社工之家，挂牌“深圳社工学院首家实习实训基地”，提供精准化服务。2023年探访入户128户，开展“烧烤店里侃理想”“桂花树下话幸福”等特色党史教育活动，把党课开进群众门口院内。倡导人情味生活，开展“五社联动”共建花园、深夜“食堂”、瓦房“追光”等系列特色活动37场，服务居民910人次，营造幸福美好人人参与、人人享有的良好氛围，促进邻里关系和谐，让更多居民走出家门，参与到社区“共建共治共享”的行列中来。

（七）弘扬奋斗精神，谱写大和时光记忆奋斗画卷

社区党委利用社区基金印制了大和村村史《大和时光记忆》一书，该书详细记录了大和村的发展历程，是一部大和村的奋斗史，为大和村村民留下了珍贵的村史资料。挖掘社区奋斗故事，老书记打开家门共享自家院落，口述“志仁故事汇”，把党建引领奋斗故事讲给社工村的每一位来客，同时也向青少年讲述了“红色故事”。社区“口书”达人何子龙，用努力弥补自己的身体缺陷被新华网、央视新闻纷纷点赞。北大设计师黄彬凌和社工一起参与设计和营造服务，成为了社工村的“新村民”。区人大代表沈思敏加入党社联席会，引进社会组织、民间公益等力量，促进社工村民生服务精细化。敏记糖水店老板娘加入公益联盟，为环卫工、外卖小哥等灵活就业群体提供免费歇脚休息场所、提供免费糖水，她主动打开庭院，贡献自家停车位，让社工街有了“威威乐园”，还经常在糖水店庭院组织亲子美食、插花等DIY活动。

三、龙华区探索基层协商民主的特色和成效

两年的时间，曾经配套设施落后、市容环境问题突出、社会矛盾复杂的大和村，现在基础设施得以提升、市容环境得到持续优化、公共服务更为完善，老旧城中村的面貌焕然一新。

既从“面子”上提升颜值，又往“里子”里注入内涵，有力推动大和村打造成为一个集具文化涵养、特色商业、网红旅游的打卡点，实现了村落活化。

（一）打造全国首个党群共建的社工村街

一是阵地建设凸显“本土化”特色。打造“青工读书巷”等活力青工区，构筑大和故事墙、“趣味电话亭”等特色服务区，营建社工休闲角等其他特色服务区。二是社区服务凸显“精细化”品质。以“党建+社工+治理”开展网格包楼试点，推动“党建+社工”双工服务同向发力，精准锚定需求，量身定做精细化服务项目。三是品牌建设凸显“网红地”特点，龙华“社工村”、“社工街”已经成为区内知名网红打卡地，吸引了行业专家学者、同行从业人员参观调研，受到多家媒体报道。

（二）形成党建引领基层协商民主的新实践

一是形成党群联动的基层治理互动模式。以组织对接“搭桥”、以服务创新“落地”，党建引领、居民共治，为充分发挥基层民主活力创造了客观条件和进取空间。二是形成“五社联动”文化氛围和工作机制。一核多元的社区治理建构下，充分发挥社区社会组织群众动员作用，联动志愿者、社工服务力量，整合社区慈善资源，共同建设和谐社区。三是形成以事件为核心的社区协商议事模式。围绕社区热点，充分发挥议事“前、中、后”程序规范和闭环管理作用，增强人与人、人与社区互动质量和热度，形成以事聚人、以人成事的社区融合发展模式。

大和社区的基层民主政治得到了广泛发展，社区活力进一步迸发，党的领导得到全面加强，多元共治格局初步形成，获得上级领导和媒体社会的广泛关注和肯定。深圳市委常委、组织部部长程步一莅临调研并充分肯定，市民政局领导多次指导工作，市委宣传部组织媒体采风报道，区委领导评价社工村为“最有烟火气的城中村”。大和社区成立了龙华区首家网格妇联，成立全市首个情感护理站，开设“大和社工村”视频号，推送社工村宣传视频，被新闻报道70余次，累计接待调研团队83批次1296人次。

案例二

民治街道：北站社区“一社三会”促进人人共享幸福社区

深圳市龙华区民治街道北站社区总面积约4.4平方千米，实际居住人口约 7.2 万人，辖区既有商品房住宅小区，又有大型保障性住房区，还有人口密集的城中村，社区群体结构多元、利益诉求多样，治理难度大。2018 年 10 月 24 日，习近平总书记来到北站社区党群服务中心视察时提出："要坚持依靠居民，依法有序组织居民群众参与社区治理，实现人人参与、人人尽力、人人共享。"北站社区党委、社区居委会牢记指示，感恩奋进，秉持党建引领、衔接顺畅、良性互动、成果共享的原则，在探索超大型城市高密度城区社区治理中下足"绣花功夫"，构建出涵盖居民代表议事会、社区专家参事会、党员群众共享会的"一社三会"基层治理模式，推动社区治理由"他组织"向"自组织"转变，全面开启全过程人民民主在基层的探索实践，为基层治理体系和治理能力现代化建设贡献"北站经验"。

一、居民代表议事会搭建分层议事机制，传导"协商民主"意识

通过广泛性、多层面、制度化的协商民主，使各方面意见在议事协商平台上得以合理表达，找到群众利益的"最大公约数"，将共识转化为共为，推动基层治理走向"多元共治"。北站社区居委会成立时同步设立居民议事会，以 1 个党群服务中心、2 个党群服务 V 站、1 个专门居民议事空间为议事阵地，并由社区居委专干、专职社工负责引导居民参与协商议事，逐渐培养出一支由党员、社会组织带头人、热心居民组成的专业议事队伍。每月组织召开一场专题议事会，聚焦社区公共问题、公共事务的三大项 48 小项事项，按照"一事一议"的模式开展协商议事。

围绕"一事一议"，专题议事会依据议题涉及的讨论范畴与利益相关方确定议事代表圈层，实现分区块、分层次议事。比如，在探讨疫情期间社区内某小区南门开放与否的议题中，社区重点邀请与南门开放有关的物业管理人士及临近楼栋居民代表，经过讨论，最终达成同意开放，但"开放大门后要加强值守力量"的共识。随着议事项目内容的不断拓展，大大小小的居民议事圈得以建立，"社区事、大家议、众人决"的治理理念持续不断地传导到社区居民中间。

围绕"议决行"一体，议事会构建起一整套高效的议事规则与执行力量。一方面，引进"罗伯特议事规则"权威团队袁天鹏团队，组织居民议事会各界代表参加培训，从提出议题、前期调研、民主协商、有序议事、集体表决到决议落实，为议事代表全面赋能，将居民议事、社区治理导入科学化的轨道。另一方面，注重引导、培育和发展社会组织，将其作为社区共建共治落地生根的关键支撑，与居民代表议事会形成无缝衔接。

通过议事会民主议决，北站社区在全市率先制定出居民共守、民主共治的“北站十条”。在防高空坠物、“三线下地”等城中村治理难题方面，北站社区通过并实施《关于防止高空坠物加装防护网的议案》《关于小区“三线”整治活动的提案》，在未动用政府资金的情况下，完成了城中村防坠网的安装，并通过第三方投资的方式，成为区内首个实现“光纤入地，网线入户”的城中村。

二、社区专家参事会聚合专业资源，提升微改革微创新水平

北站社区居委会注重治理理论与实践探索相结合，主动对接高校、研究院、媒体、企业等资源，持续挖掘创新源泉。2021 年 7 月 25 日，北站社区参事会正式成立。由社区党建、数字治理、民生服务等领域专家组成的团队，定期为社区出谋划策，提升社区微改革微创新水平。议事会侧重于实现“众人的事情由众人商量”，参事会侧重在以专业人士为支撑，将治理做得更加精细专业。专家资源库中涵盖了教育专家、律师、司法工作者、社会工作者以及对大数据深有研究的企业负责人。社区参事会为社区“我为群众办实事”“党建引领北站治理鼎新工程”以及“数字化北站”建设等广献良策，推动开展社区党群阵地提升计划、市容环境再提升行动、家门口绿色充电桩打造行动等。2022 年 10 月，社区参事会还正式启动基层体制机制研究项目，依托龙华区基层治理学院的师资优势，调研并梳理社区治理的现状、存在的堵点和治理瓶颈。

在社区参事会的牵引下，北站社区的“朋友圈”也越来越大，先后与武汉东湖新城社区、北京安华里社区、上海古北社区、杭州七彩社区、广州东晖社区等 12 个社区结对共建，开展了“京深汉杭”四地“社区成长伙伴”线下交流会等活动，集众智、解难题，取得了创新成果。

三、党员群众共享会激活居民群众“流量”，构建流动循环“资源池”

居民的广泛参与是实现有效治理、高质量治理的前提，也是重建城市“熟人社区”、实现“人人共享”的关键。北站社区推出社区共享会项目，建立积分兑换机制、奖励表彰机制，通过用服务换取积分、用积分换取服

务等方式，鼓励社区居民分享时间、技能、服务等资源，构建资源流动循环的共享型社区。比如，一名全职妈妈做一次“四点半课堂”志愿者，可获得1小时共享会积分。如果她家下水道堵塞或是灯坏了，就可用积分换取水电工服务，而提供水电工服务的会员也能获得相应的共享会积分，这样就形成了共享的循环。

共享会从居民的兴趣、爱好、能力、资源甚至是参与热情出发，以一种几乎零门槛的方式，将包括社区居民在内的各种力量引入到了社区生活的场域中来。无论多么微薄的力量，都可以同时成为奉献者与受益者，最大限度地助力社区实现“人人能够参与、人人愿意参与、人人乐于参与”。共享会从第1名会员注册到会员突破1000名，仅仅用时3个月，会员涵盖社区党员、社区工作者、楼栋长、企业员工和广大居民，还有社会组织、物业管理处、爱心企业等集体会员。更令人惊喜的是“共享会”发挥了治理人才蓄水池的作用，一大批优秀的志愿者、居民群众和单位组织脱颖而出，如帮助辖区100多位残障者实现多元化就业的“全国道德模范”张莹莹、全国公共法律服务工作先进个人辛先霞、深圳最美退役军人孙卓清等。

案例三

龙华街道：人民调解委员会创新工作方法有效化解社会矛盾纠纷

龙华街道人民调解委员会在街道党工委、办事处直接领导下，在区司法局业务指导下，大力加强队伍建设，充分发挥人民调解化解社会矛盾的作用，坚持以人民为中心，聚焦问题所在，开展一系列基层司法创新，构建以“诉源治理、智慧治理、协同治理、多元治理”为特征的治理格局，探索出一条符合人口高度密集区域特点的基层治理新路径，成为人民调解助力基层治理的全国新模范。2010年，获得市中级人民法院和市司法局颁发的“深圳市人民调解工作先进集体”荣誉称号；2017年，被国家司法部授予全国“模范人民调解委员会”荣誉称号；2018年，获得龙华区第五届“闪亮龙华人”荣誉称号；2021年，获“龙华区金牌人民调解委员会”荣誉称号。2021 年 10 月底，获得“全国模范司法所”称号，为深圳唯一获此殊荣的单位。同年 11 月，获得“全省法律援助工作先进集体”，成为深圳基层司法所唯一上榜单位。

一、完善人民调解，让矛盾化解在基层

龙华街道坚持“人民调解为人民”的理念，成立人民调解委员会，建立起一套街道、社区工作站、居民委员会三级调解网络。调解过程始终坚持公开、公平和公正，切实保障依法调解、平等自愿、尊重当事人诉讼权利三项原则的落实。狠抓人民调解员业务水平，真正组建起一支人员结构合理、法学理论深厚、业务素质过硬的人民调解队伍。以化解社会矛盾纠纷为主线，整合各方力量，把矛盾纠纷化解在基层。在每年的“人民调解宣传月”，街道调委会都会组织大型宣传活动，加强人民调解宣传工作，充分发挥了人民调解“第一道防线”的作用，促进矛盾纠纷的解决。

二、诉源治理，推动矛盾纠纷源头化解

龙华街道持续践行“司法为民”理念，创新构建“冠名调解工作室+流动调解室+兼职调解员+调解员挂点楼栋+园区解纷中心”全方位、立体式、多元化的人民调解体系，推动矛盾纠纷源头化解，全力打造新时代“枫桥经验”。

（一）通过驻法庭调解室与法庭开展诉前、诉中、判后调解

驻法庭调解室，通过息诉止讼，高效化解矛盾，针对制定相应调解方案，实现“背靠背”“面对面”等调解方式相结合，促成矛盾化解。也可针对矛盾双方已进行诉讼程序的阶段或已判决阶段，开展诉前、诉中、判后联调，有效减轻法庭的办案压力。实行“律师调解室、仲裁确认室、法律援助室”三室合一，将法律援助服务前移至劳资纠纷仲裁一线，快速化解劳动争议纠纷。

（二）率先在全市设立企业公共法律服务站，壮大街道调委会驻富士康调解室力量

2018 年，龙华街道依托街道司法所和龙华街道人民调解委员会力量，在富士康科技集团设立了公共法律服务站，联合调委会驻富士康调解室，为富士康集团 18 万名员工提供人民调解、法律援助、法律咨询、社区矫正等法律服务。

（三）积极探索划线调解模式

以依法调解为突破口，探索划线调解模式，取得了初步成效。一是编辑《依法调解指南》和《人民调解适用法律法规选编》，突出重点，结合典型案例图解社会矛盾纠纷的解决流程，为人民调解提供高实用性的调解策略。二是建立重大纠纷律师先期介入机制。由律师或调解员及时向纠纷双方提供法律服务，分清彼此的责任，并根据法律法规提出初步的赔偿金额，为彼此协商确定范围。三是明确划线调解的核心是依法调解。划线调解就是在法律规定的合理的赔偿金额线上下进行依法调解，即一方面应做到调解结果尽量公平正义，另一方面应做到调解过程符合法律的规定。

（四）创新开设“流动调解室”，将矛盾纠纷在阳光下化解

2020 年 6 月，成立“流动调解室”，告别以往固定设点的方式，将人民调解的阵地搬到群众“家门口”，产业园区、居民小区、商贸服务区成为“流动调解”主阵地。流动调解室打破原有固定调解空间，打通当事人调解通道，让当事人“零”跑路，实地体会到“调解员在人眼前，调解室在家门口”。

（五）探索“兼职调解员”，以沉浸式调解体验播撒法治种子

现行调解体制中，人民调解员属于政府工作人员，当事人对调解员存在一定的戒备心理，这种心理上的隔阂有时候难以打破。为解决这个问题，龙华街道吸取中国传统社会治理思想，借鉴中国传统乡村治理中乡贤主持调解纠纷的做法，从当事人的生活工作圈，以及相关的行业、协会、乡会等社会组织中选取品德过硬、威望较高的人士，担任兼职调解员，和专职人民调解员一起主持矛盾纠纷调解。通过“专业调解员讲法、兼职调解员讲理讲情”的方式，从“法、理、情”三个方面入手来分清是非、断明曲直，最终有效地将矛盾化解在基层。

（六）创新调解员“楼栋挂点”机制，让人民调解触手可及

龙华街道创新推出调解员“挂点楼栋”机制，将人民调解员的联系方式和受理人民调解的二维码上墙，让人民调解随处可见、随手可得。如果当事人出门不便，在征求当事人同意的情况下，调解员还可以上门调解，直接在家门口化解纠纷，力争实现“小事不出楼栋，大事不出社区”，调解不再“求助无门”。

三、“互联网+法律服务”，与百姓零距离

法润人心，科技赋能。2020 年 12 月，龙华街道建成全区首个“法律 ATM”（24 小时法律服务站），利用“互联网+法律服务”，将法律援助预约、人民调解预约、网上立案、调解委员会、调解员查询、公证服务、法院案件查询、音视频留言等一站式法律服务统一整合到数字服务终端。居民凭身份证刷卡即可进站，24 小时享受各种法律服务。2021 年 4 月，龙华街道进一步将“法律 ATM”由线下延伸至线上，居民群众通过手机扫码即可获得更便捷的公共法律服务，构建起线下“500 米法律服务圈”，实现公共法律服务“抬头能见、触手可及、扫码即得”。

案例四

大浪街道：“元芬微棠模式”
让城中村成为“有温度”的家园

城中村是深圳最具烟火气的地方，作为城市高速发展进程中产生的城市“夹缝地”，有其独特的历史地位，被誉为“都市中的村庄”。龙华区大浪街道借助社会力量，尝试引入专业运营机构深圳愿景微棠商业管理有限公司（以下简称“微棠”），为构建机构完善、设施完备、主体多元、供给充分的现代化新型城中村服务体系做出了有益的尝试与探索，走出了一条符合大浪特色的城中村服务的“元芬微棠模式”。

一、案例背景

元芬社区位于大浪街道西南部，占地面积约 0.103 平方千米，毗邻深圳 6 号线元芬地铁站和 4 号线龙胜地铁站，地理位置优越，交通便利，是来深奋斗者的重要栖息之所，也是龙华区有名的城中村。

2019 年，元芬社区城市综合整治项目顺利完成，路面硬体化、墙面清洁化，实现了雨污分流等，环境卫生、消防安全、社区治安等得到了极大改善。但该社区缺乏整体、科学规划，存在公共活动空间缺乏、基础配套设施不全等“硬伤”。由于出租方构成复杂，导致租赁费、水电费、管理费等标准不一，且物业管理人员服务意识淡薄，专业知识欠缺、业务技能不高，居民对社区缺乏认同感、归属感，人员流动性大，社区管理服务陷

入“时效低、成本高、难决策”的窘境。

城中村三分靠建，七分靠管（服）。为补齐环境宜居、设施齐备、服务优质等方面的“短板”，让城中村成为“有温度”的家园，2019年，微棠正式进驻元芬社区，“元芬微棠模式”开始尝试。

二、做法与措施

通过整村规划、功能分区、便民设施建设、楼栋安全改造、公共空间打造等工作，提供可持续、专业、精准的物业管理与运营服务，初步建成宜居、智能、高效、优质的超大城市城中村基层服务体系。

（一）构建居住环境安全服务体系

通过引进物业管理、市政、环卫、绿化、工程、消防等类型的专业技术人才，对社区全域实行一体化规划，优化屋顶功能、打造楼栋连廊等，将社区规划设计为健康生活区、综合服务区、特色文化区、创新创业区和商业区。投资建设楼栋内部消防设施管网，以及卷盘、烟感系统等，利用互联网技术对村内的关键设备设施进行在线管理，安装温感摄像头，实现智能门禁、门锁、人脸识别；自主研发“智慧社区三维管理平台”，实现对社区公共区域24小时全方位监控。严格管理服务流程，建立租住制度，分类管理各类房屋，实现对居住者的精细化管理。

（二）构建互动立体式需求服务体系

搭建线上线下8大类需求信息传播渠道，如i社区、微信公众号、官网、专享智慧平台等，引导社区各群体通过网络实现“一键提需”；线下开放400服务电话，依靠人大代表、政协委员、社区工作者等现有社区力量，通过走访调研、发放民意调查清单等方式收集有价值的信息；每月通过焦点小组访谈、活动意见反馈、单对单沟通等方式深度洞察社区居民关心的热点话题。如针对养宠居民的需求，由居民亲自参与设计，建成了深圳第一家宠物寄养机构——“萌宠公寓”；针对因社区容积率高、采光差等空间限制引起的居民晾晒需求，则通过引入洗衣烘干房、开放公共晾晒区得到解决。

（三）构建数字智能服务体系

建设“1+1+3”数字元芬服务体系，即1个微棠资产管理系统，对人、房、物信息形成电子档案化管理，可实时全局调配资源；建设1个智能水电、智能门锁等多场景应用；建设数据标签系统、交易系统、管理系统3个用户平台，依托App、公众号等即可线上完成租住手续办理、水电费缴纳等业务；针对租户、业主、商铺，可在线提供保洁、保安、维修、咨询、销售、活动发布等服务。

（四）构建公共文化服务体系

针对元芬社区居住人群特点，规划设计趣、驿、动、聚等4个主题广场，利用闲置空地，建设空中篮球场，开放自习室、健身房、分享吧等特色活动区；建设24小时不打烊党群服务V站；以党建为核心引领，构建街道党工委—社区党委—城中村党支部—运团公司党支部四级组织架构，以党建带团建，以团建带社团建设，成立元芬微棠“四有青年”志愿服务队，孵化运动健身、读书分享、专业技能分享、秩序维护等29个社区团体，尽可能让青年人能在居住地获得新知识、结识新朋友、实现个人价值。

（五）构建生活配套服务体系

针对大学生、创业人员、年轻白领等不同人群特性，在楼栋色彩、公共空间设计、房间布局等方面更多彩、时尚。配租房间配备家电家具，居住人员可拎包入住，减轻搬迁负担；开设4个“微棠食”便民食堂，提供质优价廉的饮食；为住户提供保洁、生活物资配送、家电维修等“管家式”家政服务，让居住人员无后顾之忧，构建起集购物、餐饮、居住、学习、娱乐为一体的生活服务体系。

三、主要成效

近两年，元芬社区共接待本市及外省市、区来访200余次，被媒体报道超过50次。“元芬微棠模式”建设了标准和规范的租住管理服务系统，把“村”味十足的城中村，打造为党建引领基层治理的“龙华品牌”。

（一）政企协同公众参与社区治理，节约治理成本

以长租社区的方式，将城中村楼宇、公共空间、公共资源作为管理服务对象进行统筹管理，严格遵守政府指导租金、水电定价，推行“物业进村”，专业管理环卫保洁、消防安防、绿化维护等，解决城中村物业服务管理落后的问题；租住登记信息上报率100%，大大减轻社区网格管理员工作量；完善消防设施，配备安保人员，电动车零入户，整村实现零消防

安全事故和零触电事故；依托社区提供的App、24小时400服务电话，协助处理邻里纠纷达536次，实现矛盾纠纷不出社区，有效打破了碎片化、多头管理的弊端，大幅降低了政府在社区物业管理、消防安全、公共设施维护等事项的人力、物力、财力投入。

（二）提供精细化服务，成就活力多元熟人社区

顺应了青年人才“社群化、个性化”的新趋势，关注年轻人多元的生活习惯、喜好，不断积累和沉淀青年用户需求，构建了互动式、立体化沟通渠道，让居住者乐于提出需求、反馈意见、分享资源信息。运营至今，元芬微棠项目吸引7000余名青年入住，住房平均年龄25.6岁，88%是“90后”，大专以上学历占比85%。微棠社区提供的精细化服务得到了这群充满活力、高素质的年青人的认可。经调研，95.17%的青年住户认可微棠社区的居住环境和服务，30%的青年住户在微棠社区结识了新朋友，经老住户推荐入住微棠社区的青年住户达1107户。在微堂社区，城中村从“陌生人社会”转变为“熟人社区”。

（三）找准青年定位，激发社区活力，打造和谐社区

采用智能App和多样化反馈渠道，精准对接居民兴趣，促成兴趣融合。由微棠提供党群V站、自习室、健身房、篮球场、公共厨房等场地，社区青年团体不定期自发组织文体、共享会、访谈等活动。社区团体自发组织的活动达250余场，近300人次参与了多种多样的活动。由青年志愿者参与组织的“社区邻里节”和“社区嘉年华”公益便民服务活动，促使青年人走出家门，充实第三个八小时，在激发社区活力的同时，促进了和谐社区建设。

案例五

福城街道：章阁“人文社区”创建模式

深圳市龙华区福城街道章阁社区党委成立于2008年3月，下辖5个党支部，共有党员67人。章阁社区管理人口10.14万人，外来人口约10万人（其中青工群体约占70%），富士康科技集团（福城园区）位于该社区。社区党委积极践行以人民为中心理念，坚持党建引领、党群共建，结合辖

区外来青工群体较多的特点，将团结凝聚群众作为首要任务，建设广覆盖、全链条党群服务网络，重点打造“安心、安身、安业”的青工幸福家园。2020年9月，章阁社区被确定为“深圳市党群共建人文社区示范点”。

一、构筑奋斗文化空间矩阵，在潜移默化中“强基铸魂”

章阁社区积极践行“奋斗幸福观”，对内强化鼓舞激励，对外突出团结动员，广泛凝聚跟党一起奋斗的力量。社区党组织书记脚穿“行军鞋”带头践行“行走工作法”，党员干部每周至少3次到社区“最脏、最差、最乱、最臭、最黑、最难”的一线推进工作。采取多点连片方式，织密主题党群服务阵地网，以富士康科技集团（福城园区）为“圆心”，以“爱国、奋斗、安心”为主题，建设“1+1+6+6”党群阵地体系，即1个特色社区党群服务中心、1个园区党群服务中心、6个党群服务V站及奋斗者广场、奋斗者影像馆、产业奉献者青春舞台等6个特色阵地，形成多形态、广覆盖的奋斗文化主题空间。在各党群服务阵地，生动展示“青春、爱国、奋斗”主题宣传内容，以视频、图片、宣传册等多样化形式展现党员干部群众奋斗场景和社区发展、社区蝶变，在奋斗者影像馆、奋斗者长廊、红色电影院等场所播放红色电影，用群众喜闻乐见的方式开展主题教育，传递奋斗精神、涵养爱国情怀，重点提升辖区青工群体对党的认识和认同。

二、打造融入式服务圈，在排忧解难中拉近党群“亲密距离”

社区党委始终坚持以人民为中心，以需求为导向，持续优化关爱服务，解决群众所期所盼，将党的关怀和温暖送到群众身边。一是聚焦生活需求，打造便民服务“生活圈”。在社区党群服务中心增设招工、租房、水电气网咨询办理等特色便民服务事项，通过“章阁第一课”向初到深圳的务工人员讲授消防、治安、文明、法律、心理等知识，告知社区服务事项及各类文体活动组织，让外来居民更快更好融入社区、能够随时随地找到组织。发放家门口的便民福利，每天招募有“一技之长”的志愿者在党群服务中心“先锋加油站”为居民提供志愿服务，每月在居民活动广场、公园等人员聚集区开展流动的便民服务大集，将义剪义诊等贴心服务送到群众身边。盘活城中村闲置空地，推动建设章阁产业奉献者公益停车场、白花河公益停车场，为周边居民提供850个免费停车位，有效缓解城中村停车难问题。二是聚焦情感需求，打造交流互动“朋友圈”。搭建多样化青工交友平台，每月组织开展各地老乡会、青工交友会、主题畅谈会、音乐会、生日会等多样化活动，将来自五湖四海的产业奉献者组织起来，共忆乡愁、共诉苦闷、共享喜悦，逐步打破陌生人隔阂，让新章阁人在交流互动中实现“抱团取暖”，融入社区。结合群众特别是青工兴趣爱好组建文体兴趣小组，社区党委提供活动场地和专业指导，在丰富青工精神文化生活的同时让其找到更多兴趣相投的同伴。三是聚焦青工成长需求，打造赋能提升“成长圈”。引入心理医师、心理咨询师、心理社工、驻点律师、法律顾问，24 小时不打烊免费提供心理知识科普、心理支持、情绪疏导、危机干预、矛盾纠纷调解、法律维权等专业服务，为外来居民特别是青工扎根章阁、奋斗圆梦保驾护航。建设了工匠学堂、青工学堂、成长书房等，重点面向辖区企业青工开展编程、软件开发等技能提升课程和摄影、职场礼仪等素质提升课程及青年读书会、主题沙龙等百余场，邀请“五老”人员（离退休老干部、老战士、老教师、老专家、老模范）、优秀青年代表讲述奋斗故事、分享成功经验等，为青工发展全面赋能，培育了市劳模覃鹏、公益先锋廖绍海、音乐达人凌宇等一批青工身边的奋斗典型。

三、创新党群共建机制，在协同共治中注入发展“源头活水”

坚持党建带群建共建人文社区，引导多元主体参与社区治理，实现既有合力也有活力。社区党委每月组织召开党群联席会，召集街道、社区、企业、群团组织参与，商讨在群众服务、青工凝聚中存在的问题及对策，有效整合链接各级各领域资源“组团”服务，形成责任共担、资源共享、活动共办、服务共融、要事共商的“五共”模式，全方位解决群众特别是青工学习、工作、生活难题，让青工群体以饱满的热情、昂扬的姿态投身岗位，为社会发展进步贡献力量。例如：社区党委主动协调和链接资源，在党群服务中心增设职工维权、女工关爱、青年驿站、弱势群体帮扶、未成年人保护等业务咨询和办理服务，在 24 小时安心驿站设立交通违章缴费机、金融社保机、政务服务终端机、便民自助照相复印一体机，青工关注的事项基本实现一站式办理。开发小程序，创新积分兑换社区公益停车场积分专用车位停车券、工匠学堂培训课程、党群服务中心唱吧体验券、手工达人创意作品等，用稀缺资源和优质服务项目提高群众参与社区治理积极性。仅积分专用车位这一个项目就已吸引1032位车主注册“开户”，1.2万人次参与交通劝导、环境清洁、安全夜巡等志愿服务。尊重群众首创精神，线上设立居民建言微信群，线下建设社会组织办公室，广泛收集群众意见，定期座谈交流，动员在管理服务中培育出的11家社会组织、自治组织和在一线行走中发掘出的数十名青工公益骨干为社区发展出策出力。在社区党委的组织带领下，青工群体和个人发挥了党群联系润滑剂、居民融合黏合剂和社区治理助推器的作用，成为建设友爱、温暖、幸福章阁的重要力量。

案例六

观澜街道：“街区+红色网格”助推基层治理精细化

一、项目简介

在中央全面深化改革的时代背景下，面对新形势新任务新要求，观澜街道紧跟深圳“双区”建设步伐，以先进者自居，以永远走在前列的姿态，对标先行示范区改革实践，探索创新，瞄准基层治理相关靶点，在打造以“片区责任制”为核心的基层治理1.0版本的基础上，深化至以“网格化”治理为核心，融合构建“街区+红色网格”治理体系，打造观澜街道党建引领基层治理改革2.0版本。

“街区+红色网格”治理体系是将网格治理的思路贯穿始终，每一个社区划成若干街区网格，每一街区网格涵盖多个红色网格，街道领导挂点社区担任“总街长”，统筹整个社区的基层治理改革；街道部门副科以上公职人员担任“街区指导员”，带动部门资源解决社区治理难题，落实驻社区工作制度，做好“部门抓建”；社区班子成员担任“街长”，分片包干；各党员向“红色网格”报到，联系服务群众，打通基层治理“最后一公里”，切实做到“人人有岗位、人人有责任”。同时，“红色网格”与“街区网格”相互融合、彼此互补，红色网格主要联系服务居民，侧重于服务；街区网格则聚合民意和资源开展治理，突出共建共治共享。

二、工作举措

（一）理顺权责，条块结合，强化党组织领导力

街道党工委和社区党委强化对基层治理工作的领导，以“街道抓总、部门抓建、社区抓战”的总体思路统筹基层治理工作。出台《关于加强和改进基层治理工作的意见（试行）》及六个配套文件，制定权责清单，划定权责边界，理顺街道各部门和社区的职责关系，实行条块共抓社会管理和服务。

优化组织架构，成立街道基层治理中心，与综治中心、应急指挥中心合署办公，形成基层党建和城市基层治理“一盘棋”。推行片区责任制，调整社区组织架构为“两办一中心”，将社区功能组与职能部门驻社区工作组融合，实现管理扁平化。

（二）放权赋能，强化党组织战斗力

把管理和资源下沉到社区，切实把社区基层党组织建设成为领导基层治理的坚强战斗堡垒。

街道选派10名公务员到社区担任党委副书记、副站长、片长；公安派出所安排1名民警兼任社区党委委员，具体负责社区安全生产、治安管理、城市管理等带有执法性质的工作，解决社区有责无权、执法主体资格缺乏等问题，最大限度发挥就地处理和协同作战优势，提高了管理和工作效率。

在不增加街道员额编制的前提下，将原属街道职能部门劳动协管员、安监协管员、综合执法队员、出租屋网格员、市容巡查员、治安联防员全部下沉。同时，对各职能部门和社区员额进行科学精确测算，员额配置向社区倾斜，费随事转、事随人走，完善员额配置标准和动态管理机制。

（三）党建引领基层治理，不断增强组织力

每个街区包含若干个红色网格，充分发挥党支部在街区中的引领作用，一手抓管理，一手抓服务，推动党建工作与街区治理工作相融合。通过制定指引性清单，为试点社区开展工作厘清思路、找准方向、明确重点。围绕“1+3+N”工作内容（“1”是构建1个具有广泛代表性、体现共治特色的街区理事会，作为街区治理平台；“3”是抓好党群服务、公共管理、公共安全3项基础工作；“N”是各街区结合实际探索开展N个特色治

理项目），制定街区治理目标及行动计划，推动各街区有组织、有计划地开展各项治理工作。

（四）共建共治共享，激发群众凝聚力

由街区指导员、街区网格长、街区理事（含“红色网格”支部书记、基础网格组长、社区综合巡查组长、矛盾纠纷调解员、楼栋长代表、居委会委员、居民代表、股份合作公司董事长、企业商户代表、社会组织负责人等）组成街区理事会，每月定期组织召开，围绕街区党群服务、公共管理、公共安全和群众反映强烈、突出的急难愁盼问题，共商共议，同时结合事件分级分类处置机制，共同解决街区问题。

（五）精准调度，建设智慧应用平台，提升业务响应力

在“数字龙华”框架体系下，依托本区“党建引领基层治理”网格系统、“i 龙华”社会公共服务平台，自我加压，主动申请建设数据共享、业务协同的“基层治理智慧应用平台”。充分利用技术手段加强重点工程、重点工作、重点区域的巡查监管，强化数据深度分析应用，配合“智慧大屏”硬件铺设实现“事件驱动”向“数据驱动”转变，智能感知及预警预测安全隐患，全面提升基层治理信息化、智能化水平，实现基层“数字赋能、智慧治理”新格局。

（六）建立健全事件分级分类、升级处置机制，增强工作流转活力

完善智慧平台事项处置流转建设的前提下，落实隐患事件 ABCD 四级处置机制。按照事件类型、处置难易程度，将隐患信息分成四类 124 项，A 类事件由街道领导牵头处置；B 类事件由街道职能部门处置；C 类、D 类事件由社区处置，抓早、抓小、抓苗头，把大多数隐患扼杀在萌芽状态。社区处置不了的复杂事件升级到街道，经研判分拨交由责任部门处置。

三、解决问题

一是破解社区仍面临管理面积广、人口体量大、历史欠账多，工作任务重的困境，需要精细化治理来破题。“街区+红色网格”模式下，将社区划分成若干街区，除社区书记外，社区有几个班子成员就将社区划分为几个街区网格，直接压实社区班子的治理主体责任。街道部门和社区推进“街区网格”工作纳入街道绩效考核的基层治理专项测评中；街区网格长

及其他社区专职人员落实“街区网格”治理工作纳入社区专职工作者考核，由党建办负责修订；社区综合巡查员参与“街区网格”治理工作纳入社区综合巡查员考核，由综治办负责修订。通过压实各级治理责任，从而建立“全覆盖、精细化、长效化”的基层治理机制。确保每个街区“有人抓、有人管”，实行精细化治理。

二是每一个街区涵盖若干个“红色网格”，“红色网格”对应基础管理网格，推动各类党员力量向红色网格报到，建立网格党支部，统筹引领各类力量开展联系服务群众、民情民意收集等治理工作，打通社区这一社会治理的“最后一公里”，通过构建基层社会治理新格局，完善群众参与基层社会治理的制度化渠道。

三是联系服务居民，聚集到足够的治理资源，开展有效的共建共治。“红色网格”侧重于联络服务居民，街区网格则聚合民意和资源开展共建共治。以党员干部向网格报到，开展“六上门”活动，实现网格服务“零距离、实效化、常态化”；以街区理事会为共商共议共决平台，撬动职能力量，激活社会力量，推动多元参与，共同协商，有效解决街区突出的急难愁盼问题，打造辖区共建共治共享格局。

观澜街道正用实际行动，不断加速推进街道综合治理街区网格实体化建设，努力打造观澜街道党建引领基层治理改革2.0版本。

三、城市基层治理现代化水平评价

关于城市基层治理现代化的研究涉及社会学、政治学等多学科，研究内容聚焦于城市基层治理现代化的基本内涵、实践路径等方面。如何评价城市基层治理现代化是一个实践难题也是一个学术问题，目前多学科、多视角、多维度的相关研究从理论层面为研究提供了重要启示。党的二十大报告、《中共中央 国务院关于加强基层治理体系和治理能力现代化建设的意见》等国家政策文件从宏观政策层面为本研究提供了方向指引。

（一）城市基层治理现代化评价原则

城市基层治理现代化评价应当遵循以下原则。

首先，既要立足于我国的基本国情，又要充分借鉴国际上的治理评估经验①。我国的城市基层治理现代化必须坚持以习近平新时代中国特色社会主义思想为指导，坚持和加强党的全面领导，坚持以人民为中心，以增进人民福祉为出发点和落脚点。一方面，各地在加强和创新城市基层治理现代化方面进行了积极探索，为我们构建城市基层治理现代化评价指标体系提供了实践基础。另一方面，国际国内有关研究机构创立了不少公共治理评估指标体系并且进行了实际测评应用，可供我们学习借鉴。

其次，既要反映党委领导、党政统筹的管理体制，也要体现基层政府治理能力以及社会自治的水平和成就。城市基层治理现代化评价既要全面贯彻落实党和国家的大政方针和战略部署，又要观照城市基层治理的实际情况，要反映基层群众的自治水平。

再次，应当吸收国际治理评估指标设计的先进理念，力求科学。城市基层治理现代化评价指标要有过程指标，也要有结果指标；既要有客观指标，也要有主观指标。评价重点要立足当前同时也要兼顾未来。

最后，评价指标体系要具有简便性、实用性和可操作性。评估指标和标准设置应当具有高度的综合性并避免重复和交叉，力求全面、准确地反映城市基层治理的实际状况和真实水平；主观指标和客观指标的比例要适当，既要避免主观因素过多导致失真，又要注意客观指标的可获得性和可靠性，从而使整个评价指标体系具有可行性②。

（二）城市基层治理现代化评价内容

1. 善治目标追求

对城市基层治理现代化进行评估，究其根本，是为了提高城市基层治理水平，促进社会和谐发展。善治则是对良好的城市基层治理状态的描述。因此，对城市基层治理现代化水平进行评价，首先要从善治的构成要素进行深刻分析。

联合国亚太经济社会委员会在其发布的《什么是善治?》中，对善治提出了八项标准：共同参与、厉行法治、决策透明、及时回应、达成共

① “中国社会管理评价体系”课题组，俞可平．中国社会治理评价指标体系［J］．中国治理评论，2012（2）：2-29.

② “中国社会管理评价体系”课题组，俞可平．中国社会治理评价指标体系［J］．中国治理评论，2012（2）：2-29.

识、平等和包容、实效和效率、问责[①]。法国学者玛丽·克劳斯·斯莫茨提出构成善治的四大要素：法治、有效的行政管理、实行责任制、具有政治透明性。其具体体现：其一，公民安全得到保障、法律得到尊重，这一切都需要通过法治来实现；其二，公共机构正确而公正地管理公共开支，即进行有效的行政管理；其三，政治领导人对其行为向人民负责，即实行责任制；其四，信息畅通便于全体公民了解情况，即具有政治透明性。

在我国，俞可平是最早从事善治研究的学者之一。他认为善政是通向善治的关键，善治具有十大要素：合法性，即政治秩序和公共权威被自觉认可和服从的性质和状态；法治，即法律成为公共政治管理的最高准则，在法律面前人人平等；透明性，即政治信息的公开性；责任，即管理者应当对自己的行为担负基本的公共责任；回应，即公共管理人员和管理机构对公民的要求作出及时的、负责的反应；有效，即管理的效率；参与，既指公民的政治参与，也包括公民对其他社会生活的参与；稳定，意味着国内的和平、生活的有序、居民的安全、公民的团结、公共政策的连贯等；廉洁，主要是指政府官员奉公守法，清明廉洁，不以权谋私，公职人员不以职权寻租；公正，指不同性别、阶层、种族、文化程度、宗教和政治信仰的公民在政治权利和经济权利上的平等。[②]

2. 学界视角评价内容[③]

城市基层治理现代化事关经济发展、社会和谐和人民幸福[④]。从微观治理角度来看，城市基层治理以个人作为治理单元。因此，要充分体现以人为本的发展思想，切实提升人民群众的获得感、幸福感、安全感。从广义城市基层治理的角度出发，评价城市基层治理现代化则需要注意四个层面[⑤]。一是全覆盖。无论是社区、街道，还是跨区域性质的基层问题，都

---

① 王利明．法治：良法与善治［J］．中国人民大学学报，2015，29（02）：114-121.

② 俞可平．善治与幸福［J］．马克思主义与现实，2011，（02）：1-3.

③ 该部分内容主要参见：余敏江，郭占锋，熊易寒，等．如何对基层治理现代化进行科学评价［J］．国家治理，2020，（15）：8-14.

④ 余敏江，郭占锋，熊易寒，等．如何对基层治理现代化进行科学评价［J］．国家治理，2020，（15）：8-14.

⑤ 余敏江等．如何对基层治理现代化进行科学评价［J］．国家治理，2020，（15）．8-14.

需要把所有人纳入治理范畴，而城市基层治理现代化则主要关注数据共享水平以及平台链接个人的程度等①。二是多样性。基层治理不只追求“稳定有序”单一目标，不同特征的群体与区域所面对的基层治理需求差异显著，对其现代化的评价需要因地制宜，从目标多样化的角度进行。三是动态性。城市基层治理现代化要求随着经济社会发展而变化，且城市基层由于直接面对社会生产生活现实，往往要应对各种突发事件，评价的过程与标准应该结合时代要求与现实特征，用发展的眼光看待基层治理，实现动态评价②。四是自主性。基层治理的过程主要依靠人民，以最广大人民的根本利益为坐标，积极建设共治、共建、共享的社会治理共同体，在共同体内进行自主评价，为共同优化治理水平夯实社会基础③。从城市基层治理现代化具备的特征角度来分析如何衡量和评价城市基层治理现代化则主要包括五个方面内容：一是专业性，打造一支专业化的基层干部队伍和社区治理团队；二是回应性，对人民群众的利益诉求进行及时有效的回应，尽可能将矛盾解决在基层，避免矛盾不断上移；三是自治性，群众自治是基层治理有效性的重要保障；四是制度化，基层治理要建立在规则、制度、法律的基础上；五是智能化，要充分运用现代科技，通过一网通办、信息化、人工智能、大数据等手段，提高公共服务的可及性，提升人民群众的幸福感。④

3. 政策视角评价内容

（1）《中华人民共和国国民经济和社会发展第十四个五年规划和2035年远景目标纲要》

《中华人民共和国国民经济和社会发展第十四个五年规划和2035年远景目标纲要》从经济发展、创新驱动、民生福祉、绿色生态、安全保障5个方面提出20项发展目标（见图2-1）；并将“构建基层社会治理新格

① 余敏江，郭占锋，熊易寒，等．如何对基层治理现代化进行科学评价［J］．国家治理，2020，（15）：8-14.

② 余敏江等．如何对基层治理现代化进行科学评价［J］．国家治理，2020，（15）：8-14.

③ 余敏江，郭占锋，熊易寒，等．如何对基层治理现代化进行科学评价［J］．国家治理，2020，（15）：8-14.

④ 余敏江，郭占锋，熊易寒等．如何对基层治理现代化进行科学评价［J］．国家治理，2020（15）：8-14.

局”单列一章，提出“健全党组织领导的自治、法治、德治相结合的城乡基层社会治理体系，完善基层民主协商制度，建设人人有责、人人尽责、人人享有的社会治理共同体”，并从“夯实基层社会治理基础”“健全社区管理和服务机制”“积极引导社会力量参与基层治理”三个维度提出要求。这也从政策层面指明了城市基层治理现代化应体现治理价值共享导向、治理主体有序协同、治理体系“三治融合”及治理形式全过程人民民主等方向。

（2）党的二十大报告

党的二十大报告，从战略全局上对党和国家事业作出重大决策部署，为我国城市基层治理工作指明了方向，同时也为评价我国城市基层治理现代化提供了根本遵循。

一是习近平新时代中国特色社会主义思想。党的二十大报告提出，“把握好新时代中国特色社会主义思想的世界观和方法论，坚持好、运用好贯穿其中的立场观点方法”。无疑要贯彻习近平新时代中国特色社会主义思想的要求，其中最关键的是“坚持人民至上”。这就要求：其一是把人民对美好生活的向往作为党的奋斗目标，实现好、维护好、发展好最广大人民的根本利益；其二是反映人民的意愿，把人民拥护不拥护、赞成不赞成、高兴不高兴、答应不答应作为衡量一切工作得失的根本标准；其三是将民心拥护支持和公众满意度作为衡量城市基层治理水平的基本尺度。①因此，城市基层治理现代化指标体系需要有体现人民性以及基于我国基本国情的基层治理指标。

二是共建共治共享。党的二十大报告提出，要“完善社会治理体系。健全共建共治共享的社会治理制度，提升社会治理效能”。这就要求整合社区党组织、居委会、社会组织、企业、居民等多元主体力量，搭建共建主体架构；建立联建联动的配套机制，形成共治机制，从而构建起共建共治共享的城市基层治理格局。“共建”是基础、是前提、是主体要求，重在体制创新；“共治”是路径、是手段、是系统方法，重在制度建设；“共享”是目标、是内容、是体系建设，即实现全体人民共享成果的社会治理

① 社会治理现代化指标构建研究课题组．新中国70年社会治理现代化评估研究［J］．社会治理，2019（10）：11-27.

专栏1 “十四五”时期经济社会发展主要指标					
类别	指 标	2020年	2025年	年均/累计	属性
经济发展	1. 国内生产总值（GDP）增长（%）	2.3	—	保持在合理区间、各年度视情提出	预期性
	2. 全员劳动生产率增长（%）	2.5	—	高于GDP增长	预期性
	3. 常住人口城镇化率（%）	60.6*	65	—	预期性
创新驱动	4. 全社会研发经费投入增长（%）	—	—	>7，力争投入强度高于“十三五”时期实际	预期性
	5. 每万人口高价值发明专利拥有量（件）	6.3	12	—	预期性
	6. 数字经济核心产业增加值占GDP比重（%）	7.8	10	—	预期性
民生福祉	7. 居民人均可支配收入增长（%）	2.1	—	与GDP增长基本同步	预期性
	8. 城镇调查失业率（%）	5.2	—	<5.5	预期性
	9. 劳动年龄人口平均受教育年限（年）	10.8	11.3	—	约束性
	10. 每千人口拥有执业（助理）医师数（人）	2.9	3.2	—	预期性
	11. 基本养老保险参保率（%）	91	95	—	预期性
	12. 每千人口拥有3岁以下婴幼儿托位数（个）	1.8	4.5	—	预期性
	13. 人均预期寿命（岁）	77.3*	—	（1）	预期性
绿色生态	14. 单位GDP能源消耗降低（%）	—	—	（13.5）	约束性
	15. 单位GDP二氧化碳排放降低（%）	—	—	（18）	约束性
	16. 地级及以上城市空气质量优良天数比值（%）	87	87.5	—	约束性
	17. 地表水达到或好于Ⅲ类水体比例（%）	83.4	85	—	约束性
	18. 森林覆盖率（%）	23.2*	24.1	—	约束性
安全保障	19. 粮食综合生产能力（亿吨）	—	>6.5	—	约束性
	20. 能源综合生产能力（亿吨标准煤）	—	>46	—	约束性

注：①（）内为5年累计数。②带*的为2019年数据。③能源综合生产能力指煤炭、石油、天然气、非化石能源生产能力之和。④2020年地级及以上城市空气质量优良天数比率和地表水达到或好于Ⅲ类水体比例指标值受新冠疫情等因素影响，明显高于正常年份。⑤2020年全员劳动生产率增长2.5%为预计数。

图2-1 “十四五”时期经济社会发展主要指标

资料来源：《中华人民共和国国民经济和社会发展第十四个五年规划和2035年远景目标纲要》。

体系现代化，重在公平正义。① 因此，在指标设计上，城市基层治理现代化指标体系的过程指标体现“共建”“共治”，结果指标体现“共享”。通过这种设计，落实政策要求，实现对城市基层治理现代化的全过程评价，突破以往对城市基层治理现代化进行某一方面评价的局限性。

三是党的领导。党的二十大报告进一步明确了必须加强党的领导。党委领导与政府主导是我国基层治理的核心，充分发挥政治引领作用，才能将其转化为制度优势。因此，评估城市基层治理现代化就必须要有反映党的领导的指标，如党的基层组织建设情况，党委领导、党政统筹的街道管理体制、党建引领的社会参与制度等，用以测评党全面领导基层治理制度的建设情况。

四是智能化治理。党的二十大报告提出“完善网格化管理、精细化服务、信息化支撑的基层治理平台”，智能化是当今基层治理的重要发展趋势，主要是将大数据、云计算、物联网等信息技术与新时代基层治理相结合，在精准供给公共服务、提升政府治理效率、部门协同治理等方面的应用有所显现。因此，科学评估城市基层治理现代化，需要将智能化相关测量指标纳入其中，这也是城市基层治理精细化的内在要求。

五是全过程人民民主。党的二十大报告提出“发展全过程人民民主，保障人民当家作主”。新时期的城市基层治理必须始终坚持以人民为中心，扩大人民有序政治参与，保证人民依法实行民主选举、民主协商、民主决策、民主管理、民主监督。群众自治是基层运行的基本方式，可以在矛盾尚未出现或萌芽时发挥预防、调解作用。因此，评估城市基层治理现代化需要设置全过程人民民主相关测量指标，如协商民主情况、群众自治情况等。

（3）《中共中央 国务院关于加强基层治理体系和治理能力现代化建设的意见》

意见不仅从总体要求、完善党全面领导基层治理制度、加强基层政权治理能力建设、健全基层群众自治制度、推进基层法治和德治建设、加强基层智慧治理能力建设、加强组织保障七大方面提出规划，并且提出“力

---

① 魏礼群．坚定不移推进社会治理现代化：新中国 70 年社会治理现代化历程、进展与启示［J］．社会治理，2019（9）：5-14.

争用5年左右时间，建立起党组织统一领导、政府依法履责、各类组织积极协同、群众广泛参与，自治、法治、德治相结合的基层治理体系，健全常态化管理和应急管理动态衔接的基层治理机制，构建网格化管理、精细化服务、信息化支撑、开放共享的基层管理服务平台；党建引领基层治理机制全面完善，基层政权坚强有力，基层群众自治充满活力，基层公共服务精准高效，党的执政基础更加坚实，基层治理体系和治理能力现代化水平明显提高。在此基础上力争再用10年时间，基本实现基层治理体系和治理能力现代化，中国特色基层治理制度优势充分展现”的主要目标。这彰显出城市基层治理现代化综合性评估框架既应包含过程性评估，也应包含效果性评估。一方面，过程性评估体现党和政府与城市基层治理现代化相关的重大政策和部署，反映基层治理现代化水平和进展，同时体现城市基层治理现代化以及公民自我治理的水平和状况。另一方面，效果性评估指标体系从人民群众的福祉和基层治理发展两个层面出发，既要增强人民群众的获得感、幸福感、安全感，也要实现基层治理体系和治理能力的现代化。

第三章 城市基层治理现代化指标体系建构借鉴

一、国内外相关研究状况

(一) 国外研究概况

1. 国外相关指标体系

20 世纪 90 年代，随着治理理论的兴起，国际上对治理评估的理论研究和实际应用也随之受到普遍关注。世界银行（The World Bank）、联合国开发计划署（The United Nations Development Programme）、经济合作与发展组织（Organization for Economic Co-operation and Development，OECD）等一些著名的国际组织最早确立完整的治理标准，并对主权国家的治理状况进行整体性评估（见表 3-1）。据世界银行相关部门统计，经常使用的治理评估指标体系大约有 140 种，包括数千个单项指标。

表 3-1 国际治理评估指标体系比较

指标体系	主体类型	内容	方法
世界银行“全球治理指标”	多边机构	话语权和问责制、政治稳定和暴力避免、政府有效性、管制质量、法治、腐败控制六个测量维度	根据二手资料的排序
联合国开发计划署“治理指标项目”	多边机构	议会发展、选举体制、人权、公正、信息获取、分权、地方政府与行政改革	不同国家测量方法不同；公民抽样调查
经济合作与发展组织“Metagora”项目	多边机构	腐败（概念、经历、分配和趋势）；法律（宪法、控制和尊重）；商业环境（自由市场的有效性）	定性和定量评估；具体问题/情况；一些多国家的工作；公民抽样调查

续表

指标体系	主体类型	内容	方法
美国国际发展署“民主与治理评估框架”	双边机构	法律、民主和责任政府体制、政治自由和竞争、公民参与和建议四个维度	—

资料来源：周红云．国际治理评估指标体系研究述评［J］．经济社会体制比较，2008（6）：23-36.

世界银行“全球治理指标”。该项目主要由世界银行的 Kaufmann、Kraay 和 Mas Truzzi 负责，通常也被称为“KK”、“KKZ”或“KKM”指标。世界银行认为，治理涉及国家政权当局的执政传统与制度架构，包含政府选举、监督与更替的程序，政府有效制定和推行良好政策的能力，对公民的尊重以及实现经济与社会管理的制度。① 这套评估指标体系涵盖 215 个国家和地区在 1996—2013 年六个指标的数据，包括话语权和问责制（Voice and Accountability）、政治稳定和暴力避免（Political Stability and Absence of Violence）、政府有效性（Nuclear Precession Magnetometer）、管制质量（Regulatory Quality）、法治（Rule of Law）、腐败控制（Control of Corruption）六个测量维度（见表 3-2）。其在考察和评估国家治理水平时，参考了多样性的指标和数据来源，充分利用现有的数量众多的非聚合性治理指标，强调主观性指标和客观性指标、专家评分和个体调查等不同类型数据之间的互补性，采用综合聚类方法形成聚合性治理指数。从 1996 年开始，世界银行就以此对 213 个国家先后进行过 7 次评估。这套指标及其运行结果再次加深了改革者、公民社会和私营部门对“善治是发展的关键”的认识。②

① 唐勇．国家治理评价指标设计的法理分析［J］．观察与思考，2015（4）：54-59.
② 周红云．国际治理评估指标体系研究述评［J］．经济社会体制比较，2008（6）：23-36.

表 3-2　世界银行的治理指标

来源	指标关注的具体领域	指标归类
专家评估	公民自由和政治权利是否受到尊重 政治暴力威胁对政府的影响如何 公共机关和公共服务的质量如何 不公平竞争现象是否普遍 司法程序是否迅速和公正 政治人物介入腐败和任人唯亲的程度如何	话语权和问责制 政治稳定和暴力避免 政府有效性 管制质量 法治 腐败控制
企业或个人调查	选举是否公平 恐怖主义给企业造成了损失吗 公共服务受到了政治干预吗 开办商业活动是否容易 司法活动是否受到政治上的干预 非正式的支出在销售额中的比例	话语权和问责制 政治稳定和暴力避免 政府有效性 管制质量 法治 腐败控制

注：以上问题并不是各个调查的最终问项。最终在各个调查中详列的问项加起来有数百个。

资料来源：马得勇，张蕾．测量治理：国外的研究及其对中国的启示［J］．公共管理学报，2008（4）：101-108+127-128.

联合国开发计划署“治理指标项目”（Governance Indicators Project，GIP）。联合国开发计划署认为，治理是一个价值、政策和制度交织的系统，在这套系统中，社会通过国家、市民社会和私人部门的互动来管理其经济、政治和社会事务。① 该项目是联合国开发计划署奥斯陆治理中心（Oslo Governance Centre，OGC）在蒙古国、菲律宾、阿富汗以及中国等国家实施的一项治理指标项目，依据民主治理的基本价值，将指标体系分为七个部分：参与、代表、责任、透明、回应、高效和平等。指标体系具有八大特征：评价体系嵌入国家发展计划或者其他政治责任之中；指标通过透明、参与等过程选取和产生；在信息收集、储藏和公开方面存在制度化程序；所有的重要利益相关者都能获取资料来源；在数据来源中专门考虑到了贫穷和性别两大因素；一些机构的相关研究被用于指标体系中以增强

① Programme U. Governance Indicators：A Users' Guide（2nd Edition）.

国家能力；在提升国家能力上存在一个目标途径；通过多次反复评估以保持指标体系的可持续性。[①]

经济合作与发展组织“Metagora”项目。该项目从2004年2月开始实施，用于评价国家的人权和民主治理状况，关注民主、人权和治理评估的方法、工具和框架。该项目问卷调查系统下设民主、人权和治理三大主题，其中治理的主题涵盖资源管理（Resource Management）、问责（Accountability）、透明度（Transparency）、腐败（Corruption）、参与（Participation）、效率（Efficiency）、法治（Rule of law）、控制/检查/监督（Control/Monitoring/Supervision）、信息获得（Access to Information）、道德（Ethics）和其他指标。[②]

美国国际发展署“民主与治理评估框架”（Democracy and Governance Assessment Framework）。美国国际发展署认为，民主必须是土生土长的（Home-Grown），通过发展出一套指标体系，指出国家在民主治理中的核心问题，并确定主要的行动者和制度领域的行动者，对实现一国民主的转型和巩固尤为必要。该指标体系主要集中于法律、民主和责任政府体制、政治自由和竞争、公民参与和建议四个方面。在构建该指标体系上，有四个主要步骤：第一步是界定一国在民主治理上存在的问题；第二步是确定关键的行动者和同盟者；第三步是确定关键的机构；第四步是提炼出策略。

2. 国外研究综合状况

综上所述，尽管国际上治理评估指标体系数量庞大、种类丰富，但依然在治理评估的主体、对象、工具与方法、指标等方面遵循一定的发展路径。

（1）治理评估主体。以发起治理评估体系的主体为维度，分为多边机构、双边机构以及独立机构等发起的治理评估体系。国际上大多数评估指标体系可以纳入这些分类中[③]。多边机构发起的治理指标体系主要是指一

① 周红云．国际治理评估指标体系研究述评［J］．经济社会体制比较，2008（6）：23-36.

② NAVAL C，WALTER S，RAUL S，et al. Measuring Human Rights and Democratic Governance：Experiences and Lessons from Metagora. 2008.

③ 周红云．国际治理评估指标体系研究述评［J］．经济社会体制比较，2008（6）：23-36.

些国际发展组织，如世界银行、联合国开发计划署、经济合作与发展组织等发起确立的一些治理评估标准，以对世界范围内多个主权国家的治理状况进行整体性评估或者提供国别分析。双边机构发起的治理指标体系主要是指一些双边援助国家发起确立的治理评估指标①。这样的评估仅限于这些援助国的伙伴国范围内，主要是为了给这些援助国开展国别项目提供相关信息，它们多为基于现存资料的定性分析，如美国国际发展署设立的民主与治理评估框架、荷兰设立的策略治理与腐败评估以及英国国际发展部的国别治理评估②。独立研究机构发起设立的评估指标体系，主要是对世界范围内或部分区域范围内多个主权国家的治理状况进行整体性评估或者提供国别分析。

（2）治理评估对象所涉及的范围。从被评估对象所涉及的范围来看，治理评估指标体系可分为全球层面、地区层面和国家层面三种不同指标体系。全球层面的治理评估指标体系是指所设置的治理评估指标体系主要适用于世界范围内多个不同主权国家治理状况的评估，如世界银行的全球治理指标；而地区层面主要指所设置的治理评估指标体系仅适用于世界某一地区范围内不同主权国家治理状况的评估，如易卜拉欣治理指标是专门针对撒哈拉以南48个非洲国家的民主状况进行的评估；国家层面的治理评估体系主要是指所设置的评估体系仅适用于单个主权国家治理状况的评估，这样的评估体系的设立通常从该主权国的实际情况出发，而且只适用于评估该国的治理状况，如联合国开发计划署的治理指标项目（GIP）旨在帮助试点国家开发一套不用于排名，既能反映所有国家普遍存在的治理问题的“核心”治理指标，又更具有国别特色的治理指标体系，用于指示该国治理进程和治理状况的改善③。

（3）治理评估工具与方法。不同类别的治理评估，所使用的评估工具和方法也不一样。联合国开发计划署在《2002年人类发展报告》中指出，用于测量人权、民主和善治的各种评估项目目前面临巨大困境，即基本上

① 周红云．国际治理评估指标体系研究述评［J］．经济社会体制比较，2008（6）：23-36.

② 周红云．国际治理评估指标体系研究述评［J］．经济社会体制比较，2008（6）：23-36.

③ 周红云．国际治理评估指标体系研究述评［J］．经济社会体制比较，2008（6）：23-36.

不存在互不矛盾的测量工具。不同的治理评估类型和不同的测量工具决定不同的评估数据收集方法，收集原始数据的方法有很多：国家人口普查；入户调查；公众评价（如通过国际评判小组、民意调查、重点群体和专家意见等作为收集公众评价的方式）；依靠开展评估项目的那些机构内部专家意见；由政府和政府间机构收集的官方统计数据、对政府义务的监控以及对促进或阻碍民主、人权或善治的个别事件的监控；二手资料（主要是一些学术机构使用大量一手资料而对民主、人权和善治进行比较测量后形成的数据）①。

（4）治理评估指标。治理评估指标大致可以分为客观指标与主观指标；投入指标、过程指标和结果指标；绩效指标和过程指标；聚合指标和分解指标等②。

客观指标与主观指标。客观指标如投票率、社会经济绩效、人权条约签署与否；主观指标如基于专家意见调查或者大众民意调查而得到的数据，某个国家的自由表达程度或者公众对官员腐败程度的感知水平③。

投入指标、过程指标和结果指标。投入指标旨在测量义务和责任承担者的表现情况（也即为实现责任和义务而投入多少）；过程指标旨在测量政策执行的过程；而结果指标则旨在测量取得进步的程度④。

绩效指标和过程指标。绩效指标主要是指依据标准结果来测量治理的质量，如腐败程度；过程指标主要是指依据结果如何产生来测量治理的质量⑤。

聚合指标和分解指标。聚合指标可以用于不同国家的排名和国别比较，而分解指标可以用于支出并支持政治改革过程中的问题所在。⑥

（二）国内研究概况

1. 国内相关指标体系

综上所述，无论是多边组织、双边组织，还是独立机构，基本上是由

① 周红云．国际治理评估指标体系研究述评［J］．经济社会体制比较，2008（6）：23-36.
② 周红云．国际治理评估指标体系研究述评［J］．经济社会体制比较，2008（6）：23-36.
③ 周红云．国际治理评估指标体系研究述评［J］．经济社会体制比较，2008（6）：23-36.
④ 周红云．国际治理评估指标体系研究述评［J］．经济社会体制比较，2008（6）：23-36.
⑤ 周红云．国际治理评估指标体系研究述评［J］．经济社会体制比较，2008（6）：23-36.
⑥ 周红云．国际治理评估指标体系研究述评［J］．经济社会体制比较，2008（6）：23-36.

西方国家主导的。这些治理评估体系确立了一些普遍的标准，但是，这些标准基本是由西方学者研制的，由西方国家主导的机构来制定的，无可避免地带有西方的价值倾向。[①] 为了改善国内的治理，不少主权国家开始重视治理评估的理论研究与实际测评，建立起自己国内的治理评估体系。而中国政府和学界也日益重视理论和实践层面的治理评估。目前，国内治理评估的研究已经形成相对成熟的指标体系，涉及社会治理、国家治理、地方政府治理等不同层面。虽然学界对治理评估的研究层面不一样，但不同层面的分析视角可以为我们构建城市基层治理现代化指标体系提供可借鉴的思路。

（1）社会治理评估相关研究

对于社会治理而言，在社会治理内涵和治理效能评价指标设置上存在差异，有以治理与善治理论维度设计的指标，有以加强社会建设和创新社会治理为目标导向设计的指标，有以打造共建共治共享的现代社会治理格局为核心构建的指标[②]。总的来看，社会治理指标研究相对比较薄弱，市域社会治理现代化评价指标体系构建仍处在探索阶段。

俞可平领衔的“中国社会管理评价体系”课题组（2012）提出中国社会治理评价指标体系，从人类发展、社会公平、公共服务、社会保障、公共安全和社会参与六个基本维度来评价中国的治理发展程度，构成中国社会治理评价指标体系基本框架的六大支柱，并提出 35 项具体指标，其中客观指标 29 个，主观指标 6 个[③]。该指标体系采取专家打分法（Delphi 法）确定各级指标的权重，通过问卷调查和统计数据采集计算等不同方法采集数据。[④]

左晓斯总结社会治理体系评价合理且可行的方式是通过对社会治理体系建设、治理过程和治理效果三方面的分析、评价、总结，通过科学

① 游腾飞．西方治理指数与制度性话语权的传播［J］．探索，2016（5）：152-158.

② 周春霞．市域社会治理现代化评估指标体系构建研究［J］．领导科学，2022，（01）：83-86.

③ 陈志勇，卓越．治理评估的三维坐标：体系、能力与现代化［J］．中国行政管理，2015，（04）：79-84.

④ “中国社会管理评价体系”课题组，俞可平．中国社会治理评价指标体系［J］．中国治理评论，2012（2）：2-29.

审慎构建的指标体系和分析计算，得出一个地区、一个组织、一个领域治理体系及其运行结果的判断①。社会治理评价指标经过赋值、加权、统计、计算，最终得出一个可以全面衡量社会治理体系的综合指数②。社会治理体系建设评价包括对社会治理结构体系、组织体系、服务体系、动员体系、制度体系以及评价体系六大体系建设情况的分析评价；社会治理过程或体系运行的评价，按照社会治理的界定，应包括对问题识别、目标确定、方案（计划）制订、方案（计划）实施以及总结反馈各个阶段和环节的合规性、合理性和可行性，以及平等对话、交流互动、共同协商的真实性、充分性的分析评价③。社会治理结果或体系运行效果的评价，包括主观评价和客观评价两个方面：主观评价主要是社会治理各主体、社会治理利益攸关方的评价；客观评价则需要首先选取社会治理的主要领域，其次是确定这些领域中最能反映治理效果的核心指标和关键属性，再次是社会治理结构和治理主体关系是否优化或优化程度，最后进行汇总、加权计算等④。

魏礼群领衔的社会治理现代化指标构建研究课题组提出“中国社会治理现代化客观指标体系”，从多元共建指标、有效共治指标和社会共享指标三个维度来评价中国社会治理现代化，并提出31项具体指标。从党的领导、政府购买服务、社会组织、社会工作、志愿服务、居民参与等方面来测量“多元共建指标”，包括6个客观指标。围绕系统治理、依法治理、综合治理、源头治理来设计“有效共治指标”，包括9个客观指标。从教育、健康、医疗、就业、收入、住房、社会救助等方面来测量“社会共享指标”，包括16个客观指标。指标的确定采取了客观指标与主观指标相结合、定量指标与定性指标相结合、正向指标与反向指标相结合的方法⑤。

周春霞在市域社会治理现代化评估指标体系构建方面进行了深入探

① 左晓斯．中国社会治理体系及其评价研究［J］．社会科学，2016，(04)：55-63.

② 左晓斯．中国社会治理体系及其评价研究［J］．社会科学，2016，(04)：55-63.

③ 左晓斯．中国社会治理体系及其评价研究［J］．社会科学，2016，(04)：55-63.

④ 左晓斯．中国社会治理体系及其评价研究［J］．社会科学，2016（4）：55-63.

⑤ 社会治理现代化指标构建研究课题组．新中国70年社会治理现代化评估研究［J］．社会治理，2019（10）：11-27.

讨，她认为评估指标体系的构建应遵循基础性、时代性、动态性、发展性以及功能性的原则，社会治理指标主要包括一般性社会治理指标和专门性社会治理现代化指标，研究构建由多元共建、平安市域、社会共享、智慧治理 4 个一级指标，党委领导、政府负责等 19 个二级指标以及基层选举率、每万人拥有基层党组织个数等 44 个三级指标组成的市域社会现代化评估指标体系。主要采取定量指标与定性指标相结合的方式。①

（2）国家治理能力评估相关研究

国内对国家治理能力评估相关联的研究成果既有对国家治理能力的主观评价，也有对国家治理能力的客观评价。主要是通过构建评价指标体系，采取主观赋权和客观赋权的方式进行测算。

中国人民大学发布的中国发展指数（RCDI）。其主要目的是测量我国不同地区社会与经济发展的状况及差异，由健康指数（包括出生预期寿命、婴儿死亡率、每万人病床数等次级指标）、教育指数（包括成人文盲率、大专以上程度人口比例等次级指标）、生活水平指数（包括农村居民年人均纯收入、人均 GDP、城乡居民年人均消费比、城市居民恩格尔系数等次级指标）、社会环境指数（包括城镇失业登记率、第三产业增加值占 GDP 比例、人均道路面积、城市居民人均居住面积、省会城市 API、人均环境污染治理投资总额等次级指标）四个一级指标构成②。以省级行政区为单元进行评估，全部依靠客观数据，并对省级行政单元进行年度排名。

俞可平推动的中国治理评估框架。该评估框架提出了 12 项评价指标，包括公民参与、人权与公民权、党内民主、法治、合法性、社会公正、社会稳定、政务公开、行政效益、政府责任、公共服务和廉政，并下设 114 项次级指标，形成了一个完整的评估指标体系。该评估指标体系内容非常全面，并且次级指标对上一级指标的指向非常清楚，但涉及指标数量过

① 周春霞．市域社会治理现代化评估指标体系构建研究［J］．领导科学，2022（1）：83-86.

② 高奇琦，游腾飞．国家治理的指数化评估及其新指标体系的构建［J］．探索，2016（6）：149-156.

多，并且部分指标为主观指标，因此操作上具有一定的难度①。

李晓西等研发的人类绿色发展指数（Human Green Development Index，HGDI）。该指标体系是借鉴人类发展指数，在社会经济可持续发展（包括贫困、收入、健康、教育、卫生、水 6 个领域）和生态资源环境可持续发展（包括能源、气候、空气、土地、森林、生态 6 个领域）两大维度同等重要的基础上构建的，测算了 123 个国家绿色发展指数值并对其进行了排序。该指标体系选择代表性指标进行测度，指标权重则采用平均分配，其数据来源为二手客观数据②。

高奇琦等创立的“国家治理”指数。其主要目的是测量全球主要国家的国家治理质量和状况。国家治理指数的指标体系由基础性指标（设施、秩序和服务）、价值性指标（公开、公平和公正）和持续性指标（效率、环保和创新）三大类内容构成，并下设 23 个三级指标及 55 个四级指标。一级和二级指标权重通过层次分析法来确定，一级和二级指标间的权重关系确定之后，平均分配三级和四级的指标权重。所采用的数据类型均属于客观数据，数据的采集方式主要有两种：一是通过国际组织或国家的官方统计网站抓取可获得的公开数据（如有效专利数量）；二是分级后通过计算数量可得到的数据（如立法信息公开完整度）③。

王永兴等研发的国家治理监测指数。该指数由政治稳定性与政府能力指标（包括经济掌控力、腐败程度、国防能力等支撑指标）、市场有效性与经济发展指标（包括市场机制、宏观经济、产业发展等支撑指标）、社会稳定性与社会发展指标（包括社会发展、社会稳定、社会福利与保障等支撑指标）3 项一级指标和 9 项二级指标构成，并下设 26 项可以直接测度的三级指标④。数据采用来自世界银行、欧洲复兴开发银行、国际货币基

---

① 高奇琦，游腾飞．国家治理的指数化评估及其新指标体系的构建［J］．探索，2016（6）：149-156.

② 李晓西，刘一萌，宋涛．人类绿色发展指数的测算［J］．中国社会科学，2014（6）：69-95+207-208.

③ 高奇琦，游腾飞．国家治理的指数化评估及其新指标体系的构建［J］．探索，2016（6）：149-156.

④ 王永兴，景维民．转型经济体国家治理质量监测指数研究［J］．经济社会体制比较，2014（1）：115-126.

金组织、经济学人信息社以及其他大型机构的原始数据，这些数据具有不同的量纲，因此在进行指数合成时必须进行数据的转换。三级指标的权重分配在专家打分的基础上汇总得出[①]。

（3）地方政府治理评估相关研究

党的十八届三中全会提出推进国家治理体系和治理能力现代化的目标之后，公共管理学界和政治学界高度关注，评估地方政府治理现代化的研究成果也开始出现。

唐天伟等构建了一套测度地方政府治理现代化的指标体系。该指标体系包括地方政府治理体系现代化和地方政府治理能力现代化 2 个一级指标，行政体制、行政人员素质、经济治理、政治治理、社会治理、文化治理和生态文明治理 7 个二级指标以及 21 个三级指标，并运用这套指标体系对内地 292 个地市级政府 2016 年的治理现代化水平进行了测量[②]。该指标体系包括主观测度指标和客观评价指标两部分，测度采用常用的专家打分法来确定各级指标的权重，通过问卷调查和统计数据采集等方法收集并分析数据以形成科学的测度结果[③]。

施雪华等构建的中国省级政府公共治理效能评价指标体系。该指标体系以各省级政府为研究对象，从政策效能（社会管理与公共服务政策、经济调节与市场监管政策）、体制效能（行政投入、行政产出）和行为效能（决策行为、执行行为、监控行为）三个方面对各省级公共治理效能展开了测量，把上海市政府的指标作为标杆，分别对浙江、辽宁、湖南、云南四个省的政府治理效能进行调查评估[④]。

马得勇的乡镇治理绩效评估指标体系。该指标体系以当地居民和乡镇干部的主观评价为基础，从乡镇政府的民主建设、政府对公民要求的回应、政策执行力、经济发展、公共服务提供、治理能力提高、制度和政策

---

① 王永兴，景维民．转型经济体国家治理质量监测指数研究［J］．经济社会体制比较，2014（1）：115-126.

② 唐天伟，曹清华，郑争文．地方政府治理现代化的内涵、特征及其测度指标体系［J］．中国行政管理，2014（10）：46-50.

③ 唐天伟，曹清华，郑争文．地方政府治理现代化的内涵、特征及其测度指标体系［J］．中国行政管理，2014（10）：46-50.

④ 施雪华，方盛举．中国省级政府公共治理效能评价指标体系设计［J］．政治学研究，2010（2）：56-66.

的透明度以及对政府总体评价等方面进行了乡镇政府治理绩效的评估。基于10省市20个乡镇的实证调查，测量了20个乡镇的治理水平①。

李靖等构建的我国地方政府治理能力评价指标体系。该指标体系从地方政府与中央政府的职能衔接、可测量性以及地方政府特殊性的角度切入，构建包含政治治理能力、经济治理能力、文化治理能力、社会治理能力、生态治理能力5个一级指标、12个二级指标以及40个三级指标的地方政府治理能力评价指标体系，以熵值法为研究方法，以吉林省2014—2016年的面板数据为样本，由此获得吉林省政府治理能力的相对权重和得分，进而计算出吉林省政府治理能力结构和治理偏好②。

2. 国内研究综合状况

综上所述，较为系统的中国治理指标研发起步比较晚，指标设计的目标相对来说比较多元，设计内容差异较大，并且大多数处于指标构建阶段，鲜有实际测评和应用。按照其设计内容及目标，主要可以概括为四类。一是以实现“善治”所需合法性、透明度等条件为主要内容设计的指标体系。例如，包国宪“中国公共治理绩效评价指标体系”、俞可平“中国民主治理的主要评价标准与指标”、高奇琦等“国家治理指数指标体系”③ 等。二是以“社会福利最大化”和“公共领域交易成本的最小化”为目标设计的指标④。例如，胡税根“地方政府公共服务治理评估体系”。三是以“加强社会建设”和“创新社会治理”为目标的指标设计。例如，宋贵伦等构建的“中国社会建设综合评价指标体系”、俞可平牵头构建的“中国社会治理评价指标体系”、范逢春构建的“社会治理质量测评指标”、张欢等开发的“社会治理绩效评估主观指标体系”。四是将经济环境、社会环境、生态环境和个体的行为、心态都纳入评估的综合指标体系。例如，唐天伟构建的“地方政府治理现代化指标体系”、杨琛等建构的“国

① 马得勇．测量乡镇治理：基于10省市20个乡镇的实证分析［J］．中国行政管理，2013（1）：99-104.

② 李靖，李春生，董伟玮．我国地方政府治理能力评估及其优化：基于吉林省的实证研究［J］．吉林大学社会科学学报，2020，60（4）：62-72+236.

③ 周春霞．市域社会治理现代化评估指标体系构建研究［J］．领导科学，2022（1）：83-86.

④ 袁子艺．社会治理满意度对居民幸福感的影响机理研究［D］．云南财经大学，2022.

家治理体系和治理能力现代化指标体系”。

二、国内相关实践探索

近年来，全国各地对社会治理、基层治理等进行了多方面及多维度的实践探索。本研究以武汉市汉阳区党建引领城市基层社区治理现代化指标体系、上海市静安区基层治理指标体系、广州市南沙自贸区社会治理现代化评估指标体系、深圳市大鹏新区基层社会治理指标体系作为研究案例，探究其典型做法与实践模式，总结其经验及推广价值，为我国城市基层治理现代化指标体系的构建提供现实参考。

案例一

武汉市汉阳区党建引领城市基层社区治理现代化指标体系

2018 年，为进一步适应新时代、新形势对党建引领基层治理创新的新要求，武汉市汉阳区委按照武汉市委关于党建引领社区治理“1314”工作体系的要求，以全国先进基层党组织江欣苑社区党委等一批先进典型为样本，认真分析、解构、提炼，历经多年探索，形成了一套《汉阳区党建引领城市基层社区治理现代化指标体系》（以下简称《指标体系》）。

一、指标体系

该《指标体系》充分体现了坚持把党领导一切贯穿基层社区治理的全过程，坚持党的一切工作到支部、靠支部，共涵盖“建强组织体系、规范治理体系、完善服务体系、创新服务发展体系、强化保障体系”5 个维度，有 16 个分项目、42 个子项目、55 个具体指标。其中，“建强组织体系”突出治理主体，“规范治理体系”“完善服务体系”突出治理过程、治理路径和治理技术，“创新服务发展体系”“强化保障体系”突出治理绩效和治理评价。五个体系既相对独立又有机结合，共同回应治理体系和治理能力现代化这个问题。该《指标体系》为规范汉阳区社区治理提供了科学完整的参考指标体系，对进一步推进基层社会治理体制现代化和治理能力现代化具有重要的现实意义和理论意义。

二、主要做法

武汉市汉阳区总结提炼其近年来以党建引领基层社会治理的经验做法，将实践成果转化为理论成果和制度成果，系统集成、创新制定具有汉阳特色、可学习、可操作、可复制、可推广的党建引领城市基层社区治理现代化指标体系，探索出“五个体系、五个群众”的治理现代化路径。

一是建强组织体系，组织扎根群众。通过建强“六级组织体系”，构建基层党组织统一领导、各类组织协同配合、广大群众积极参与的基层治理体系，将组织建设这条“红线”贯穿社会治理，扎根基层神经末梢，做到“牵一发而动全身”。组织体系坚强有力，高效运转。建强“社区大党委—网格党支部—楼栋党小组—党员中心户—楼栋长—单元长”六级组织体系，六级体系分级履责、上下互动、高效运转。以社区党组织为核心做强区域化党建，把辖区内各类组织凝聚在党组织周围，推动互联互通互动、共享共建共用。

二是规范治理体系，“三治”引领群众。领导基层治理是党章赋予基层党组织的重要职责，“三治”的最终目标是在基层党组织的领导下，实现基层的有序善治，夯实党的执政根基。凝聚合力，自治利民。社区党委将“四民工作法”作为社区民主议事的基本制度，建强“红色业委会”，推进“三社联动”和“三方联动”，众人的事大家来商量。建立居民议事会，开通“书记直通车”“民情直通车”，增强居民群众的社区认同感、归属感、责任感和荣誉感。

三是完善服务体系，全心全意服务群众。始终坚持以人民为中心的发展思想，不断增强服务能力和水平。坚持走好新时期群众路线，全面优化政务服务、生活服务、法律服务、文体服务、关爱服务、党员服务，以精细、精准、贴心的服务，团结和引领群众听党话、跟党走。以群众需求为导向延伸服务半径。围绕群众“少跑腿、办成事”，以社区一站式服务大厅为平台，实现为民服务一站式办结，居民少走冤枉路便能办成事。通过“互联网+”平台延伸服务半径，通过“线上预约、后台派单、线下服务”的方式，实现为民服务全程式代办，方便困境群体。

四是创新服务发展体系，产业致富群众。所有的发展都是为了人民。江欣苑社区坚持“发展才是硬道理”，扛起发展生产、致富群众的使命和责任，引领群众共同创造美好生活，为实现中国梦而努力奋斗，其经验做法对城市社区党组织具有借鉴意义。

五是强化保障体系，成果惠及群众。社区是居民群众共同的家园。社区党组织要紧扣群众生产生活需求，努力推动社区阵地硬件与服务软件同步升级，健全群众保障体系。推动居务公开，强化民主监督，将纪律挺在前面，确保正确航向，让改革发展的胜利成果惠及每个家庭。打造服务阵地，建设幸福家园。以居民群众需求为出发点，建设党员群众服务中心，做到“敞开一扇门、承办万家事、服务心贴心”。

案例二

上海市静安区基层治理指标体系

一、背景起因

上海市静安区在基层治理的实践中面临一个矛盾，即科学全面评价全区各街镇基层治理绩效的需要和对应的指标体系缺失的矛盾。特别是自街道取消招商引资以来，考核街道工作缺少可量化的具体抓手，区级管控街镇的闭环机制存在“漏气”缺陷，即闭环尚未完全封闭。所以，推进静安区基层治理的现实需求，首先就是要构建静安区基层治理指标体系。这个指标体系的总体要求是，每一个具体指标的工作由区相关部门主导推动，而具体工作任务由各街镇相关部门落实，从而为科学全面评价各街镇基层治理绩效提供一个具体抓手。静安区基层治理指标体系将指标转化为从区层面指导到街镇层面具体落实，实现了任务主体在街镇。这一点在全市乃至全国尚属首创，体现了静安区基层治理指标体系的创新性。静安区基层治理指标体系是从“质”和“量”结合的层面，对静安区推进基层治理现代化的一种实践探索。

二、指标体系设计原则

一是普遍性与特殊性相结合的原则。静安区基层治理指标体系是指标体系的一种，既应遵循指标体系设计的普遍性原则，又应体现构建静安区基层治理指标体系的特殊性要求。普遍性原则具体包括目的性、科学性、联系性、统一性、可比性、可获得性。特殊性要求具体包括静安区基层治理指标体系在主题、层级、应用目的等方面的特定要求。二是系统性和层次性相结合的原则。系统性指的是将指标体系看成一个整体。层次性指的是指标体系内部各层级之间应具有鲜明的层次结构。三是代表性和导向性相结合的原则。代表性指的是所选指标虽然数量有限，但是要能够基本反映基层治理的主要工作内容，每个领域的指标要力求以点带面。导向性指的是整个指标体系要侧重于当前工作的重点领域，通过多选重点领域的指标或提高重点领域指标的权重来突出重点工作。四是传承性和创新性相结合的原则。传承性指的是注意选用和优化静安区历年用来评价基层治理工作的一些老指标。创新性指的是注重选取区相关职能部门并未提出但能体现静安区基层治理核心取向的指标。五是自上而下与自下而上相结合的原则。由区地区办及区相关部门提出基层治理的主要工作任务并予以指标化，由街镇作为责任主体予以落实。同时，由街镇将各项指标分别分解到八个办公室和三支下沉队伍，从而构建区职能部门主导推进、街镇责任部门具体落实的指标闭环系统。

三、指标体系构建

在构建指标体系时，静安区充分考虑到目前居民群众的“急难愁盼”类问题在整个指标体系中的分量，如住宅小区物业管理、老旧小区改造、加装电梯、卫生健康服务等内容，始终坚持聚焦影响基层治理的主要因素，如居民参与状况、社会组织的发展程度、社区共建共治、社区安全、社区服务等。为强化党建引领，推进高效发展，静安区基层治理指标体系设定了区域化党建共建项目年增长率指标，要求今明两年都有5%的增长率。为引导更多青年进入业委会，设定了含青年委员的业委会数量覆盖率这一指标，使业委会从以老年人为主体变成青年发挥重要作用。为进一步提高社区健康管理水平，让居民拥有更多的获得感，设定了居民区康健苑覆盖率指标，要求全区具备条件的居委会实现全覆盖，以帮助居民积极参与开展疾病筛查，普及疾病防控知识，倡导居民建立自管小组，重视慢性病自我管理，形成政府主导、部门合作、全社会参与、居民自我管理自我服务的健康共治格局。为加大社会组织参与基层治理的力度，指标体系设定了每万人拥有社会组织数量（常住人口）、社会组织获3A以上评估等级率、社会组织参与社区治理项目数等相关指标，以满足群众需求为导向，以鼓励扶持为重点，以能力提升为基础，引导社区社会组织健康有序发展。

最终，确定了涉及社区发展客观指标、社区党群、城市管理、社区服务、平安建设、社区自治、生态文明、智能化建设八大领域共86项具体指标。

四、指标体系评估

静安区基层治理指标体系的评估工作将一年开展一次，对所有指标进行一年一度的统计汇集。再由评估实施单位采用定量评估的方法，对上一年度静安区基层治理状况进行评估，并于新一年4月底前出具上一年度静安区基层治理评估报告。通过对静安区自身基层治理状况的年度纵向比较以及全区内部各街镇之间、静安区与本市其他区基层治理状况的横向比较，精准反映静安区基层治理工作的实际情况，从全区各职能部门、各街镇以及基层治理的各个领域全面反映静安区基层治理全貌。既要做到研判静安区基层治理的整体发展水平，也可以从报告各街镇的相互比较中分析静安区基层治理存在的短板和问题，并有针对性地提出加强静安区基层治理的对策建议。

案例三

广州市南沙自贸区社会治理现代化评估指标体系

近年来，广东自贸试验区南沙、前海、横琴三大片区利用自身政策和平台优势，探索社会治理体制机制创新，取得了初步成效。面向广东自贸试验区打造高水平对外开放门户枢纽的总定位，高水平社会治理是广东自贸试验区高质量发展的重要支撑。

一、指标体系

广州市南沙自贸区社会治理现代化评估指标体系建设立足以高水平治理推动高质量发展，围绕社会治理体系、布局、方式、效能四个维度，设置了社会治理体系、社会治理布局、社会治理方式、社会治理效能4个一级指标，每个一级指标又各有5个二级指标，共20个二级指标，着力探索具有中国特色、自贸区特点、时代特征的社会治理新模式，提高自贸区社会治理系统化、社会化、精细化、法治化、智能化水平，努力建设人人有责、人人尽责、人人享有的社会治理共同体。

二、主要做法

南沙自贸区推动政治体检常态化制度化。在农村、社区、机关、国企、两新组织等领域分类制定负面清单，实施政治体检工程，覆盖全区2.5万多名党员和近1000个基层党组织，效果明显。创新党内学习平台，全面打造“1+10+N”党员学习教育平台，建好用好1个区委党校、9个镇街党校和1个功夫党校、519个南沙“三新”讲学所，实现全区各级党组织和广大党员全覆盖。

织密社会治理“一张网”。南沙自贸区建立“1+4”改革推进体系，组建1000余人的专职网格员队伍，形成“1+9+158+N”网格体系。建设区、镇（街）两级网格化服务管理指挥中心，打造全区30多个部门数据共享新平台。

实行“一支队伍管执法”。坚持职能相对集中和政事分开原则，实施行政执法事项统一由“一支队伍”负责，推动各类资源集约集成使用，实现镇街集中力量办大事。

南沙自贸区推动与港澳规则衔接。引入大湾区（广州）海事法律、知识产权法律审判中心、公益诉讼协调指挥中心等6个中心，推动诉讼、仲裁、域外法律查明、司法鉴定、律所等高端法律服务资源融合，实现海商海事、知识产权、行政、互联网等专业领域审判业务的系统集成。

另外，南沙自贸区发挥“互联网+”信息技术优势。在全国创建首个“云仲裁”、建成全国人社系统首个自主版权“天枰一号”信息化系统、开发应用“e仲裁”“e裁审”两个微信小程序，探索构建“快速、权威、便民”劳动仲裁南沙模式，逐步形成覆盖线上线下的“仲裁便民服务圈”。

出台全方位扶持港澳青年创新发展的办法。南沙为港澳青年量身定制《广州南沙新区（自贸片区）鼓励支持港澳青年创新创业实施办法（试行）》，落实“港人港税、澳人澳税”、共有产权住房试点等扶持政策，为港澳青年扎根南沙创造最好条件。

以党的创新理论推动与港澳各界青年交心交融。南沙建设“粤港澳青年三新讲学所”，面向港澳青年宣介习近平新时代中国特色社会主义思想，帮助港澳青年学习了解南沙新区（自贸片区）规划建设情况和开发建设成就，努力打造成为港澳乃至国际社会青年“一天即可全面了解南沙”的窗口和门。

建立“区、镇（街）、村（居）基层心理服务中心”三层次垂直管理系统。区负责对全域社会心理服务工作全局性、方向性、政策性重大问题作决策，在镇（街）、村（居）依托镇（街）综治中心“粤心安”心理健康工作站和村（居）综治工作站“粤心安”工作室，搭建心理咨询场所170个、心理咨询热线1条，全部对外开放社会心理服务。

案例四

深圳市大鹏新区基层社会治理指标体系

大鹏新区在社会基础、政府的社会管理、公众的社会自治和主观体验等社会治理内容上有较好的实践经验和成效，与此同时，由于大鹏新区独特的经济社会发展基础和战略选择，其基层社会治理也呈现出不同的社会矛盾和问题，治理进程中的难题还比较多。

一、指标体系构建

为更加科学、有序地统筹指导和评价大鹏新区基层社会治理工作，提升治理能力和水平，大鹏新区根据其基层社会治理的实际情况，形成了“基层社会治理指标库”，包括社会基础、党建引领与政府管理、基层自治与社区治理、居民主观体验4个一级指标以及13个二级指标和69个三级指标。有关部门可以从指标库中选取适用于本部门领域的指标，确定权重并进行数据的采集。基层社会治理指标库包括主观指标和客观指标。主观指标数据可通过问卷调查获取，部分客观指标可直接从网站和有关报告中获取，另外的24个客观指标则需要由相关部门提供。

二、主要做法

基层社会治理工作包罗万象、头绪纷繁，要实现实施方案提出的目标，必须有清晰的路线图、施工图。为此，实施方案从坚持党的领导、强化党建引领社会治理，提升民生保障水平，建设人居和谐生态环境，推进社会治理体系现代化，全面提升社会治理社会化、法治化、智能化、专业化能力水平5个方面进行了全面部署。

其中，在坚持党的领导、强化党建引领社会治理方面，实施方案提出，建立常态化学习制度，深化党建工作职责清单体系，压实“三级十一岗”主体责任；扎实推进基层党建“标准+”模式；打造“1+25+X”三级党群服务体系；开展“两新”组织“两个覆盖”质量提升行动，创建“党建+旅游”特色品牌，打造大鹏新区经典红色教育线路等。

在提升民生保障水平方面，实施方案提出，要提高义务教育学位供给能力，全面提升新区各中小学教育质量；深化现代医院管理体制改革，构建新区“大卫生”“大健康”发展格局。完善“分层次、多渠道、广覆盖”的住房保障体系，积极推动帮困型救助向发展型救助转变，逐步扩大社会救助覆盖范围等。

在建设人居和谐生态环境方面，实施方案提出，将全面建成国家生态文明建设示范区；全力拓展城市发展空间；以坝光片区建设为重点，打造“海绵城市”实践样板；积极创建国家森林城市，加快推进生物廊道（排牙山—七娘山）节点生态恢复工程、东涌红树林湿地园建设；突出抓好治水提质工程等。

在推进社会治理体系现代化方面，实施方案提出，要构建扫黑除恶专项斗争体系，健全安全生产防控体系，建立“大应急”体系，建立健全海洋防灾减灾体系，完善社会治安立体防控体系、健全预防化解矛盾纠纷体系、完善基层治理体系、建设社会心理服务体系、完善德治教化体系、推进大诚信体系建设等。

在全面提升社会治理社会化、法治化、智能化、专业化能力水平方面，实施方案提出，新区将创新工青妇等群团组织参与社会治理模式、深化社会组织参与社会治理、推行物业企业服务社会治理、实施群防群治效能提升工程、拓展来深建设者参与社会治理途径、创新社会力量参与公共服务的渠道和方式、加强基层协商和建立健全公众参与决策机制、高标准推进法治建设、创新公共法律服务载体、搭建智慧大鹏统一运行载体、深度优化网格化服务管理、充分发挥专业化组织作用、壮大社工和志愿者队伍等。

三、整体评价与启示

（一）整体评价

国内外对治理能力现代化评估研究的层次和侧重点不同。国外对治理测量主要偏重于对全球治理、城市治理、地方政府治理、腐败治理、环境治理、人文治理、人权与民主治理的测量，其治理测量已经发展得非常全面，几乎涵盖了政治学与公共管理学的所有方面；而中国对治理测量主要侧重于对治理的绩效评估、地方政府治理、社区治理、创新治理、公司治理能力等方面①，虽然也有全球治理和国家治理的测量，但成果不多。这主要是因为国外基层观念不强，其对于基层的研究主要是围绕社区层面，对基层缺乏关注。发达国家综合国力高，比较关注全球治理、环境治理、民主治理等议题，我国在这方面的研究范围还比较窄，领域尚未拓宽，部分学者仅提出了一些评价指标体系的框架，因测量技术复杂没有继续深入下去，还是以定性的方法来研究定量问题。

国内外既有研究较少针对“城市基层治理现代化”。国外对治理的测量偏重于全球治理、城市治理、地方政府治理、腐败治理、环境治理、人权与民主治理的测量②，对于社会治理能力的成果大多指向普遍性的地方政府层面，目前没有针对城市基层的研究。国内虽有针对城市基层治理的研究，但偏重于社区治理测量，没有专门针对城市基层治理现代化指标体系的研究。

国内外测量技术运用存在差异。在测量技术运用上西方国家已经非常成熟，而我国在研究过程中还处于技术方法的引介上，目前运用的方法技术水平还比较低，在指标体系的设计上主要还是运用一些简单方法，如关键指标法（KPI）、平衡计分卡法（BSC）、标杆管理法等；在赋权方法上还主要采用层次分析法、德尔菲法、模糊综合评价法、主成分分析法和数据包络分析法等，在计量模型的运用上主要是采用线性加权法、因子分析法等③。所以，在方法技术的运用上我国还有待深入。与之相较，西方学者的研究方法选用更加多样、变化更为复杂，甚至做到了与数学、统计学

① 曹昶辉．我国边疆治理能力现代化的评价指标体系构建与实证研究［D］．云南大学，2020.

② 曹昶辉．我国边疆治理能力现代化的评价指标体系构建与实证研究［D］．云南大学，2020.

③ 曹昶辉．我国边疆治理能力现代化的评价指标体系构建与实证研究［D］．云南大学，2020.

和计量经济学等学科的深度融合[①]。

（二）启示

由于我国各个城市存在很大差异，在设计城市基层治理现代化指标时，应考虑到不同城市的差异性。因此，开发城市基层治理现代化指标体系应坚持以下一些原则：

普遍性与特殊性结合。在设计指标时，一方面应参考其他国家、国际组织和研究机构在设计治理指标时所依据的原则和理念；另一方面也要考虑中国国情，不可照搬类似指标体系[②]。否则，设计出的指标和测定标准就不能体现中国城市基层治理现代化的时代特征。同时，由于中国政府层级较多，每个层次的治理重点不同，因此，有必要按基层政府层次来分别设计测量指标[③]。

指标便于收集和观察，并且可信。要考虑治理测量指标本身具体且明确，易于观察和测定；也要考虑中国的政治环境和文化传统，我们既可以采用行政的力量来帮助收集基础数据。为了保证收集到的指标可信，可申请上级政府指导、协助支持，在此基础上独立实施调查。

注重指标的综合性。避免使治理指标成为政府绩效指标，要把过程指标和结果指标都纳入城市基层治理测量指标。避免收集资料过分集中于政府机构，应该把当地居民等纳入进来，这样才可以更为全面地考察城市基层治理现代化的实际状况，切实解决好人民群众最关心、最直接、最现实的利益问题，提升人民的获得感、幸福感和安全感。

建立主观因素和客观因素相结合的动态性指标。将主观指标和客观指标结合起来，以一种动态的而非静态的指标进行衡量，才是一种更合理的测量方法。[④]

---

① 曹昶辉．我国边疆治理能力现代化的评价指标体系构建与实证研究［D］．云南大学，2020.

② 马得勇，张蕾．测量治理：国外的研究及其对中国的启示［J］．公共管理学报，2008（4）：101-108+127-128.

③ 马得勇，张蕾．测量治理：国外的研究及其对中国的启示［J］．公共管理学报，2008（4）：101-108+127-128.

④ 马得勇，张蕾．测量治理：国外的研究及其对中国的启示［J］．公共管理学报，2008（4）：101-108+127-128.

第四章　城市基层治理现代化指标体系设计

基于前述对城市基层治理现代化内涵的剖析和其他城市相关指标体系建构情况的梳理，秉承科学严谨的态度，本章首先全面梳理党中央和国务院、国务院各部门、省市级等各个层面出台的各类与城市基层治理密切相关的政策文本，准确把握指导思想，发挥政策文本在指标体系设计中的“指挥棒”和“指南针”作用。同时根据指标体系设计的重要原则，明确城市基层治理现代化指标体系设计的基本原则，并结合具体实际，首先将城市基层治理现代化指标体系划分为治理体系现代化、治理能力现代化与治理效能现代化“三位一体”的一级指标体系。在此基础上，遵照中共中央、国务院于 2021 年 4 月 28 日发布的《关于加强基层治理体系和治理能力现代化建设的意见》设计二级与三级指标体系。其次针对指标体系的测量应用部分，选择采用最优最劣专家打分法确定一级指标和二级指标的权重，再通过对三级指标的测量得到综合性指数，每一个维度都是该方面的分指数，即是通过该维度下的若干个指标测量得出的分指数，最终得出的综合性指数分布在 0 和 100 之间。此种测算方法得到的指数不仅可以进行横向对比，也具备纵向可比性；不仅可以比较参评单位城市基层治理现代化情况的相对位次，还可以考察单个参评单位城市基层治理现代化的历史进程。

一、政策依据与指导思想

为了加强城市基层治理体系和治理能力现代化建设，党和国家、各职能部门、各省区市各层面积极出台各类文件，全力助推城市基层治理现代化的实践探索，这也是本研究设计城市基层治理现代化指标体系的根本遵循和基础依据。

第一，党和国家层面。2021年，中共中央、国务院发布《关于加强基层治理体系和治理能力现代化建设的意见》，为加强城市基层治理体系和治理能力现代化提出了意见。主要从六大方面展开，包括：完善党全面领导基层治理制度、加强基层政权治理能力建设、健全基层群众自治制度、推进基层法治和德治建设、加强基层智慧治理能力建设、加强组织保障。2017年，中共中央、国务院印发了《关于加强和完善城乡社区治理的意见》，对加强和完善城乡社区治理作出全面部署。对于深圳经济特区，2019年，中共中央、国务院发布了《关于支持深圳建设中国特色社会主义先行示范区的意见》，对深圳提出了高质量发展高地、法治城市示范、城市文明典范、民生幸福标杆、可持续发展先锋等“五个率先”战略定位。

第二，习近平总书记关于基层治理现代化的重要指示批示和重要讲话精神。2015年，习近平在贵州调研时强调，“党的工作最坚实的力量支撑在基层，经济社会发展和民生最突出的矛盾和问题也在基层，必须把抓基层打基础作为长远之计和固本之策，丝毫不能放松”。2020年9月17日，习近平总书记在湖南省长沙市主持召开基层代表座谈会并发表重要讲话时强调，“十四五”时期，要在加强基层基础工作、提高基层治理能力上下更大功夫。要加强和改进党对农村基层工作的全面领导，提高农村基层组织建设质量，为乡村全面振兴提供坚强政治和组织保证。要加强和创新基层社会治理，坚持和完善新时代“枫桥经验”，加强城乡社区建设，强化网格化管理和服务，完善社会矛盾纠纷多元预防调处化解综合机制，切实把矛盾化解在基层，维护好社会稳定。2021年2月4日，习近平总书记在贵州省贵阳市观山湖区金元社区考察调研时指出：“基层强则国家强，基层安则天下安，必须抓好基层治理现代化这项基础性工作。”

第三，中央各部委相关支持性政策。2022年1月29日，中共中央组织部、中共中央政法委员会、民政部、住房城乡建设部共同发布《关于深化城市基层党建引领基层治理的若干措施（试行）》，并提出以下具体措施：一是加强党建引领网格管理，提升社区精细化治理、精准化服务水平；二是加强社区工作者职业体系建设，壮大城市基层党建和基层治理骨干力量；三是加强党群服务中心建设，夯实城市基层党建和基层治理实体支撑；四是强化社区物业党建联建，以高质量物业服务推进美好家园建设；五是压实街道社区（园区）属地管理责任，把新就业群体纳入城市基层党建格局；六是因地制宜精准施策，着力提升村改社区、易地扶贫搬迁集中安置社区等区域治理水平；七是广泛开展干部下派、到社区报到工作，推动机关和企事业单位在职党员参与社区治理常态化；八是健全城市基层党建引领基层治理领导体制机制，构建统一领导、各方协同、有序推进的工作格局。

第四，省区市层面。2020 年，广东省民政厅印发《广东省推进民政领域基层社会治理体系和治理能力现代化的若干措施》。在措施中重点提出了七大方面 19 项工作措施。七大方面包括：强化基层党组织的政治引领、增强城乡社区治理能力、培育规范发展社区社会组织、发挥社会工作者专业优势、提升基本民生保障和基本社会服务水平、夯实民政领域基层社会治理基础、强化保障措施。在市级层面上，深圳市委平安建设领导小组制定印发《深圳市关于推进市域社会治理现代化试点工作的实施方案》，将工作细化为三年 49 项具体任务，并形成时间表、路线图。

基于此，本研究结合对城市基层治理现代化内涵的理解，以相关政策文件为依据，将城市基层治理现代化划分为治理体系现代化、治理能力现代化、治理效能现代化三大维度，并进一步全方位收集相关的国家级、省级、市级政策文件，用于指导具体指标的设置，并汇总如下（见表 4-1）。

表 4-1　城市基层治理现代化政策文件一览表

发布时间	政策名称	发布主体
2022 年 3 月 1 日	《国务院关于加快推进政务服务标准化规范化便利化的指导意见》	国务院
2022 年 2 月 22 日	《中共中央 国务院关于做好 2022 年全面推进乡村振兴重点工作的意见》	中共中央、国务院
2022 年 1 月 29 日	《关于深化城市基层党建引领基层治理的若干措施（试行）》	中共中央组织部、中共中央政法委员会、民政部、住房城乡建设部

续表

发布时间	政策名称	发布主体
2021 年 12 月 28 日	《“十四五”公共服务规划》	发改委、中宣部、教育部、公安部、民政部、司法部、财政部、人社部、住建部、农业农村部、文旅部、卫健委、退役军人部、国资委、广电总局、体育总局、统计局、医保局、中医药局、妇联、残联
2021 年 12 月 22 日	《全国公共法律服务体系建设规划（2021—2025 年）》	司法部
2021 年 8 月 23 日	《“十四五”就业促进规划》	国务院
2021 年 8 月 11 日	《法治政府建设实施纲要（2021—2025 年）》	中共中央、国务院
2021 年 5 月 24 日	《“十四五”民政事业发展规划》	民政部、国家发展改革委
2021 年 4 月 28 日	《中共中央 国务院关于加强基层治理体系和治理能力现代化建设的意见》	中共中央、国务院
2019 年 11 月 5 日	《中共中央关于坚持和完善中国特色社会主义制度 推进国家治理体系和治理能力现代化若干重大问题的决定》	中共中央
2019 年 8 月 20 日	《中共中央 国务院关于支持深圳建设中国特色社会主义先行示范区的意见》	中共中央、国务院
2018 年 6 月 28 日	《中国共产党深圳市社区委员会工作规则（试行）》	中共深圳市委办公厅
2019 年 5 月 8 日	《关于加强和改进城市基层党的建设工作的意见》	中共中央办公厅
2017 年 9 月 17 日	《关于推进城市基层党建“标准+”模式的意见》	中共深圳市委办公厅

续表

发布时间	政策名称	发布主体
2017 年 6 月 12 日	《中共中央 国务院关于加强和完善城乡社区治理的意见》	中共中央、国务院
2015 年 12 月 31 日	《关于推进社区党建标准化建设的意见》	中共深圳市委办公厅
2014 年 10 月 8 日	《中共中央办公厅、国务院办公厅关于进一步做好村民委员会换届选举工作的通知》	中共中央办公厅、国务院办公厅

二、指标体系构建原则

在构建城市基层治理现代化指标体系的过程中，应综合考虑指标体系的集合性、相关性、层次性和整体性，并坚持以下原则。

引领性与契合性相结合的原则。一方面，城市基层治理现代化指标体系需要依据党中央对加强基层治理体系和治理能力现代化的要求，挖掘具备前瞻性和引领性的指标测量基层治理现代化的发展水平。另一方面，基层治理现代化指标体系要契合基层治理现代化的重点，把握基层治理主要范畴和领导力量。既要充分体现在基层治理现代化过程中的硬件提升与软件优化，又要充分考虑基层治理现代化建设过程中的痛点与要点，从而形成全面化、精准化的基层治理现代化指标体系。

科学性与可行性相结合原则。一方面，指标体系要体现基层治理现代化建设的目标方向，能够反映打造共建共治共享治理新格局的任务需求，在广泛吸纳全国基层治理创新典型案例的优秀指标与经验基础上，总结共性特征与实践经验，确保指标充分展现中国特色基层治理制度优势，体现基层治理实践的科学发展规律。另一方面，指标体系的设计要贴合深圳“双区”的独特定位，高举新时代改革开放旗帜，符合建设中国特色社会主义先行示范区的要求，确保指标具有可测量性与可比较性。一是可以进行纵向比较，体现时间趋势下基层治理现代化的发展过程；二是可以进行横向比较，体现共时比较不同城市的基层治理现代化发展情况，为基层治理现代化提供定位与参考坐标，有针对性地提出改进措施与建议。

硬性指标和弹性指标相结合原则。基层治理现代化推进的效果不只有明显可量化的“显绩”，更有作为基础必不可少的“潜绩”，“显绩”是“潜绩”聚沙成塔到一定程度后的外在反映。基层治理现代化工作要真抓实干，不能急功近利、流于表面。基于此，在构建城市基层治理现代化指标体系时，注重硬性指标和弹性指标的搭配，硬性指标是指有具体的数据要求或定额；弹性指标是指有一定的范围或幅度，是柔性的、潜在的、长远的。通过原则性和灵活性相结合，制定科学化和差异化的评价指标体系，让评价结果更加客观真实。

定性与定量相结合原则。定性分析和定量分析具有统一性，两者之间存在不可分割的联系，这种不可分割的联系缘于它们各自反映了同一事物的不同侧面，二者结合才能勾勒出问题全貌。使用一定数量的定量指标保证评价的客观性和科学性，一定数量的定性指标保证评价整体趋势的合理性。坚持“定性”与“定量”相结合，制定准确的量化指标，建立科学适用的基层治理现代化指标体系。

三、指标体系指标库构建过程

城市基层治理现代化指标体系指标库构建共经历了两轮的指标体系框架及三级指标核心筛选，中间还包括多轮微小调整。

在课题开展初期，课题组首先根据相关政策文件将涉及的内容初步形成指标库，这次指标库构建主要依据两个核心指导：一是要紧密结合以《中共中央 国务院关于加强基层治理体系和治理能力现代化建设的意见》这一文件的内容和政策方向指引进行指标设计；二是在初期要尽量保证指标的全面，以“宁可多，不可少”的原则进行，以便在后续对指标体系做“减法”。

经过课题组的前期指标库设计，初步形成了第一版较为完善的城市基层治理现代化指标体系。随后课题组与中共深圳市龙华区委党校的专家和有关负责人开展了座谈会，就第一轮指标构建情况进行交流与讨论。课题组在会后对专家提出的意见进行修改与调整，此次对指标体系进行了较大的调整：一是将原有的四个一级指标调整为三个一级指标，同时相关的下设指标一并调整；二是除了归属类别上的调整，对既有三级指标与一级、二级指标的适配性进行加强，删除不同类别下相近或表意存在重复或相冲突的指标。

随后，课题组开展了第二轮指标筛选，本轮主要采用德尔菲法（专家“背对背打分”）对城市基层治理现代化指标体系进行打分，并对指标保留与否进行选取。专家进行打分主要依据三个原则，即指标的可操作性（指标数据是否可获得）、指标的引领性（指标是否符合现代化内涵）、契合性（指标是否契合此业务板块）。

1. 城市基层治理现代化指标体系指标库构建

为了加强城市基层治理体系和治理能力现代化建设，从党和国家、各职能部门再到省区市，各层面积极出台各类文件，全力助推城市基层治理现代化的实践探索。因此，课题组在前期首先根据相关政策文件将涉及的内容初步形成指标。考虑到要将指标体系制作成具有一定学术性的内容，因此在指标体系设计初期并不是简单地直接挪用和复制政策文本的内容作为指标，而是首先确定了治理体系现代化、治理布局现代化、治理方式现代化、治理效能现代化四个一级指标作为整个城市基层治理现代化指标体系大框架，在得到中共深圳市龙华区委党校的高度认可后，课题组着手设计二级和三级指标，于 2022 年 7 月 27 日确定了第一版完整的指标库，第一版的指标库紧扣《中共中央 国务院关于加强基层治理体系和治理能力现代化建设的意见》文件作为方向指引设计，保证尽量全面地覆盖相关内容，初步构建城市基层治理现代化指标体系指标库，此时二级指标共计 18 个，三级指标共计 97 个。

（1）治理体系现代化

在“治理体系现代化”这个一级指标下，二级指标包括体系内自上而下的核心层级，从区委统揽（考察区委发挥领导作用，具体指导推动基层治理工作的情况）、街道组织（考察街道统筹协调辖区内各社区基层治理工作的情况）、社区执行（考察社区对上级部署任务落实以及党建引领工作实行的情况）、网格管理（考察基层网格化管理的机制设计和管理效果）四个维度进行设置。在此基础上，设计每个维度的三级指标，共计 19 个。在“区委统揽”二级指标下设计 4 个三级指标：基层治理规划制定情况、区委各职能部门权责分工情况、办事指南和工作规程完善度、基层治理领导协调会议召开频次。在“街道组织”二级指标下设计4个三级指标：统一指挥协调工作平台设立情况、职责相适应的考评体系建立情况、对社区党组织的管理制度制定情况、上传下达统筹协调能力。在“社区执行”二级指标下设计5个三级指标：每平方千米党群服务中心数、居民议事会的议题落地转化率、党群服务中心综合使用效率、组织工作领导能力、社区“两委”班子成员联系群众机制设立情况。在“网格管理”二级指标下设计6个三级指标：网格划分合理性、网格设置功能整合度、网格员未在系统内采集上报的隐患事件比例、手动分拨错误及超期事件比例、超过规定处置期限未办结事件比例、无依照规定按时完成督查的事件比例。这些三级指标，包括定量数据和定性数据，要做到定量数据和定性数据的平衡。具体指标、指标性质及指标设置依据如表4-2所示。

表4-2　治理体系现代化下设的三级指标、三级指标性质及指标设置依据

<table>
<tr><th>一级指标</th><th>二级指标</th><th>三级指标</th><th>指标性质</th><th>指标设置依据</th></tr>
<tr><td rowspan="8">治理体系现代化（4个）</td><td rowspan="4">区委统揽（4个）</td><td>基层治理规划制定情况</td><td>定性</td><td rowspan="4">《中共中央 国务院关于加强基层治理体系和治理能力现代化建设的意见》《中共中央组织部 中共中央政法委员会 民政部 住房城乡建设部关于深化城市基层党建引领基层治理的若干措施》《中共中央组织部 中共中央政法委员会 民政部 住房城乡建设部关于深化城市基层党建引领基层治理的若干措施（试行）》</td></tr>
<tr><td>区委各职能部门权责分工情况</td><td>定性</td></tr>
<tr><td>办事指南和工作规程完善度</td><td>定性</td></tr>
<tr><td>基层治理领导协调会议召开频次</td><td>定量</td></tr>
<tr><td rowspan="4">街道组织（4个）</td><td>统一指挥协调工作平台设立情况</td><td>定性</td><td rowspan="4">《中共中央 国务院关于加强基层治理体系和治理能力现代化建设的意见》、中共中央办公厅《关于加强和改进城市基层党的建设工作的意见》</td></tr>
<tr><td>职责相适应的考评体系建立情况</td><td>定性</td></tr>
<tr><td>对社区党组织的管理制度制定情况</td><td>定性</td></tr>
<tr><td>上传下达统筹协调能力</td><td>定性</td></tr>
</table>

续表

一级指标	二级指标	三级指标	指标性质	指标设置依据
治理体系现代化（4个）	社区执行（5个）	每平方千米党群服务中心数	定量	《中共中央组织部 中共中央政法委员会 民政部 住房城乡建设部关于深化城市基层党建引领基层治理的若干措施（试行）》《中共中央 国务院关于加强基层治理体系和治理能力现代化建设的意见》
		居民议事会的议题落地转化率	定量	
		党群服务中心综合使用效率	定性	
		组织工作领导能力	定性	
		社区"两委"班子成员联系群众机制设立情况	定性	
	网格管理（6个）	网格划分合理性	定性	《中共中央 国务院关于加强基层治理体系和治理能力现代化建设的意见》《中共中央组织部 中共中央政法委员会 民政部 住房城乡建设部关于深化城市基层党建引领基层治理的若干措施》《中共中央组织部 中共中央政法委员会 民政部 住房城乡建设部关于深化城市基层党建引领基层治理的若干措施（试行）》
		网格设置功能整合度	定性	
		网格员未在系统内采集上报的隐患事件比例	定量	
		手动分拨错误及超期事件比例	定量	
		超过规定处置期限未办结事件比例	定量	
		无依照规定按时完成督查的事件比例	定量	

（2）治理布局现代化

在"治理布局现代化"这个一级指标下，从全局出发，全方位考虑涉及的治理工作布局，只有对治理布局有清晰的规划方向，才能做好基层治理现代化的工作，因此将二级指标分别设置为统筹社会治安（考察基层治安防控体系的运行状况）、矛盾处理（从源头、过程到结果考察人民内部矛盾的处理情况）、公共安全（考察基层公共安全管控情况）和公共服务（考察基层基本公共服务的供给情况）4个维度。在此基础上，设计每个维度的三级指标，共计25个。在"社会治安"二级指标下设计5个三级指标：违法犯罪警情数、电信诈骗警情数、群体性事件数、每万人口公安机关受理治安案件数、每万人口公安机关立案的刑事案件数；在“矛盾处理”二级指标下设计6个三级指标：社会矛盾排查机制完善度、社会心理服务开展情况、12345投诉数、每万人口信访发生率、每万人口人民调解纠纷数、人民调解成功比例；在“公共安全”二级指标下设计6个三级指标：安全生产事故数、食药品安全事故数、交通事故数、消防事故数、信息安全事故数、应急管理体系优化情况；在“公共服务”二级指标下设计8个三级指标：九年义务教育巩固率、每万人口开展补贴性职业技能培训数、城镇老旧小区改造、基本医疗保险参保率、街道范围具备综合功能的养老服务机构覆盖率、每百户居民拥有社区综合服务设施面积、困难残疾人生活补贴和重度残疾人护理补贴覆盖率、居民对基本公共服务的满意度。具体指标、指标性质及指标设置依据如表4-3所示。

表4-3 治理布局现代化下设的三级指标、三级指标性质及指标设置依据

<table>
<tr><th>一级指标</th><th>二级指标</th><th>三级指标</th><th>指标性质</th><th>指标设置依据</th></tr>
<tr><td rowspan="11">治理布局现代化（4个）</td><td rowspan="5">社会治安（5个）</td><td>违法犯罪警情数</td><td>定量</td><td rowspan="5">《中共中央 国务院关于加强基层治理体系和治理能力现代化建设的意见》</td></tr>
<tr><td>电信诈骗警情数</td><td>定量</td></tr>
<tr><td>群体性事件数</td><td>定量</td></tr>
<tr><td>每万人口公安机关受理治安案件数</td><td>定量</td></tr>
<tr><td>每万人口公安机关立案的刑事案件数</td><td>定量</td></tr>
<tr><td rowspan="6">矛盾处理（6个）</td><td>社会矛盾排查机制完善度</td><td>定性</td><td rowspan="6">《党的十九届六中全会精神学习》《中共中央 国务院关于加强基层治理体系和治理能力现代化建设的意见》</td></tr>
<tr><td>社会心理服务开展情况</td><td>定性</td></tr>
<tr><td>12345投诉数</td><td>定量</td></tr>
<tr><td>每万人口信访发生率</td><td>定量</td></tr>
<tr><td>每万人口人民调解纠纷数</td><td>定量</td></tr>
<tr><td>人民调解成功比例</td><td>定量</td></tr>
</table>

续表

一级指标	二级指标	三级指标	指标性质	指标设置依据
治理布局现代化（4个）	公共安全（6个）	安全生产事故数	定量	《习近平总书记关于公共安全与应急管理的重要论述学习》《党的十九届四中全会学习问答》《中共中央 国务院关于加强基层治理体系和治理能力现代化建设的意见》
		食药品安全事故数	定量	
		交通事故数	定量	
		消防事故数	定量	
		信息安全事故数	定量	
		应急管理体系优化情况	定性	
	公共服务（8个）	九年义务教育巩固率	定量	《中共中央 国务院关于加强基层治理体系和治理能力现代化建设的意见》《“十四五”公共服务规划》《“十四五”就业促进规划》《“十四五”民政事业发展规划》
		每万人口开展补贴性职业技能培训数	定量	
		城镇老旧小区改造	定量	
		基本医疗保险参保率	定量	
		街道范围具备综合功能的养老服务机构覆盖率	定量	
		每百户居民拥有社区综合服务设施面积	定量	
		困难残疾人生活补贴和重度残疾人护理补贴覆盖率	定量	
		居民对基本公共服务的满意度	定性	

（3）治理方式现代化

“治理方式现代化”这个一级指标强调加强和创新社会治理，必须不断改进社会治理方式，治理方式现代化是抵达城市基层治理现代化“彼岸”的“桥”与“船”。由此，二级指标从党建引领（旗帜鲜明讲政治，要以党的政治建设为统领，切实把党建引领贯穿于社会治理全过程和各方面）、基层自治（坚持和完善基层群众自治制度，发挥社会组织作用，实现政府治理和社会调节、居民自治的良性互动）、法治保障（强化依法治理，善于运用法治思维和法治方式解决城市基层治理中的顽疾难题）、德治教化（国无德不兴，人无德不立；道德教化是培育社会治理内生动力的重要方式，让社会和谐稳定建立在较高的道德水平之上）、智慧支撑（要把智慧治理放在重要位置，通过智慧治理推进社会治理体系架构、运作机制、工作流程的智能化再造）5个维度进行设置。在此基础上，设计每个维度的三级指标，共计28个。

在“党建引领”二级指标下设计5个三级指标：全区拥有基层党组织数量、全区中国共产党党员人数、专职党务工作者队伍数量、社区“两委”交叉任职比例、“两新组织”数量。在“基层自治”二级指标下设计7个三级指标：全区居民议事协商载体数量、全区年度听证会召开次数、居民委员会直选率、城市社区居民委员会成员中本社区居民比例、全区社会组织数量、社会工作者人数、居民参与基层治理的满意度。在“法治保障”二级指标下设计5个三级指标：城市营商环境指数、行政诉讼案件处理数、“三张清单”制度（权力清单、责任清单、负面清单）落实情况、年度法律援助案件数、居民法治获得感。在“德治教化”二级指标下设计5个三级指标：道德评议机制建设、开展社区典型人物、典型家庭等榜样评选、全年开展各类宣传教育活动场次、村史陈列及非物质文化遗产等特色文化展示覆盖率、对社会主义核心价值观的认可度。在“智慧支撑”二级指标下设计6个三级指标：政务微博和公众号数量、全区大数据分析平台数量、基本公共服务事项网上办理率、全区适老化和无障碍信息服务覆盖率、全区“线上+线下”办事服务渠道覆盖率、政务服务便利化水平。具体指标、指标性质及指标设置依据如表4-4所示。

表4-4　治理方式现代化下设的三级指标、三级指标性质及指标设置依据

一级指标	二级指标	三级指标	指标性质	指标设置依据
治理方式现代化（5个）	党建引领（5个）	全区拥有基层党组织数量	定量	《中共中央 国务院关于加强基层治理体系和治理能力现代化建设的意见》《中共中央关于深化党和国家机构改革的决定》
		全区中国共产党党员人数	定量	
		专职党务工作者队伍数量	定量	
		社区“两委”交叉任职比例	定量	
		“两新组织”数量	定量	

续表

一级指标	二级指标	三级指标	指标性质	指标设置依据
治理方式现代化（5个）	基层自治（7个）	全区居民议事协商载体数量	定量	《中共中央 国务院关于加强基层治理体系和治理能力现代化建设的意见》《中共中央办公厅、国务院办公厅关于进一步做好村民委员会换届选举工作的通知》《中共中央 国务院关于加强和完善城乡社区治理的意见》
		全区年度听证会召开次数	定量	
		居民委员会直选率	定量	
		城市社区居民委员会成员中本社区居民比例	定量	
		全区社会组织数量	定量	
		社会工作者人数	定量	
		居民参与基层治理的满意度	定性	
	法治保障（5个）	城市营商环境指数	定量	《中共中央 国务院关于支持深圳建设中国特色社会主义先行示范区的意见》《全国公共法律服务体系建设规划（2021—2025年）》《法治政府建设实施纲要（2021—2025年）》
		行政诉讼案件处理数	定量	
		“三张清单”制度（权力清单、责任清单、负面清单）落实情况	定性	
		年度法律援助案件数	定性	
		居民法治获得感	定性	
	德治教化（5个）	道德评议机制建设	定量	《中共中央 国务院关于加强和完善城乡社区治理的意见》《中共中央 国务院关于加强基层治理体系和治理能力现代化建设的意见》
		开展社区典型人物、典型家庭等榜样评选	定量	
		全年开展各类宣传教育活动场次	定量	
		村史陈列及非物质文化遗产等特色文化展示覆盖率	定量	
		对社会主义核心价值观的认可度	定量	
	智慧支撑（6个）	政务微博和公众号数量	定量	《中共中央 国务院关于加强基层治理体系和治理能力现代化建设的意见》
		全区大数据分析平台数量	定量	
		基本公共服务事项网上办理率	定量	
		全区适老化和无障碍信息服务覆盖率	定量	
		全区“线上+线下”办事服务渠道覆盖率	定量	
		政务服务便利化水平	定性	

（4）治理效能现代化

城市基层治理现代化需要检验制度执行、政策贯彻情况，在各个领域所取得的丰硕果实。由此，二级指标从经济发展效能（经济高质量发展，是社会持续健康发展的必然要求）、环境优化效能（绿水青山就是金山银山，发展不能以环境为代价）、社会公平效能（要把提高社会发展的平衡性、公平感放在重要位置）、文化多元效能（文化兴则国运兴，提高社会主义精神文明要与物质文明协调发展水平）、民生幸福效能（人民对美好生活的向往是奋斗目标。让人民拥有获得感、幸福感、安全感）5 个维度进行设置。在此基础上，设计每个维度的三级指标，共计 25 个。

在“经济发展效能”二级指标下设计 4 个三级指标：全区地区生产总值、全区年投资增长率、高新技术产业产值占工业总产值比重、战略性新兴产业企业数量。在“环境优化效能”二级指标下设计 6 个三级指标：环境空气质量指数、地表水环境质量指数、全区绿化覆盖率、主要大气污染物排放强度、城市生活污水处理率、城市生活垃圾无害化处理率。在“社会公平效能”二级指标下设计 5 个三级指标：城乡户口居民人均收入比、基尼系数、高中阶段毕业生性别比系数、县处级以上党政正职领导干部中女干部比重、居民公平感。在“文化多元效能”二级指标下设计 5 个三级指标：文化产业占 GDP 比重、文旅消费支出增长率、每万人拥有公共文化设施面积、图书馆覆盖率、文化氛围满意度。在“民生幸福效能”二级指标下设计 5 个三级指标：全区人均可支配收入、全区平均受教育年限、全区平均预期寿命、基本社会保险覆盖率、居民幸福感。具体指标、指标性质及指标设置依据如表 4-5 所示。

表 4-5 治理效能现代化下设的三级指标、三级指标性质及指标设置依据

一级指标	二级指标	三级指标	指标性质	指标设置依据
治理效能现代化（5 个）	经济发展效能（4 个）	全区地区生产总值	定量	《中共中央 国务院关于支持深圳建设中国特色社会主义先行示范区的意见》
		全区年投资增长率	定量	
		高新技术产业产值占工业总产值比重	定量	
		战略性新兴产业企业数量	定量	

续表

一级指标	二级指标	三级指标	指标性质	指标设置依据
治理效能现代化（5个）	环境优化效能（6个）	环境空气质量指数	定量	《中共中央关于坚持和完善中国特色社会主义制度 推进国家治理体系和治理能力现代化若干重大问题的决定》
		地表水环境质量指数	定量	
		全区绿化覆盖率	定量	
		主要大气污染物排放强度	定量	
		城市生活污水处理率	定量	
		城市生活垃圾无害化处理率	定量	
	社会公平效能（5个）	城乡户口居民人均收入比	定量	《中共中央 国务院关于做好 2022 年全面推进乡村振兴重点工作的意见》《中国妇女发展纲要（2021—2030 年）》《中共中央 国务院关于加强基层治理体系和治理能力现代化建设的意见》
		基尼系数	定量	
		高中阶段毕业生性别比系数	定量	
		县处级以上党政正职领导干部中女干部比重	定量	
		居民公平感	定性	
	文化多元效能（5个）	文化产业占 GDP 比重	定量	《中共中央 国务院关于支持深圳建设中国特色社会主义先行示范区的意见》
		文旅消费支出增长率	定量	
		每万人拥有公共文化设施面积	定量	
		图书馆覆盖率	定量	
		文化氛围满意度	定性	
	民生幸福效能（5个）	全区人均可支配收入	定量	《中共中央 国务院关于支持深圳建设中国特色社会主义先行示范区的意见》《中共中央 国务院关于加强基层治理体系和治理能力现代化建设的意见》
		全区平均受教育年限	定量	
		全区平均预期寿命	定量	
		基本社会保险覆盖率	定量	
		居民幸福感	定性	

2. 城市基层治理现代化指标体系指标库第一轮指标筛选

第一轮指标库的构建包括 4 个一级指标：治理体系现代化、治理布局现代化、治理方式现代化、治理效能现代化。其中，治理体系现代化 4 个二级指标 19 个三级指标；治理布局现代化 4 个二级指标 25 个三级指标；治理方式现代化 5 个二级指标 28 个三级指标；治理效能现代化 5 个二级指标 25 个三级指标，如表 4-6 所示。

表 4-6 城市基层治理现代化评价指标初始搜集表

一级指标	二级指标	三级指标
治理体系现代化	4 个	19 个
治理布局现代化	4 个	25 个
治理方式现代化	5 个	28 个
治理效能现代化	5 个	25 个
总计	18 个	97 个

第一轮指标筛选采取了部门访谈法，2022 年 7 月 29 日，课题组与深圳市龙华区委党校的专家和有关负责人开展了座谈会，就第一轮指标构建情况进行交流与讨论。

第一，从整体性框架来看，专家建议将原有 4 个一级指标进行框架性调整，将原有的治理体系现代化、治理布局现代化、治理方式现代化、治理效能现代化进行优化，保留原有的治理体系现代化、治理效能现代化 2 个一级指标，将治理布局现代化与治理方式现代化进行合并，构成治理能力现代化。由此，原有的 4 个一级指标转化为 3 个一级指标，分别为：治理体系现代化、治理能力现代化、治理效能现代化。

第二，根据现有的一级指标框架将二级指标进行调整和整合。治理体系现代化下设的二级指标调整为组织体系、制度体系、保障体系 3 个方面；治理能力现代化下设的二级指标调整为行政执行能力、为民服务能力、议事协商能力、应急管理能力、平安建设能力、智慧治理能力 6 个方面；治理效能现代化下设的二级指标总体上调整与变动不大，对二级指标的命名方式进行了调整和优化，分别为经济发展效能、政治发展效能、社会幸福效能、文化多元效能、生态优化效能。

第三，课题组在与相关专家和有关负责人深入交流讨论后，根据现阶段的一级和二级指标的分类情况，进一步调整三级指标的设置和归属类别。专家强调要把握好三级指标的适用性："基层治理与经济、政治、社会、文化、生态都有关系，但是关系有远近，比如现有生态优化效能部分的城市生活污水处理率，是与基层治理有关，但该指标的指向性跟我们说的基层治理效能的关联度比较低。”此外，要重点关注“三级指标的设置必须特别能直接支撑二级指标，只选取其中的关键指标，并且这些指标间有内在逻辑关联，每项指标都有出处，指标需要能测量”。在此基础上，课题组将三级指标进行进一步调整：除了归属类别上的调整，对既有三级指标与一级、二级指标的适配性进行加强，同时删除不同类别下相近或表意存在重复或相冲突的指标。调整后情况如下（见表 4-7）。

表 4-7　城市基层治理现代化指标第一轮筛选后总体情况

一级指标	二级指标	三级指标
治理体系现代化	3 个	30 个
治理能力现代化	6 个	37 个
治理效能现代化	5 个	25 个
总计	14 个	92 个

调整后具体的城市基层治理现代化指标体系如表 4-8 所示。

表 4-8　城市基层治理现代化指标第一轮筛选后具体指标体系

	一级指标	二级指标	三级指标
城市基层治理现代化	1 治理体系现代化	1.1 组织体系	1.1.1 区委基层治理规划制定情况
			1.1.2 区委各职能部门权责分工情况
			1.1.3 街道统一指挥协调工作平台设立情况
			1.1.4 上传下达统筹协调机制实行情况
			1.1.5 网格功能整合度
			1.1.6 网格管理运行效果
			1.1.7 每平方千米党群服务中心数
			1.1.8 党组织设置和活动方式创新度
			1.1.9 党的组织和工作覆盖情况
		1.2 制度体系	1.2.1 社区“两委”交叉任职比例
			1.2.2 清廉指数
			1.2.3 党员干部下社区服务频次
			1.2.4 党委领导、党政统筹的街道管理制度构建情况

续表

	一级指标	二级指标	三级指标
城市基层治理现代化	1 治理体系现代化	1.2 制度体系	1.2.5 党建引领的社会参与制度完善情况
			1.2.6 居民委员会成员履职承诺和述职制度完善度
			1.2.7 党务、居务、财务公开制度完善度
			1.2.8 社区“两委”班子成员资格联审机制落实情况
			1.2.9 社区“两委”班子成员联系群众机制落实情况
			1.2.10 居民参与基层治理的满意度
		1.3 保障体系	1.3.1 考核评价体系和激励办法完善度
			1.3.2 督查检查工作规范化程度
			1.3.3 基层治理资金投入保障情况
			1.3.4 人才干部培训培养情况
			1.3.5 社区工作者职业体系健全度
			1.3.6 行政诉讼案件处理数
			1.3.7 年度法律援助案件数
			1.3.8 居民法治获得感
			1.3.9 道德评议机制建设情况
			1.3.10 社区典型人物和典型家庭等榜样评选开展情况
			1.3.11 对社会主义核心价值观的认可度
	2 治理能力现代化	2.1 行政执行能力	2.1.1 权力清单建设完备化建设
			2.1.2 行政流程规范化建设
			2.1.3 行政监管制约体系建设
			2.1.4 行政执法内容透明化建设
			2.1.5 行政执法公示制度建设
			2.1.6 乡镇基层政府参与重大决策、重大规划、重大项目数量
			2.1.7 行政权力事项下放运行效率

续表

	一级指标	二级指标	三级指标
城市基层治理现代化	2 治理能力现代化	2.2 为民服务能力	2.2.1 九年义务教育巩固率
			2.2.2 每千人医疗卫生机构床位数
			2.2.3 每千人各种社会福利收养性单位数
			2.2.4 每百户居民拥有社区综合服务设施面积
			2.2.5 流动人口服务体系建设
			2.2.6 市域通办体系建设
			2.2.7 居民对基本公共服务的满意度
		2.3 议事协商能力	2.3.1 全区居民议事协商载体数量
			2.3.2 全区“党政领导领办督办”案件数
			2.3.3 全区年度听证会召开次数
			2.3.4 全区政协委员提案数
			2.3.5 居民议事协商满意度
		2.4 应急管理能力	2.4.1 应急管理组织机制建设
			2.4.2 应急预案基本内容完成率
			2.4.3 物资保障（救援物资、应急设备、应急资金等）体系完备率
			2.4.4 跨部门跨系统应急数据集成平台
			2.4.5 风险监测人员配备率
			2.4.6 每年组织开展综合应急演练次数
		2.5 平安建设能力	2.5.1 扫黑除恶常态化机制建设
			2.5.2 重大决策社会稳定风险评估机制建设
			2.5.3 心理疏导服务机制建设
			2.5.4 社区街面见警率
			2.5.5 全区各类安全事故数
			2.5.6 每万人口受理案件数

续表

	一级指标	二级指标	三级指标
城市基层治理现代化	2 治理能力现代化	2.6 智慧治理能力	2.6.1 政务微博、公众号数量
			2.6.2 全区大数据分析平台数量
			2.6.3 基本公共服务事项网上办理率
			2.6.4 全区适老化和无障碍信息服务覆盖率
			2.6.5 全区“线上+线下”办事服务渠道覆盖率
			2.6.6 居民使用政务平台便利化程度
	3 治理效能现代化	3.1 经济发展效能	3.1.1 全区地区生产总值
			3.1.2 全区年投资增长率
			3.1.3 高新技术产业产值占工业总产值比重
			3.1.4 战略性新兴产业企业数量
		3.2 政治发展效能	3.2.1 县处级以上党政正职领导干部中女干部比重
			3.2.2 居民公平感
			3.2.3 政府信任感
			3.2.4 政策认同感
		3.3 社会幸福效能	3.3.1 全区人均可支配收入
			3.3.2 全区平均受教育年限
			3.3.3 全区平均预期寿命
			3.3.4 基本社会保险覆盖率
			3.3.5 居民幸福感
		3.4 文化多元效能	3.4.1 文化产业占 GDP 比重
			3.4.2 文旅消费支出增长率
			3.4.3 每万人拥有公共文化设施面积
			3.4.4 图书馆覆盖率
			3.4.5 文化氛围满意度
		3.5 生态优化效能	3.5.1 环境空气质量指数
			3.5.2 环境卫生指数

续表

	一级指标	二级指标	三级指标
城市基层治理现代化	3 治理效能现代化	3.5 生态优化效能	3.5.3 地表水环境质量指数
			3.5.4 全区绿化覆盖率
			3.5.5 主要大气污染物排放强度
			3.5.6 城市生活污水处理率
			3.5.7 城市生活垃圾无害化处理率

3. 城市基层治理现代化指标体系指标库第二轮选择

在第二轮筛选之前，考虑到“治理体系现代化”这部分现有指标难以全面衡量该一级指标，故课题组在商讨后，决定严格按照《中共中央 国务院关于加强基层治理体系和治理能力现代化建设的意见》进行扩充。随后，将具体指标转化为打分表，分别发给来自深圳大学、北京理工大学、浙江省委党校等高校中城市基层治理领域的专家学者进行“背对背”打分。专家进行打分主要依据三个原则，即指标的可操作性（指标数据是否可获得）、指标的引领性（指标是否符合现代化内涵）、契合性（指标是否契合此业务板块）。除此之外，四位专家还对指标保留与否进行选取。下面将对各一级指标下设的三级指标的打分和专家对指标的保留意见进行详细呈现。

第一，治理体系现代化一级指标下设的三级指标打分情况如表 4-9 所示。

表 4-9　治理体系现代化一级指标下设的三级指标打分情况

二级指标	三级指标	保留个数（总数为 4）	指标平均分
组织体系（18 个）	各级党委和政府对基层治理的组织领导力	2	8.00
	基层治理领导协调机制建立情况	4	9.50
	组织部门牵头抓总作用	0	7.00
	组织、政法、民政等部门政策建议提出及时性	1	6.75
	市级党委和政府统筹协调指挥力	1	7.00

续表

二级指标	三级指标	保留个数（总数为4）	指标平均分
组织体系（18个）	市级党委和政府对下层级权责事项的规范化	0	7.00
	市级党委和政府对下层级委托工作的支持力度	1	6.50
	区级职能部门、街道办事处相关权责清单制定情况	4	9.50
	厘清基层群众性自治组织的社区工作事项清单	3	8.00
	区级基层治理规划制定情况	4	9.50
	区委各职能部门权责分工情况	3	8.50
	区委自身权责事项下派情况	0	7.00
	街道和基层群众性自治组织履职履约双向评价机制建立情况	2	8.00
	街道考核考评体系建设情况	4	9.50
	街道抓落实能力	1	7.00
	街道统一指挥协调工作平台设立情况	3	8.50
	街道党组织对社区组织和工作的领导情况	2	7.50
	资源服务管理下沉情况	1	7.00
制度体系（34个）	街道、社区党组织的组织力（考核组织工作、群众和资源的能力）	1	6.75
	党组织对基层治理事项研讨决策制度制定落实情况	2	7.75
	社区“两委”交叉任职比例	3	8.25
	党组织推荐人选任用制度制定落实情况	0	7.50
	党组织设置和活动方式创新度	0	5.50
	党组织和工作覆盖情况	2	7.50
	清廉指数	1	7.00
	党政机构设置、职能配置和编制资源统筹情况	0	6.50
	派驻体制与属地管理实行情况	0	7.00
	党建带群建职责履行效果	1	7.50

续表

二级指标	三级指标	保留个数（总数为4）	指标平均分
制度体系（34个）	基层党组织和群团组织资源配置统筹能力	1	7.00
	群团组织公共服务承担情况	1	7.50
	基层公益性、服务性、互助性社会组织培育扶植情况	1	7.50
	党组织健全、管理规范的社会组织承接政府转移职能和服务项目优先度	0	6.50
	党员干部下沉服务频次	3	8.25
	机关企事业单位与街道、社区党组织联建共建情况	2	7.50
	党组织领导基层群众性自治组织制度制定落实情况	3	8.00
	居民委员会下的人民调解、治安保卫、公共卫生等委员会设置情况	2	8.25
	居民委员会下的妇女和儿童工作等委员会设置情况	2	8.00
	居民委员会下的环境和物业管理等委员会增设情况	2	8.00
	居民委员会成员履职承诺和述职制度完善度	2	8.00
	社区“两委”班子成员资格联审机制落实情况	3	8.25
	群众反映意见和建议的渠道类型数	4	8.50
	民主协商开展情况	3	8.00
	党务、居务、财务公开制度完善度	3	8.50
	基层纪检监察组织与居务监督委员会监督合力构建情况	2	7.50
	社区“两委”班子成员联系群众机制落实情况	4	8.75
	群防群治、联防联治机制建设情况	3	7.75
	应急预案完善度	0	6.50

续表

二级指标	三级指标	保留个数（总数为 4）	指标平均分
制度体系（34 个）	社区公共服务和代办政务服务事项规范化情况	4	8.50
	城乡社区综合服务设施建设情况	3	8.25
	综合服务、兜底服务能力	1	7.50
	社区服务业发展政策完善度	0	7.00
	社区服务标准化程度	2	8.00
保障体系（29 个）	议事协商机制完善度	3	8.50
	基层治理工作成效评估实施及应用情况	4	9.00
	考核评价体系和激励办法完善度	4	9.00
	督查检查工作规范化程度	3	8.25
	容错纠错工作情况	3	8.25
	街道经费保障机制完善度	2	8.00
	每平方千米党群服务中心数	4	8.50
	基层阵地建设完善情况	3	8.50
	基层干部与党务工作者队伍管理建设情况	4	8.50
	基层干部分级培训制度落实情况	3	8.00
	编制资源使用分配情况	1	7.50
	机关事业单位工作人员补贴政策落实情况	1	7.00
	社区党组织书记后备人才库健全度	3	8.25
	社区工作者职业体系健全度	4	9.25
	社区服务人才队伍建设情况	4	8.75
	基层治理研究基地和智库建设情况	2	8.00
	基层治理群众满意度调查制度落实情况	2	8.00
	基层治理专题宣传开展频次	0	7.25
	基层党员、干部法治素养情况	3	8.25
	基层公共法律服务体系完善度	3	8.50
	社区法律顾问工作情况	3	8.00
	村规民约、居民公约备案和履行机制健全度	3	8.50

续表

二级指标	三级指标	保留个数（总数为 4）	指标平均分
保障体系（29 个）	行政诉讼案件处理数	3	8.00
	年度法律援助案件数	3	8.25
	习近平新时代中国特色社会主义思想宣传情况	3	8.75
	社区道德评议机制健全度	3	8.75
	开展各类宣传教育活动频次	2	7.75
	社区道德模范、好人好事、善行义举宣传情况	1	7.25
	村史陈列、非物质文化遗产等特色文化展示覆盖率	1	7.25

结合专家对各指标的打分及专家对指标是否保留的意见情况，治理体系现代化包括组织体系、制度体系、保障体系 3 个二级指标。其二级指标具体如下：

组织体系保留以下 5 个指标：基层治理领导协调机制建立情况，区级职能部门，街道办事处相关权责清单制定情况，基层群众性自治组织的社区工作事项清单制定情况，区级基层治理规划制定情况，区、街道统一指挥协调能力。

制度体系保留以下几个指标：社区“两委”交叉任职比例；社区“两委”班子成员资格联审机制落实情况，党务、居务、财务公开制度完善度，社区“两委”班子成员联系群众机制落实情况，社区公共服务和代办政务服务事项规范化情况。

保障体系保留以下 9 个指标：基层治理工作成效评估实施及应用情况、督查检查工作规范化程度、容错纠错工作情况、每平方千米党群服务中心数、基层干部与党务工作者队伍管理建设情况、社区服务人才队伍建设情况、基层公共法律服务体系完善度、习近平新时代中国特色社会主义思想宣传情况、社区道德评议机制健全度。

第二，治理能力现代化一级指标下设的三级指标打分情况如表 4-10 所示。

表 4-10 治理能力现代化一级指标下设的三级指标打分情况

二级指标	三级指标	保留个数（总数为4）	指标平均分
行政执行能力（7个）	权责清单建设完备化情况	3	8.75
	行政流程规范化建设	3	9.00
	行政监管制约体系建设	2	8.00
	行政执法透明化建设	3	8.25
	行政执法公示制度建设	2	7.75
	行政权力事项下放运行效率	1	7.25
	乡镇基层政府参与重大决策、重大规划、重大项目数量	2	7.75
为民服务能力（6个）	九年义务教育巩固率	4	8.25
	每千人医疗卫生机构床位数	4	8.75
	每千人各种社会福利收养性单位数	3	7.75
	每百户居民拥有社区综合服务设施面积	4	8.50
	流动人口服务体系建设	3	8.75
	市域通办体系建设	2	6.75
议事协商能力（6个）	全区居民议事厅覆盖率	4	9.00
	全区社区民生微实事项目数量	3	8.75
	全区“党政领导领办督办”案件数	3	8.75
	全区年度听证会召开次数	3	8.75
	政协委员联络站覆盖率	3	8.25
	全区政协委员提案数	2	8.00
应急管理能力（6个）	应急管理组织机制建设	4	8.75
	应急预案基本内容完成率	2	7.75
	物资保障（救援物资、应急设备、应急资金等）体系完备率	3	8.25
	跨部门跨系统应急数据集成平台建成情况	2	8.25
	风险监测人员配备率	1	7.00
	每年组织开展综合应急演练次数	1	7.75

续表

二级指标	三级指标	保留个数（总数为4）	指标平均分
平安建设能力（6个）	扫黑除恶常态化机制建设	0	6.75
	重大决策社会稳定风险评估机制建设	3	8.75
	心理疏导服务机制建设	4	8.75
	社区街面见警率	3	8.25
	全区年度各类安全事故数	4	8.50
	全区受理治安案件数	1	8.67
智慧治理能力（5个）	政务微博、公众号数量	2	8.50
	全区大数据分析平台数量	2	7.75
	基本公共服务事项网上办理率	4	9.25
	全区适老化和无障碍信息服务建设	3	8.75
	全区"线上+线下"办事服务渠道建设	4	9.25

结合专家对各指标的打分及专家对指标是否保留的意见情况，治理能力现代化包括6个二级指标：行政执行能力、为民服务能力、议事协商能力、应急管理能力、平安建设能力、智慧治理能力。其二级指标具体如下：

行政执行能力保留以下3个指标：行政流程规范化建设、行政监管制约体系建设、行政执法透明化建设。为民服务能力保留以下几个指标：九年义务教育巩固率、每千人医疗卫生机构床位数、流动人口服务体系建设。议事协商能力保留以下2个指标：全区居民议事厅覆盖率、政协委员联络站覆盖率。应急管理能力保留以下3个指标：应急管理组织机制建设、物资保障体系完备率、跨部门跨系统应急数据集成平台建成情况。平安建设能力保留以下3个指标：重大决策社会稳定风险评估机制建设、心理疏导服务机制建设、全区年度各类安全事故数。智慧治理能力保留以下3个指标：基本公共服务事项网上办理率、全区适老化和无障碍信息服务建设、全区"线上+线下"办事服务渠道建设。

第三，治理效能现代化一级指标下设的三级指标打分情况如表4-11

所示。

表 4-11　治理效能现代化一级指标下设的三级指标打分情况

二级指标	三级指标	保留个数（总数为 4）	指标平均分
经济效能（4 个）	全区地区生产总值	4	9.50
	全区年投资增长率	1	8.00
	国家高新技术企业	1	7.50
	全区人均可支配收入	4	9.50
政治效能（5 个）	居民参与基层协商治理满意度	3	8.50
	居民对政府信任度	3	8.50
	政府信息公开满意度	2	8.50
	居民使用政务平台便利化程度	3	8.50
	居民政策认同感	2	8.50
社会效能（6 个）	医疗保险覆盖率	1	7.25
	社区街道网格工作满意度	3	8.75
	居民对基本公共服务满意度	4	9.50
	居民社会安全感	4	7.00
	居民法治获得感	1	7.25
	居民幸福感	0	6.75
文化效能（5 个）	文化产业占 GDP 比重	0	6.50
	平均每万人拥有公共文化设施面积	3	8.50
	全区图书馆（含城市书房）数量	4	9.50
	文化氛围满意度	1	7.00
	对社会主义核心价值观的认可度	4	9.00
生态效能（5 个）	环境空气质量优良率	4	9.50
	城市生活垃圾无害化处理率	3	8.50
	全区城市绿化覆盖率	3	8.50
	区域噪声昼间均值	0	7.00
	城市生态环境满意度	4	9.00

结合专家对各指标的打分及专家对指标是否保留的意见情况，治理效能现代化包括5个二级指标：经济效能、政治效能、社会效能、文化效能、生态效能。其二级指标具体如下：

经济效能保留以下3个指标：全区地区生产总值、全区年投资增长率、全区人均可支配收入。政治效能保留以下3个指标：居民参与基层协商治理满意度、居民对政府信任度、居民政策认同感。社会效能保留以下2个指标：居民对基本公共服务满意度、居民社会安全感。文化效能保留以下3个指标：平均每万人拥有公共文化设施面积、全区图书馆（含城市书房）数量、对社会主义核心价值观的认可度。生态效能保留以下3个指标：环境空气质量优良率、城市生活垃圾无害化处理率、城市生态环境满意度。

在经过两轮指标筛选后，课题组内部对少许指标的表述进行微调，但并未更改其原本含义，最终确定的城市基层治理现代化指标体系包括3个一级指标，14个二级指标，53个三级指标，总体情况如表4-12所示。

表4-12 城市基层治理现代化指标第二轮筛选后总体情况

一级指标	二级指标	三级指标
治理体系现代化	3个	21个
治理能力现代化	6个	18个
治理效能现代化	5个	14个
总计	14个	53个

四、指标体系具体构成

根据以上对城市基层治理现代化理论的梳理以及对中国城市基层治理现代化内涵的理解，结合当前国内城市基层治理经验，课题组构建了“三位一体”的城市基层治理现代化指标体系。其中，“三位一体”分别代表了治理体系现代化、治理能力现代化与治理效能现代化。

治理体系现代化是城市基层治理现代化的基础性要素。从整体来看，治理体系具有投入导向，它为基层治理现代化提供了框架性指引，是基层治理现代化的重要支柱。治理能力现代化是城市基层治理现代化的发展性要素。治理能力关系城市管理各方面事务的能力，它具有显著的发展导向，不仅是推动基层治理高质量发展的关键一环，更是使基层治理创新改革保持可持续的重要动力。治理效能现代化是城市基层治理现代化的结果性要素。治理效能关注城市基层治理所产生的实际成果，它具有显著的结果导向，这不仅是对城市基层治理现代化实践效果的检验，也是不断发现治理问题的重要手段并深化改革的重要依据。三者之间是相辅相成、相促相生的关系，它们构成了 3 个一级指标体系，其逻辑关系如图 4-1 所示。

图 4-1　城市基层治理现代化“三位一体”逻辑图

二级指标则根据一级指标不同维度进一步划分，共计 14 个；三级指标则是本研究所构建的具体观察维度指标，共计 53 个。本研究开发的城市基层治理现代化指标体系构成如图 4-2 所示。

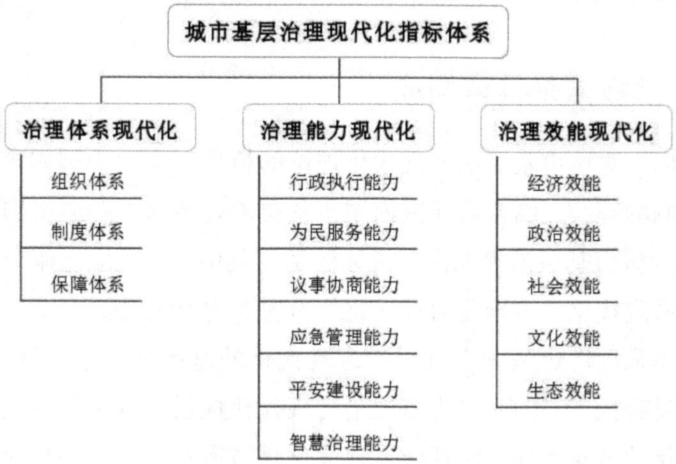

图 4-2　城市基层治理现代化指标体系构成

1. 治理体系现代化

基层治理体系现代化是推进基层治理现代化至关重要的一部分，基层治理现代化的实现离不开治理体系的完善优化，离不开体系内部的交互协调。基层治理体系是由组织体系、制度体系和保障体系三大关键结构组成的系统性工程。组织体系是主体，制度体系是依据，保障体系是支撑，它们既相对独立，又互为一体，从而架构起互相制约且互相推动的基层治理体系，三者缺一不可。为考察推进基层治理现代化建设过程中治理体系的建设情况，二级指标的设定遵循《中共中央 国务院关于加强基层治理体系和治理能力现代化建设的意见》，将治理体系现代化分为 3 个维度（二级指标）：组织体系、制度体系和保障体系。在这 3 个二级指标下再分别对应设置三级指标，共计 21 个。

（1）组织体系

基层治理现代化涉及的工作内容广泛且繁杂，需要多个部门联动合力完成，自上而下主要核心层级为市、区、街道、社区，市级层面要建立好基层治理领导协调机制，制定好区级职能部门、街道办事处相关权责清单等。区级层面要发挥一线指挥部作用，街道要提高抓落实能力。从长远全面的规划指导，到理解拆分规划下达任务，再到具体详细的工作落实，基层治理现代化工作环环相扣，层层递进。《中共中央 国务院关于加强基层治理体系和治理能力现代化建设的意见》《中共中央 国务院关于加强和完善城乡社区治理的意见》等文件均强调党组织的核心领导地位，以及明确各层级的职能定位和层级之间协调机制的必要性，因此本研究从区级统筹、街道组织、社区执行（依托网格管理）以及党组织 4 个方面衡量核心层级的职责履行以及联动合作情况。

基于此，组织体系设置 5 个三级指标（见表 4-13），市级层面设置 3 个指标：基层治理领导协调机制建立情况（考察市级层面对于基层治理工作的领导统筹协调工作），区级职能部门、街道办事处相关权责清单制定情况（考察市委层面对区和街道层面的权责分工的指示制定），基层群众性自治组织的社区工作事项清单制定情况（考察市委层面厘清和明确基层群众性自治组织权责边界以及社区工作事项清单的情况），区级层面设置两个指标：区级基层治理规划制定情况（考察区委层面对于上级工作规划的理解以及结合自身实际制定基层治理规划的情况）以及区、街道统一指挥协调能力（考察区委层面和街道层面对于落实基层治理工作的统一指挥协调能力）。

表 4-13　组织体系下设的三级指标及指标释义

二级指标	三级指标	指标释义
1.1 组织体系	1.1.1 基层治理领导协调机制建立情况	考察市级层面对于基层治理工作的领导统筹协调工作。
	1.1.2 区级职能部门、街道办事处相关权责清单制定情况	考察市委层面对区和街道层面的权责分工的指示制定。
	1.1.3 基层群众性自治组织的社区工作事项清单制定情况	考察市委层面厘清和明确基层群众性自治组织权责边界以及社区工作事项清单的情况。
	1.1.4 区级基层治理规划制定情况	考察区委层面对于上级工作规划的理解以及结合自身实际制定基层治理规划的情况。
	1.1.5 区、街道统一指挥协调能力	考察区委层面和街道层面对于落实基层治理工作的统一指挥协调能力。

（2）制度体系

健全的制度体系是实现基层治理体系和治理能力现代化的重要基础。加快推进基层治理体系中制度体系的现代化，首先要完善党全面领导基层治理制度。必须健全基层治理党的领导体制，构建党委领导、党政统筹、简约高效的街道管理体制。以党的政治建设为统领来推进各项建设，切实把党建引领贯穿于基层治理全过程和各方面，推进基层治理现代化水平不断提升。其次要健全基层群众自治制度。基层群众自治反映了人民当家作主的本质特征，要激发群众对基层治理的参与意识、认同意识，尊重民意、依靠民智、珍惜民力、实现民愿、赢得民心，打造人人都愿参与、人人都有机会参与、人人都能共同享有、人人都有归属认同的基层治理新图景。

根据《中共中央 国务院关于加强基层治理体系和治理能力现代化建设的意见》，制度体系主要考察推进基层治理现代化建设过程中党全面领导基层治理制度和基层群众自治制度的建立健全情况。基于此，制度体系设置5个三级指标，党全面领导基层治理制度下设置3个指标（见表4-14）：社区"两委"交叉任职比例（对党全面领导基层治理制度的考察，指交叉兼任社区支部委员和居委会成员的比例），社区"两委"班子成员资格联审机制落实情况（指对社区"两委"班子成员资格联审机制的构建落实情况），党务、居务、财务公开制度完善度（考察党务、居务、财务等信息是否公开、如何公开）；基层群众自治制度下设置2个指标：社区"两委"班子成员联系群众机制落实情况（考察社区"两委"班子成员群众联系度）、社区公共服务和代办政务服务事项规范化情况（考察社区公共服务和代办相关服务事项的规范化程度）。

表4-14　制度体系下设的三级指标及指标释义

二级指标	三级指标	指标释义
1.2 制度体系	1.2.1 社区"两委"交叉任职比例	对党全面领导基层治理制度的考察，指交叉兼任社区支部委员和居委会成员的比例
	1.2.2 社区"两委"班子成员资格联审机制落实情况	指对社区"两委"班子成员资格联审机制的构建落实情况
	1.2.3 党务、居务、财务公开制度完善度	考察党务、居务、财务等信息是否公开、如何公开
	1.2.4 社区"两委"班子成员联系群众机制落实情况	考察社区"两委"班子成员群众联系度
	1.2.5 社区公共服务和代办政务服务事项规范化情况	考察社区公共服务和代办相关服务事项的规范化程度

（3）保障体系

保障体系是基层治理体系现代化的重要前提，是基层治理现代化可持续发展的重要支撑，主要包括组织保障、法治保障、德治保障。组织保障为基，反映基层治理工作开展过程中需要建立的工作机制、所需的人力物力以及必要的配套保障措施。法治保障为核，反映全面依法治国在固根本、稳预期、利长远上的保障作用。德治保障为要，反映道德涵育基层群众美德善行，推动基层社会和谐有序运转，形成基层良好社会风尚的支撑作用。

根据《中共中央 国务院关于加强基层治理体系和治理能力现代化建设的意见》《中共中央 国务院关于加强和完善城乡社区治理的意见》，本研究从组织保障、法治保障、德治保障三个方面考察保障体系运行情况，其中，组织保障包括基层考核评价、基层治理投入和队伍建设等方面。基于此，保障体系设置11个三级指标（见表4-15），分别是基层治理工作成效评估工作情况（考察评估结果作为市、区级党政领导班子和领导干部考核以及党委书记抓基层党建述职评议考核的重要内容的情况）、督查检查工作规范化程度（对考核评价保障的考察，包括清理规范工作台账、报表以及“一票否决”、签订责任状、出具证明事项、创建示范等项目）、容错纠错制度建设及落实情况（容错纠错制度的建设情况以及实际工作中落实情况）、每平方千米党群服务中心数（每平方千米范围内的党群服务中心、党群服务“V站”、两新组织党群服务阵地等）、基层干部与党务工作者队伍管理建设情况（对队伍保障的考察，包括人才构成、培训培养机制、工作完成情况、整体能力等）、社区党组织书记后备人才库健全度（对于社区党组织书记后备人才健全度的考察，包括培养机制等）、社区服务人才队伍建设情况（包括制定社区专职工作者队伍建设规划，建立社区专职工作者薪酬体系、职业规范，引导高校毕业生等从事社区工作等）、基层党员干部法治素养情况（对基层党员和干部法治素养能力的考察）、基层公共法律服务体系完善度（对法治保障的考察，包括搭建社区法律服务和综合性调解平台，开展法律咨询进社区服务，对居民进行法律宣传活动等）、习近平新时代中国特色社会主义思想宣传情况（考察培育践行社会主义核心价值观，推动习近平新时代中国特色社会主义思想进社区、进家庭的情况）、社区道德评议机制健全度（对德治保障的考察，包括建立健全社区典型人物评议机制，选树典型人物、典型家庭等）。

表 4-15　保障体系下设的三级指标及指标释义

二级指标	三级指标	指标释义
1.3 保障体系	1.3.1 基层治理工作成效评估工作情况	考察评估结果作为市、区级党政领导班子和领导干部考核以及党委书记抓基层党建述职评议考核的重要内容的情况
	1.3.2 督查检查工作规范化程度	对考核评价保障的考察，包括清理规范工作台账、报表以及“一票否决”、签订责任状、出具证明事项、创建示范等项目
	1.3.3 容错纠错制度建设及落实情况	容错纠错制度的建设情况以及实际工作中落实情况
	1.3.4 每平方千米党群服务中心数	每平方千米范围内党群服务中心数，包括“V 站”驿站、两新组织等党群服务阵地等
	1.3.5 基层干部与党务工作者队伍管理建设情况	对队伍保障的考察，包括人才构成、培训培养机制、工作完成情况、整体能力等
	1.3.6 社区党组织书记后备人才库健全度	对于社区党组织书记后备人才健全度的考察，包括培养机制等
	1.3.7 社区服务人才队伍建设情况	包括制定社区专职工作者队伍建设规划，建立社区专职工作者薪酬体系、职业规范，引导高校毕业生等从事社区工作等
	1.3.8 基层党员干部法治素养情况	对基层党员和干部法治素养能力的考察
	1.3.9 基层公共法律服务体系完善度	对法治保障的考察，包括搭建社区法律服务和综合性调解平台，开展法律咨询进社区服务，对居民进行法律宣传活动等

续表

二级指标	三级指标	指标释义
1.3 保障体系	1.3.10 习近平新时代中国特色社会主义思想宣传情况	考察培育践行社会主义核心价值观，推动习近平新时代中国特色社会主义思想进社区、进家庭的情况
	1.3.11 社区道德评议机制健全度	对德治保障的考察，包括建立健全社区典型人物评议机制，选树典型人物、典型家庭等

基于此，“治理体系现代化”这一维度的二级与三级指标体系构建如表 4-16 所示。

表 4-16　治理体系现代化下设的二级及三级指标

一级指标	二级指标	三级指标
1 治理体系现代化	1.1 组织体系	1.1.1 基层治理领导协调机制建立情况
		1.1.2 区级职能部门、街道办事处相关权责清单制定情况
		1.1.3 基层群众性自治组织的社区工作事项清单制定情况
		1.1.4 区级基层治理规划制定情况
		1.1.5 区、街道统一指挥协调能力
	1.2 制度体系	1.2.1 社区“两委”交叉任职比例
		1.2.2 社区“两委”班子成员资格联审机制落实情况
		1.2.3 党务、居务、财务公开制度完善度
		1.2.4 社区“两委”班子成员联系群众机制落实情况
		1.2.5 社区公共服务和代办政务服务事项规范化情况
	1.3 保障体系	1.3.1 基层治理工作成效评估工作情况
		1.3.2 督查检查工作规范化程度
		1.3.3 容错纠错制度建设及落实情况
		1.3.4 每平方千米党群服务中心数

续表

一级指标	二级指标	三级指标
1 治理体系现代化	1.3 保障体系	1.3.5 基层干部与党务工作者队伍管理建设情况
		1.3.6 社区党组织书记后备人才库健全度
		1.3.7 社区服务人才队伍建设情况
		1.3.8 基层党员干部法治素养情况
		1.3.9 基层公共法律服务体系完善度
		1.3.10 习近平新时代中国特色社会主义思想宣传情况
		1.3.11 社区道德评议机制健全度

2. 治理能力现代化

城市基层治理现代化不仅在于治理体系现代化，还在于治理能力现代化。提升城市基层治理能力现代化，是推动城市基层治理高质量发展的关键一环。《中共中央 国务院关于加强基层治理体系和治理能力现代化建设的意见》明确提出，基层治理能力分为基层政权治理能力和基层智慧治理能力，其中明确指出基层政权治理能力包括行政执行能力、为民服务能力、议事协商能力、应急管理能力、平安建设能力五方面内容，而基层智慧治理能力实际上涉及治理方式的改变和治理效率的提升，是当今数字化时代重要的治理能力。因此，本研究从行政执行能力、为民服务能力、议事协商能力、应急管理能力、平安建设能力、智慧治理能力 6 个维度设置三级指标，共计 18 个。

（1）行政执行能力

行政执行能力主要聚焦党政机关及社区党组织、居委会等贯彻落实上级决策部署要求的行动能力。这就意味着在实际的基层治理工作中，要让在基层、懂基层、爱基层的干部发挥更大的作用，使其有更大的参与权和建议权。根据《中共中央 国务院关于加强基层治理体系和治理能力现代化建设的意见》精神，提升行政执行能力需要对行政权力的权限进行明确定位，在行政执行过程中做好行政流程的规范化建设以及行政监管制约体系建设和行政执法透明化建设，从而对行政权力加以监督和制约。这不仅体现了城市基层行政执行的合规性、合法性等情况，也充分反映了基层治理中的行政执行能力。基于此，行政执行能力共设置3个三级指标（见表4-17），分别为：行政流程规范化建设、行政监管制约体系建设、行政执法透明化建设。这3个指标的具体含义分别为：履行行政职能时流程是否规范；是否对行政职能履行形成有效监督与管理；行政执法过程中的公开透明程度。

表4-17　行政执行能力下设的三级指标及指标释义

二级指标	三级指标	指标释义
2.1行政执行能力	2.1.1行政流程规范化建设	履行行政职能时流程是否规范
	2.1.2行政监管制约体系建设	是否对行政职能履行形成有效监督与管理
	2.1.3行政执法透明化建设	行政执法过程中的公开透明程度

（2）为民服务能力

民惟邦本，本固邦宁。把人民对美好生活的向往作为奋斗目标，依靠人民创造历史伟业的为民服务能力是治理能力现代化的题中之义。党的十九大报告指出："人民是历史的创造者，是决定党和国家前途命运的根本力量。必须坚持人民主体地位，坚持立党为公、执政为民，践行全心全意为人民服务的根本宗旨。"根据《中共中央 国务院关于加强基层治理体系和治理能力现代化建设的意见》精神，要为居民持续提供政务服务、公共服务，包括教育、医疗、社会保障、社区服务等各类基本公共服务。同时对政务服务下沉社区情况与年度所完成的社区民生微实事项目数量需要加以考量。基于此，为民服务能力共设置3个三级指标（见表4-18），分别为：九年义务教育巩固率、每千人医疗卫生机构床位数、流动人口服务体系建设。这3个指标的具体含义分别为：义务教育成果与水平巩固情况的具体体现；全区每一千人所拥有的医疗卫生机构床位数；是否建设完备的流动人口管理及保障体系。

表 4-18　为民服务能力下设的三级指标及指标释义

二级指标	三级指标	指标释义
2.2 为民服务能力	2.2.1 九年义务教育巩固率	义务教育成果与水平巩固情况的具体体现
	2.2.2 每千人医疗卫生机构床位数	全区每一千人所拥有的医疗卫生机构床位数
	2.2.3 流动人口服务体系建设	是否建设完备的流动人口管理及保障体系

（3）议事协商能力

议事协商能力强调以社区党组织为核心、社区居委会为主体，通过社区协商议事制度与平台，群策群力解决问题的能力。中共中央办公厅、国务院办公厅发布的《关于加强和完善城乡社区治理的意见》明确提出“提高社区居民议事协商能力，凡涉及城乡社区公共利益的重大决策事项、关乎居民群众切身利益的实际困难问题和矛盾纠纷，原则上由社区党组织、基层群众性自治组织牵头，组织居民群众协商解决”。根据《中共中央 国务院关于加强基层治理体系和治理能力现代化建设的意见》精神，居民议事协商方式、协商能力、协商意识是议事协商能力的重要组成部分。基于此，议事协商能力共设置 3 个三级指标（见表 4-19），分别为：基层议事协商会场次数量、全区社区民生微实事项目数量、政协委员联络站数量。这 3 个指标的具体含义分别为：各社区召开基层议事协商会议的场次、全区社区民生微实事项目总数、街道政协委员联络站设立情况。

表 4-19　议事协商能力下设的三级指标及指标释义

二级指标	三级指标	指标释义
2.3 议事协商能力	2.3.1 基层议事协商会场次数量	各社区召开基层议事协商会议的场次
	2.3.2 全区社区民生微实事项目数量	全区社区民生微实事项目总数
	2.3.3 政协委员联络站数量	街道政协委员联络站设立情况

（4）应急管理能力

应急管理能力是指政府在预防和应对突发事件时，采取一系列科学必要的措施，保障公众生命、健康和财产安全的能力。习近平总书记在主持中央政治局第十九次集体学习时强调，应急管理是国家治理体系和治理能力的重要组成部分，承担防范化解重大安全风险、及时应对处置各类灾害事故的重要职责，担负保护人民群众生命财产安全和维护社会稳定的重要使命。根据《中共中央 国务院关于加强基层治理体系和治理能力现代化建设的意见》，需要在突发事件的事前预防、事发应对、事中处置和善后恢复过程中，建立科学有效的应对机制。基于此，应急管理能力共设置3个三级指标（见表4-20），分别为：应急管理组织机制建设、物资保障体系完备率、跨部门跨系统应急数据集成平台建成情况。这3个指标的具体含义分别为：非常状态下的组织管理及保障能力；救援物资、重要保供物资、应急设备、应急资金等各类用于应急管理的物资保障的完备情况；是否建成用于应急管理的大数据平台。

表4-20 应急管理能力下设的三级指标及指标释义

二级指标	三级指标	指标释义
2.4 应急管理能力	2.4.1 应急管理组织机制建设	非常状态下的组织管理及保障能力
	2.4.2 物资保障体系完备率	救援物资、重要保供物资、应急设备、应急资金等各类用于应急管理的物资保障的完备情况
	2.4.3 跨部门跨系统应急数据集成平台建成情况	是否建成用于应急管理的大数据平台

（5）平安建设能力

平安建设能力强调政府在预防矛盾纠纷、维护社会治安、防范重大风险建设平安社会的能力。《中共中央 国务院关于加快推进社会治理现代化开创平安中国建设新局面的意见》提出，加快推进社会治理现代化开创平安中国建设新局面以防范化解影响国家安全、社会安定、人民安宁的重大风险为着力点。根据《中共中央 国务院关于加强基层治理体系和治理能力现代化建设的意见》精神，提升平安建设能力的主要目的在于构建社会主义和谐社会，维护广大人民群众根本利益，提高党的执政能力，巩固党的执政地位。基于此，平安建设能力共设置3个三级指标（见表4-21），分别为：重大决策社会稳定风险评估机制建设、心理疏导服务机制建设、全区年度各类安全事故数。这3个指标的具体含义分别为：对重大决策社会稳定风险评估综合评价指标和评价标准作出详细规定并从源头上防范化解社会稳定风险的预警能力；整合社会资源，共同开展心理科普宣传、心理疏导、心理危机干预、心理援助等活动，建立心理咨询室、培育心理服务队伍，全面开展社会心理服务体系和疏导机制、危机干预机制建设；全区全年所发生的各类安全事故数量。

表4-21　平安建设能力下设的三级指标及指标释义

二级指标	三级指标	指标释义
2.5 平安建设能力	2.5.1 重大决策社会稳定风险评估机制建设	对重大决策社会稳定风险评估综合评价指标和评价标准作出详细规定并从源头上防范化解社会稳定风险的预警能力
	2.5.2 心理疏导服务机制建设	整合社会资源，共同开展心理科普宣传、心理疏导、心理危机干预、心理援助等活动，建立心理咨询室、培育心理服务队伍，全面开展社会心理服务体系和疏导机制、危机干预机制建设
	2.5.3 全区年度各类安全事故数	全区全年所发生的各类安全事故数量

（6）智慧治理能力

在城市基层治理中，要紧抓科技革命机遇，践行“数据多跑路、群众少跑腿”的深刻理念，深化数字治理。强调把智慧治理放在重要位置，通过智慧治理推进基层治理体系架构、运作机制、工作流程的智能化再造，从而打造数据驱动、人机协同、跨界融合、共创分享的城市基层治理新格局。根据《中共中央 国务院关于加强基层治理体系和治理能力现代化建设的意见》精神，智慧治理能力需要从智慧化政务运作架构、运作机制、运作效果等方面进行测量。基于此，智慧治理能力共设置3个三级指标（见表4-22），分别为：基本公共服务事项网上办理率、全区适老化和无障碍信息服务建设、全区“线上+线下”办事服务渠道建设。这3个指标的具体含义分别为：基本公共服务办事便利化情况；对特殊人群的公共服务提供保障和关怀情况；为居民提供线上办事与线下办事的自由选择情况。

表4-22　智慧治理能力下设的三级指标及指标释义

二级指标	三级指标	指标释义
2.6智慧治理能力	2.6.1基本公共服务事项网上办理率	基本公共服务办事便利化情况
	2.6.2全区适老化和无障碍信息服务建设	对特殊人群的公共服务提供保障和关怀情况
	2.6.3全区“线上+线下”办事服务渠道建设	为居民提供线上办事与线下办事的自由选择情况

基于此，“治理能力现代化”这一维度的二级与三级指标体系构建如表4-23所示。

表4-23　治理能力现代化下设二级及三级指标

一级指标	二级指标	三级指标
2治理能力现代化	2.1行政执行能力	2.1.1行政流程规范化建设
		2.1.2行政监管制约体系建设
		2.1.3行政执法透明化建设
	2.2为民服务能力	2.2.1九年义务教育巩固率
		2.2.2每千人医疗卫生机构床位数
		2.2.3流动人口服务体系建设
	2.3议事协商能力	2.3.1基层议事协商会场次数量
		2.3.2全区社区民生微实事项目数量
		2.3.3政协委员联络站覆盖率

续表

一级指标	二级指标	三级指标
2 治理能力现代化	2.4 应急管理能力	2.4.1 应急管理组织机制建设
		2.4.2 物资保障体系完备率
		2.4.3 跨部门跨系统应急数据集成平台建成情况
	2.5 平安建设能力	2.5.1 重大决策社会稳定风险评估机制建设
		2.5.2 心理疏导服务机制建设
		2.5.3 全区年度各类安全事故数
	2.6 智慧治理能力	2.6.1 基本公共服务事项网上办理率
		2.6.2 全区适老化和无障碍信息服务建设
		2.6.3 全区“线上+线下”办事服务渠道建设

3. 治理效能现代化

城市基层治理现代化需要检验制度执行、政策贯彻情况以及服务推动经济、政治、文化、社会、生态“五位一体”建设取得的效果。因此，本研究从经济效能、政治效能、社会效能、文化效能、生态效能 5 个维度设置三级指标，共计 14 个。

（1）经济效能

经济高质量发展是社会持续健康发展的物质基础，基层治理效能要在经济高质量发展中有所体现。一个城市的基层治理现代化程度越高，就能更好地服务推动当地的经济发展。根据《中共中央 国务院关于加强基层治理体系和治理能力现代化建设的意见》精神，经济发展效能不仅仅在于其综合实力的体现，还在于一个城市全年的投资水平情况。城市基层治理现代化的经济效能主要从城市综合实力、投资水平、居民可支配收入水平等方面进行衡量。基于此，经济效能共设置 3 个三级指标（见表 4-24），分别为：全区地区生产总值、全区年固定资产投资增长率、全区人均可支配收入。这 3 个指标的具体含义分别为：地区所有常驻单位在一定时期内生产活动的最终成果；全区年度固定资产投资增长率；全区居民可用于最终消费支出和储蓄的平均值。

表 4-24 经济效能下设的三级指标及指标释义

二级指标	三级指标	指标释义
3.1 经济效能	3.1.1 全区地区生产总值	地区所有常驻单位在一定时期内生产活动的最终成果
	3.1.2 全区年固定资产投资增长率	全区年度固定资产投资增长率
	3.1.3 全区人均可支配收入	全区居民可用于最终消费支出和储蓄的平均值

（2）政治效能

政治效能强调在基层治理实践中，政府要通过贯彻落实相关政策和将一项项具体工作落地，回应居民诉求，产生强大的向心力，不断增强居民对政府和政策的信任度。此外，政府还需要优化自身内部结构来促进治理效能的不断提高。根据《中国妇女发展纲要（2021—2030 年）》《中共中央 国务院关于加强基层治理体系和治理能力现代化建设的意见》《关于支持深圳建设中国特色社会主义先行示范区的意见》等政策文件的精神指引，政治效能应该包含政府内部的改革，也包括公众对政府、政策的满意度与认可度。基于此，政治效能共设置 3 个三级指标（见表 4-25），分别为：居民参与基层协商治理满意度、居民对政府信任度、居民政策认同感。这 3 个指标的具体含义分别为：居民日常参与各类基层民主活动的满意度；居民对社区及街道工作组织的信任度；居民对政府部门的相关政策落实的认可及满意度。

表 4-25 政治效能下设的三级指标及指标释义

二级指标	三级指标	指标释义
3.2 政治效能	3.2.1 居民参与基层协商治理满意度	居民日常参与各类基层民主活动的满意度
	3.2.2 居民对政府信任度	居民对社区及街道工作组织的信任度
	3.2.3 居民政策认同感	居民对政府部门的相关政策落实的认可及满意度

（3）社会效能

中国特色社会主义进入新时代，我国社会的主要矛盾变为人民日益增长的美好生活需要和不平衡不充分的发展之间的矛盾，让人民生活幸福是习近平总书记心中的“国之大者”。社会效能不仅是国家治理中的重要考量，更是城市基层治理现代化中必不可少的重要目标，其核心在于让人民拥有获得感、幸福感、安全感。根据《中共中央 国务院关于支持深圳建设中国特色社会主义先行示范区的意见》《中共中央 国务院关于加强基层治理体系和治理能力现代化建设的意见》等政策文件的精神指引，社会效能不仅要从客观维度，如教育、健康等民生最为关注的公共服务领域进行衡量，同时也要关注主观维度，尤其是居民在其中所感受、收获的幸福感。基于此，社会效能共设置2个三级指标（见表4-26），分别为：居民对基本公共服务满意度、居民社会安全感。这2个指标的具体含义分别为：居民对社区公共服务供给的总体满意度评价；居民对城市社会安全、生活幸福的满意度。

表4-26　社会效能下设的三级指标及指标释义

二级指标	三级指标	指标释义
3.3社会效能	3.3.1居民对基本公共服务满意度	居民对社区公共服务供给的总体满意度评价
	3.3.2居民社会安全感	居民对城市社会安全、生活幸福的满意度

（4）文化效能

文化效能强调城市文化是涵养一个城市可持续发展的重要力量，社会主义精神文明要与物质文明协调发展。“经济是血肉，文化是灵魂”，城市的文化遗产是保留、传承城市记忆的重要载体，彰显了城市精神和城市特性，而城市的文化多元性正是城市基层治理效能的重要体现。根据《中共中央 国务院关于支持深圳建设中国特色社会主义先行示范区的意见》等政策文件的精神指引，文化效能主要从文化产业、文化氛围等方面进行衡量。基于此，文化效能共设置3个三级指标（见表4-27），分别为：平均每万人拥有公共文化设施面积、全区图书馆（含城市书房）数量、对社会主义核心价值观的认可度。这3个指标的具体含义分别为：综合性文化设施的覆盖情况；全区图书馆（含城市书房）的具体数量；居民对社会主义核心价值观的态度。

表4-27　文化效能下设的三级指标及指标释义

二级指标	三级指标	指标释义
3.4文化效能	3.4.1平均每万人拥有公共文化设施面积	综合性文化设施的覆盖情况
	3.4.2全区图书馆（含城市书房）数量	全区图书馆（含城市书房）的具体数量
	3.4.3对社会主义核心价值观的认可度	居民对社会主义核心价值观的态度

（5）生态效能

生态效能强调要在城市发展中满足人民日益增长的美好生态环境和居住环境需要，形成宜居宜业宜游的优质城市生态环境。绿水青山就是金山银山。良好的生态环境是人民群众的共有财富，是最公平的公共产品、最普惠的民生福祉。根据《中共中央关于坚持和完善中国特色社会主义制度推进国家治理体系和治理能力现代化若干重大问题的决定》等政策文件的精神指引，生态效能需要从各类环境监测指数及污染物排放强度等方面进行衡量。基于此，生态效能共设置3个三级指标（见表4-28），分别为：环境空气质量优良率、城市生活垃圾无害化处理率、城市生态环境满意度。这3个指标的具体含义分别为：全年AQI小于或等于100的天数占全年天数的百分比；经无害化处理的城市生活垃圾数量占其总量的百分比；居民对城市生态环境的满意度。

表 4-28　生态效能下设的三级指标及指标释义

二级指标	三级指标	指标释义
3.5 生态效能	3.5.1 环境空气质量优良率	全年 AQI 小于或等于 100 的天数占全年天数的百分比
	3.5.2 城市生活垃圾无害化处理率	经无害化处理的城市生活垃圾数量占其总量的百分比
	3.5.3 城市生态环境满意度	居民对城市生态环境的满意度

基于此，"治理效能现代化"这一维度的二级与三级指标体系构建如表 4-29 所示。

表 4-29　治理效能现代化下设二级及三级指标

一级指标	二级指标	三级指标
3 治理效能现代化	3.1 经济效能	3.1.1 全区地区生产总值
		3.1.2 全区年固定资产投资增长率
		3.1.3 全区人均可支配收入
	3.2 政治效能	3.2.1 居民参与基层协商治理满意度
		3.2.2 居民对政府信任度
		3.2.3 居民政策认同感
	3.3 社会效能	3.3.1 居民对基本公共服务满意度
		3.3.2 居民社会安全感
	3.4 文化效能	3.4.1 平均每万人拥有公共文化设施面积
		3.4.2 全区图书馆（含城市书房）数量
		3.4.3 对社会主义核心价值观的认可度
	3.5 生态效能	3.5.1 环境空气质量优良率
		3.5.2 城市生活垃圾无害化处理率
		3.5.3 城市生态环境满意度

综合以上内容，课题组得出城市基层治理现代化评价指标体系如表 4-30（详细指标体系参见附件）：

表 4-30 城市基层治理现代化评价指标体系

	一级指标	二级指标	三级指标
城市基层治理现代化	1 治理体系现代化	1.1 组织体系	1.1.1 基层治理领导协调机制建立情况
			1.1.2 区级职能部门、街道办事处相关权责清单制定情况
			1.1.3 基层群众性自治组织的社区工作事项清单制定情况
			1.1.4 区级基层治理规划制定情况
			1.1.5 区、街道统一指挥协调能力
		1.2 制度体系	1.2.1 社区“两委”交叉任职比例
			1.2.2 社区“两委”班子成员资格联审机制落实情况
			1.2.3 党务、居务、财务公开制度完善度
			1.2.4 社区“两委”班子成员联系群众机制落实情况
			1.2.5 社区公共服务和代办政务服务事项规范化情况
		1.3 保障体系	1.3.1 基层治理工作成效评估工作情况
			1.3.2 督查检查工作规范化程度
			1.3.3 容错纠错制度建设及落实情况
			1.3.4 每平方千米党群服务中心数
			1.3.5 基层干部与党务工作者队伍管理建设情况
			1.3.6 社区党组织书记后备人才库健全度
			1.3.7 社区服务人才队伍建设情况
			1.3.8 基层党员干部法治素养情况
			1.3.9 基层公共法律服务体系完善度
			1.3.10 习近平新时代中国特色社会主义思想宣传情况
			1.3.11 社区道德评议机制健全度

续表

	一级指标	二级指标	三级指标
城市基层治理现代化	2 治理能力现代化	2.1 行政执行能力	2.1.1 行政流程规范化建设
			2.1.2 行政监管制约体系建设
			2.1.3 行政执法透明化建设
		2.2 为民服务能力	2.2.1 九年义务教育巩固率
			2.2.2 每千人医疗卫生机构床位数
			2.2.3 流动人口服务体系建设
		2.3 议事协商能力	2.3.1 基层议事协商会场次数量
			2.3.2 全区社区民生微实事项目数量
			2.3.3 政协委员联络站数量
		2.4 应急管理能力	2.4.1 应急管理组织机制建设
			2.4.2 物资保障体系完备率
			2.4.3 跨部门跨系统应急数据集成平台建成情况
		2.5 平安建设能力	2.5.1 重大决策社会稳定风险评估机制建设
			2.5.2 心理疏导服务机制建设
			2.5.3 全区年度各类安全事故数
		2.6 智慧治理能力	2.6.1 基本公共服务事项网上办理率
			2.6.2 全区适老化和无障碍信息服务建设
			2.6.3 全区“线上+线下”办事服务渠道建设
	3 治理效能现代化	3.1 经济效能	3.1.1 全区地区生产总值
			3.1.2 全区年固定资产投资增长率
			3.1.3 全区人均可支配收入
		3.2 政治效能	3.2.1 居民参与基层协商治理满意度
			3.2.2 居民对政府信任度
			3.2.3 居民政策认同感
		3.3 社会效能	3.3.1 居民对基本公共服务满意度
			3.3.2 居民社会安全感

续表

	一级指标	二级指标	三级指标
城市基层治理现代化	3 治理效能现代化	3.4 文化效能	3.4.1 平均每万人拥有公共文化设施面积
			3.4.2 全区图书馆（含城市书房）数量
			3.4.3 对社会主义核心价值观的认可度
		3.5 生态效能	3.5.1 环境空气质量优良率
			3.5.2 城市生活垃圾无害化处理率
			3.5.3 城市生态环境满意度

五、指标测度及注意事项

1. 指标测量数据来源

本研究采取定性指标与定量指标相结合的方式构建城市基层治理现代化指标体系，对指标的测度所采用的数据获取主要来源于三个方面：一是定量数据主要来源于各地相关职能部门及统计局的统计数据；二是一部分定性数据来源于专家打分；三是一部分定性数据来源于对居民的满意度或认可度的调查。

2. 指标测量方法

根据指标设置情况，本研究涉及的研究方法如下。

（1）最优最劣方法

指标体系构建后，还需确定每个维度、每个指标的权重，以呈现不同指标重要性差异，因此计算出的综合指数才具有代表性。本研究拟用最优最劣法来确定指标权重，具体内容如下。

最优最劣方法（Best-Worst Method，BWM），是指邀请相关专家根据自身的经验和看法进行打分调查，从而确定各个指标权重的方法。BWM 是基于 AHP 方法改进拓展的一种新方法，相较于其他的主观赋权方法，BWM 方法在赋权过程中的比较次数更少，数据更加简化。BWM 方法指标间的打分比较是 1 到 9 的整数，使其计算复杂性更低，从而在一致性检验上能具备更好的效果。BWM 在实际应用中可以避免因为评价指标的增多或决策问题的复杂化，导致专家难以给出完全一致的判断矩阵，因而更具备实用性优势。基于 BWM 确定指标权重的过程如下：

首先，决策者确定最优指标和最劣指标。决策者在评价指标集合 $\{C_1, C_2, \cdots, C_n\}$ 中选出最优指标 C_B 和最劣指标 C_W。最优指标是决策者根据其经验认知和主观看法，在所有指标中选出相对最重要的指标，也就是对决策结果有最大影响的指标；同理，最劣指标是决策者选出的相对最不重要的指标，认为该指标对结果的影响最小。

其次，将其他指标分别与最优指标和最劣指标进行两两比较，构建判断向量。决策者将最优指标与其他指标进行比较，用 1~9 整数值对其相对重要性进行打分，形成基于最优指标的比较向量 *BO*，*Best - to - Others*，用 $A_B = (a_{B1}, a_{B2}, \cdots, a_{Bn})^T$ 表示，其中 a_{Bi}，$i = \{1, 2, \cdots, n\}$ 表示最优指标 C_B 相对于指标 C_i 的重要程度。比较标准如表 4-31 所示。

表 4-31　其他指标与最优指标比较标准

打分标度	含义
$a_{Bi} = 1$	指标 C_B 与指标 C_i 的重要性相同
$a_{Bi} = 3$	指标 C_B 比指标 C_i 略重要
$a_{Bi} = 5$	指标 C_B 比指标 C_i 重要
$a_{Bi} = 7$	指标 C_B 比指标 C_i 重要得多
$a_{Bi} = 9$	指标 C_B 相比于指标 C_i 非常重要

注：$a_{Bi} = \{2, 4, 6, 8\}$ 表示最优指标 C_B 相对于指标 C_i 的重要性介于 $a_{Bi} = \{1, 3, 5, 7, 9\}$

同理，决策者将其他指标与最劣指标进行比较，用 1~9 整数值对其相对重要程度进行打分，形成基于最劣指标的比较向量 *OW*，*Others - to - Worst*，用 $A_W = (a_{1W}, a_{2W}, \cdots, a_{nW})^T$ 表示，其中 a_{iW}，$i = \{1, 2, \cdots, n\}$ 表示指标 C_i 相对于最不重要的指标 C_W 的重要程度。比较标准如表 4-32 所示。

表 4-32 其他指标与最劣指标比较标准

打分标度	含义
$a_{iW}=1$	指标 C_i 与指标 C_W 的重要性相同
$a_{iW}=3$	指标 C_i 比指标 C_W 略重要
$a_{iW}=5$	指标 C_i 比指标 C_W 重要
$a_{iW}=7$	指标 C_i 比指标 C_W 重要得多
$a_{iW}=9$	指标 C_i 相比于指标 C_W 非常重要

注：$a_{iW}=\{2, 4, 6, 8\}$ 表示指标 C_i 相对于最劣指标 C_W 的重要性介于 $a_{iW}=\{1, 3, 5, 7, 9\}$

最后，建立指标权重求解模型。构建数学规划问题模型，求解各个指标的权重（w_1^*，w_2^*，…，w_n^*），对于任意指标应满足指标重要性偏好对比即指标权重对比，则有：

$$\frac{w_B}{w_i}=a_{Bi},\ \frac{w_i}{w_W}=a_{iW}$$

其中，w_B 表示最优指标 C_B 的权重，w_W 表示最劣指标 C_W 的权重，w_i 表示指标 C_i 的权重。

为求解各指标的权重，可构建模型使各指标权重与决策者打分的最大绝对差最小化，也就是对于所有指标权重，要使 $\left|\frac{w_B}{w_i}-a_{Bi}\right|$ 和 $\left|\frac{w_i}{w_W}-a_{iW}\right|$ 的最大值最小化，从而获得最符合决策者意见的指标权重值。非线性模型如下：

$$\min \max_i \left\{ \left|\frac{w_B}{w_i}-a_{Bi}\right|, \left|\frac{w_i}{w_W}-a_{iW}\right| \right\}$$

$$s.t.\begin{cases}\sum_{i=1}^{n} w_i-1 \\ w_i \geqslant 0, i=\{1,2,\cdots,n\}\end{cases}$$

模型可以等效转换为如下非线性约束问题：

$$
\min \xi
$$
$$
s.t.\begin{cases}\left|\dfrac{w_B}{w_i}-a_{Bi}\right| \leqslant \xi, i=\{1,2,\cdots,n\} \\ \left|\dfrac{w_i}{w_W}-a_{iW}\right| \leqslant \xi, i=\{1,2,\cdots,n\} \\ \sum_{i=1}^{n} w_i=1 \\ w_i \geqslant 0, i=\{1,2,\cdots,n\}\end{cases}
$$

上述非线性模型可能会产生多个最优解，为获得唯一的权重解，可以将上述非线性模型转换为如下线性模型：

$$
\min \max_i \{|w_B-a_{Bi}w_i|, |w_i-a_{iW}w_W|\}
$$
$$
s.t.\begin{cases}\sum_{i=1}^{n} w_i=1 \\ w_i \geqslant 0, i=\{1,2,\cdots,n\}\end{cases}
$$

等效转换为：

$$
\min \xi
$$
$$
s.t.\begin{cases}|w_B-a_{Bi}w_i| \leqslant \xi, i=\{1,2,\cdots,n\} \\ |w_i-a_{iW}w_W| \leqslant \xi, i=\{1,2,\cdots,n\} \\ \sum_{i=1}^{n} w_i=1 \\ w_i \geqslant 0, i=\{1,2,\cdots,n\}\end{cases}
$$

用 LINGO 软件对上述模型进行求解，便可以得到各个指标的权重（w_1^*，w_2^*，…，w_n^*）和最大偏差 ξ^L 的值。

（2）TOPSIS 方法

本研究构建的城市基层治理现代化指标体系既可用于做时间维度的纵向对比，又可用于做空间维度的横向对比。既可以衡量同一个区历年来基层治理发展变化情况，或者某一年的具体变化情况，也可以比较不同区同一时段的基层治理现代化发展变化情况。对于纵向对比，使用方法较为简单，后文以龙华区为例有详细计算过程，在此不过多赘述；对于横向对比，本研究使用 TOPSIS 方法，计算出评估对象的相对接近度后进行排序，具体内容如下。

TOPSIS（Technique for Order Preference by Similarity to Ideal Solution）方法最初是由 Hwang 等人提出的一种多准则排序方法。该方法的核心是通

过计算评价对象到最优解和最劣解的距离，得出其与理想化目标的相对接近程度并比较排序，从而进行结果评价的方法。最优解是指假定存在一个评估对象，其各指标都是最理想的值；最劣解指的是假定存在一个评估对象，其各指标都是最不理想的值。通过这种方法得出的最终评价结果是靠近最优解同时与最劣解离得最远的方案。由于 TOPSIS 方法是依靠样本数据进行计算的，所以最终评价结果具备客观性和可靠性，同时计算过程比较简单，具有实际可操作性。TOPSIS 综合评价法的具体实施步骤如下：

假设有 m 个评估对象（A_1，A_2，…，A_m），n 个指标（C_1，C_2，…，C_n），x_{ij} 表示评估对象 A_i 的指标 C_j 的对应值，其中 $i=1, 2, \cdots, m, j=1, 2, \cdots, n$。

首先，构建决策矩阵。根据评估对象的相应指标数据构建如下决策矩阵：

$$\boldsymbol{X}=\begin{bmatrix} x_{11} & x_{12} & \cdots & x_{1n} \\ x_{21} & x_{22} & \cdots & x_{2n} \\ \vdots & \vdots & \ddots & \vdots \\ x_{m1} & x_{m2} & \cdots & x_{mn} \end{bmatrix}$$

其次，处理矩阵数据。根据指标的性质差异，可以分成效益型指标和成本型指标，效益型指标数值越大越好，成本型指标数值越小越好。将不同的指标按照不同公式进行归一化处理：

效益型指标处理 $r_{ij}=\dfrac{x_{ij}-x_{j\min}}{x_{j\max}-x_{j\min}}$，$i=1, 2, \cdots, m, j=1, 2, \cdots, n$

成本型指标处理 $r_{ij}=\dfrac{x_{j\max}-x_{ij}}{x_{j\max}-x_{j\min}}$，$i=1, 2, \cdots, m, j=1, 2, \cdots, n$

其中，$x_{j\max}$ 表示指标 C_j 的最大值，$x_{j\min}$ 表示指标 C_j 的最小值。

进行相应处理后得到标准化矩阵 $\boldsymbol{R}$：

$$\boldsymbol{R}=\begin{bmatrix} r_{11} & r_{12} & \cdots & r_{1n} \\ r_{21} & r_{22} & \cdots & r_{2n} \\ \vdots & \vdots & \ddots & \vdots \\ r_{m1} & r_{m2} & \cdots & r_{mn} \end{bmatrix}$$

接着确定指标权重。基于上文提到的 BWM 法求得各指标的权重 $\boldsymbol{W}=(w_1^*, w_2^*, \cdots, w_n^*)$，将权重矩阵与标准化矩阵 $\boldsymbol{R}$ 相乘得到价值

矩阵 $\boldsymbol{V}$：

$$\boldsymbol{V}=(v_{ij})_{m\times n}=\begin{bmatrix} w_1r_{11} & w_2r_{12} & \cdots & w_nr_{1n} \\ w_1r_{21} & w_2r_{22} & \cdots & w_nr_{2n} \\ \vdots & \vdots & \ddots & \vdots \\ w_1r_{m1} & w_2r_{m2} & \cdots & w_nr_{mn} \end{bmatrix}$$

然后，确定正负理想解。根据评价指标体系确定最优方案和最劣方案，也就是在价值矩阵 $\boldsymbol{V}$ 中各指标的最大值组成正理想解 S^+，各指标的最小值组成负理想解 S^-。

$$S^+=\{s_1^+,\ s_2^+,\ \cdots,\ s_n^+\}$$

$$S^-=\{s_1^-,\ s_2^-,\ \cdots,\ s_n^-\}$$

其中，s_j^+ 表示指标 C_j 在价值矩阵 $\boldsymbol{V}$ 中的最大值；s_j^- 表示指标 C_j 在价值矩阵 $\boldsymbol{V}$ 中的最小值。

最后，通过计算得出评价指数。计算各对象到正理想解和到负理想解的距离。分别计算各评估对象 A_i 到正理想解 S^+ 的距离 D_i^+，以及到负理想解 S^- 的距离 D_i^-。后计算各对象的相对贴近度 C_i^*，并进行排序。公式的含义显而易见，评估对象与正理想解的距离越近，且与负理想解的距离越远，即相对贴近度越大，则评估对象越优。

$$D_i^-=\sqrt{\sum_{j=1}^{n}(v_{ij}-s_j^-)^2}$$

（3）综合指数测算方法

首先，进行指标的无量纲化。由于指标涉及范围较为全面，数据的单位量纲差别较大，因此对于收集的原始数据需要进行标准化处理。无量纲化，也叫数据的标准化，是通过数学变换处理数据来消除原始指标量纲影响的方法，具体的标准化计算公式如下。根据每个评价指标的对标数据去衡量指标完成的情况，即通过目前的数据与理想目标数据之间的比值来表示该指标的完成情况。为方便进行数据处理和比较，本研究在计算城市基层治理现代化综合指数过程中，将标准化后的数据化为百分制进行计算。

$$r_{ij}=\frac{x_{ij}}{x_{j\max}},i=1,2,\cdots,m,j=1,2,\cdots,n$$

其中，$x_{j\max}$ 表示指标 C_j 的对标数据。

然后，进行综合性指数的合成。通过计算可以得到每个维度的分指数，再按照权重将分指数合成为综合性指数。本研究将城市基层治理现代化指标体系中的所有指标数据进行标准化处理后得到的数值与相应的权重按以下公式计算得到综合性指数。

$$I = \sum Z_i W_i$$

3. 其他注意事项

需要注意的是，在采用专家打分法时，一方面要保证选取的专家对评估的内容具有较好的熟悉度，以此保证较高的权威性和代表性；另一方面在专家人数的选取上要具备科学性。在对居民进行满意度或认可度调查时，一方面要尽可能采用问卷调查这类匿名度较高的方式，减轻居民在作答相关问题时的心理负担；另一方面在问卷设计中，应尽量避免问题具有一定的倾向性，这可能会影响居民在作答问卷时选择偏向性答案，从而影响调查信度。

第五章　深圳市龙华区基层治理现代化综合指数测度

城市基层治理现代化指标体系从治理体系现代化、治理能力现代化、治理效能现代化三个维度进行衡量，通过53个三级指标的测量得到综合性指数，而通过对每一个维度下的若干个指标进行测量得出该维度的分指数。测评基本思路是根据每个评价指标的对标数据去衡量指标完成的情况从而对每个指标数据进行标准化处理，再根据每个指标的权重最终合成城市基层治理现代化综合性指数。综合性指数分布在0和100之间，90~100分区间为优秀，75~90分区间为较好，60~75分区间为良好，60分以下为一般。此种测算方法得到的综合性指数不仅可以进行横向对比，也具备纵向可比性；不仅可以比较参评单位城市基层治理现代化水平的相对位次，而且还可以考察单个参评单位城市基层治理现代化的历史发展进程。

一、城市基层治理现代化指数权重测算

城市基层治理现代化指标体系分为三个层面，其中一级指标和二级指标权重采用“最优最劣打分法”，综合相关专家的评估，得出指标体系权重表，三级指标采用均等权重。邀请四位基层治理领域的专家进行打分，具体的专家打分数据见后文。专家们通过线上问卷形式进行打分，基于相关资料、从业经验和自身看法，采用1到10的标度挑选出每个维度的最优最劣指标，再给出两两对比的偏好关系。最后收集问卷和整理数据，并运用LINGO软件计算出各级指标权重。

依次构建各决策者的最优化模型，并用LINGO软件求解上述模型。即可得到四位决策者分别的指标权重以及一致性指数，然后采用算术平均数得出指标的最终权重，计算得到一致性指数均小于0.25，通过一致性检验。通过计算得到的权重结果如表5-1所示。

表 5-1 一级指标与二级指标权重

一级指标	权重	二级指标	权重
治理体系现代化	0. 259	组织体系	0. 374
		制度体系	0. 378
		保障体系	0. 248
治理能力现代化	0. 468	行政执行能力	0. 256
		为民服务能力	0. 227
		议事协商能力	0. 137
		应急管理能力	0. 151
		平安建设能力	0. 124
		智慧治理能力	0. 107
治理效能现代化	0. 273	经济效能	0. 282
		政治效能	0. 233
		社会效能	0. 219
		文化效能	0. 113
		生态效能	0. 154

通过权重结果，可以得出在考核城市基层治理现代化的过程中，治理能力现代化是最为重要的部分，治理体系现代化与治理效能现代化的重要性相差不大。在治理体系现代化维度，组织体系和制度体系相对于保障体系略微重要。在治理能力现代化维度，行政执行能力以及为民服务能力是较为看重的两个二级指标，其余议事协商能力、应急管理能力、平安建设能力以及智慧治理能力的重要程度相当。此外在治理效能现代化维度，专家们认为最重要的是经济效能，其次是政治效能与社会效能，这三个方面可以较好地体现基层治理现代化的实施推进效果。

通过 LINGO 软件计算每个专家打分得到的指标权重，并进行一致性检验，最终权重为专家分权重的平均值。以下各表（表 5-2、表 5-3、表 5-4、表 5-5）分别为一级指标和二级指标的专家原始打分数据。

表 5-2　一级指标专家原始打分数据

专家	最优指标	x1	x2	x3
A	x2	3	1	2
B	x3	1	1	1
C	x2	1	1	2
D	x2	2	1	2
专家	最劣指标	x1	x2	x3
A	x1	1	4	2
B	x1	1	1	1
C	x3	1	3	1
D	x3	2	2	1

注：x1、x2、x3 分别表示治理体系现代化、治理能力现代化、治理效能现代化。

表 5-3　治理体系现代化二级指标专家原始打分数据

专家	最优指标	a1	a2	a3
A	a1	1	2	4
B	a3	2	2	1
C	a2	2	1	2
D	a1	1	2	2
专家	最劣指标	a1	a2	a3
A	a3	5	3	1
B	a1	1	1	3
C	a3	2	3	1
D	a3	3	2	1

注：a1、a2、a3 分别表示组织体系、制度体系、保障体系。

表 5-4　治理能力现代化二级指标专家原始打分数据

专家	最优指标	b1	b2	b3	b4	b5	b6
A	b1	1	2	4	2	3	5
B	b2	1	1	2	2	2	2
C	b1	1	2	2	2	2	2

续表

专家	最优指标	b1	b2	b3	b4	b5	b6
D	b2	2	1	3	3	4	5
专家	最劣指标	b1	b2	b3	b4	b5	b6
A	b6	4	1	3	2	2	1
B	b4	2	3	2	1	2	2
C	b5	3	2	2	2	1	2
D	b6	2	5	3	3	2	1

注：b1、b2、b3、b4、b5、b6 分别表示行政执行能力、为民服务能力、议事协商能力、应急管理能力、平安建设能力、智慧治理能力。

表 5-5　治理效能现代化二级指标专家原始打分数据

专家	最优指标	c1	c2	c3	c4	c5
A	c1	1	2	2	4	3
B	c2	1	1	2	2	2
C	c3	2	2	1	2	2
D	c1	1	2	3	5	3
专家	最劣指标	c1	c2	c3	c4	c5
A	c4	5	2	2	1	4
B	c4	1	3	2	1	2
C	c5	2	2	3	2	1
D	c4	4	3	2	1	3

注：c1、c2、c3、c4、c5 分别表示经济效能、政治效能、社会效能、文化效能、生态效能。

通过 LINGO 软件计算每个专家打分得到的指标权重，并进行一致性检验，最终权重为专家分权重的平均值。以下各表（表 5-6、表 5-7、表 5-8、表 5-9）为计算后得出的每个专家对指标的打分权重，以及赋予专家等权重后计算得到的最终指标权重。

表 5-6　一级指标专家打分权重

专家	x1	x2	x3
A	0. 154	0. 538	0. 308
B	0. 333	0. 333	0. 334
C	0. 25	0. 5	0. 25
D	0. 3	0. 5	0. 2
最终权重	0. 25925	0. 46775	0. 273

注：x1、x2、x3 分别表示治理体系现代化、治理能力现代化、治理效能现代化。

表 5-7　治理体系现代化二级指标专家打分权重

专家	a1	a2	a3
A	0. 562	0. 313	0. 125
B	0. 3	0. 2	0. 5
C	0. 3	0. 5	0. 2
D	0. 333	0. 5	0. 167
最终权重	0. 37375	0. 37825	0. 248

注：a1、a2、a3 分别表示组织体系、制度体系、保障体系。

表 5-8　治理能力现代化二级指标专家打分权重

专家	b1	b2	b3	b4	b5	b6
A	0. 336	0. 147	0. 105	0. 209	0. 139	0. 064
B	0. 238	0. 238	0. 143	0. 095	0. 143	0. 143
C	0. 266	0. 157	0. 157	0. 157	0. 106	0. 157
D	0. 183	0. 365	0. 142	0. 142	0. 106	0. 062
最终权重	0. 25575	0. 22675	0. 13675	0. 15075	0. 1235	0. 1065

注：b1、b2、b3、b4、b5、b6 分别表示行政执行能力、为民服务能力、议事协商能力、应急管理能力、平安建设能力、智慧治理能力。

表 5-9　治理效能现代化二级指标专家打分权重

专家	c1	c2	c3	c4	c5
A	0.346	0.222	0.222	0.062	0.148
B	0.208	0.292	0.187	0.126	0.187
C	0.187	0.187	0.313	0.187	0.126
D	0.385	0.231	0.154	0.077	0.153
最终权重	0.2815	0.233	0.219	0.113	0.1535

注：c1、c2、c3、c4、c5 分别表示经济效能、政治效能、社会效能、文化效能、生态效能。

二、城市基层治理现代化指数数据收集

城市基层治理现代化指标体系共包含 53 个三级指标，结合定量指标与定性指标，指数测算过程中涉及的数据来源分为三大类：专家打分、问卷调查、定量数据。其中通过专家打分获取数据的三级指标共 30 个，通过发放问卷获取数据的三级指标共 7 个，通过地方统计局或相关职能部门内部台账获取数据的三级指标共 16 个。以下对于这三类数据的收集处理分析作详细说明。

1. 专家打分

邀请基层治理现代化研究领域的四位专家进行打分，并将打分数据按照等权重汇总，后转化为百分制得分数据。专家们通过自身的专业知识经验，同时阅读查找龙华区的大量相关资料后，对每个指标进行打分，采用 10 分制，分数越高表示该指标下龙华区的实施情况越好，最后赋予四位专家等权重计算出最终的得分，具体打分情况如表 5-10 所示（以 2021 年的打分数据为例）。

表 5-10　龙华区 2021 年城市基层治理现代化三级指标专家打分表

三级指标	专家 A	专家 B	专家 C	专家 D	最终得分
基层治理领导协调机制建立情况	9	8	9	9	8.75
区级职能部门、街道办事处相关权责清单制定情况	9	8	9	10	9.00

续表

三级指标	专家 A	专家 B	专家 C	专家 D	最终得分
基层群众性自治组织的社区工作事项清单制定情况	8	8	7	8	7.75
区级基层治理规划制定情况	8	8	8	10	8.50
区、街道统一指挥协调能力	8	8	7	8	7.75
社区“两委”班子成员资格联审机制落实情况	8	8	9	10	8.75
党务、居务、财务公开制度完善度	7	8	7	10	8.00
社区“两委”班子成员联系群众机制落实情况	7	8	7	9	7.75
社区公共服务和代办政务服务事项规范化情况	7	8	8	9	8.00
基层治理工作成效评估工作情况	6	7	8	8	7.25
督查检查工作规范化程度	8	6	7	8	7.25
容错纠错制度建设及落实情况	7	6	7	9	7.25
基层干部与党务工作者队伍管理建设情况	8	8	7	10	8.25
社区党组织书记后备人才库健全度	7	8	8	9	8.00
社区服务人才队伍建设情况	8	9	7	8	8.00
基层党员、干部法治素养情况	7	8	7	9	7.75
基层公共法律服务体系完善度	7	8	6	8	7.25
习近平新时代中国特色社会主义思想宣传情况	8	8	9	9	8.50
社区道德评议机制健全度	7	8	7	10	8.00
行政流程规范化建设	9	8	7	9	8.25
行政监管制约体系建设	8	8	7	9	8.00
行政执法透明化建设	8	8	7	8	7.75
流动人口服务体系建设	9	10	7	9	8.75
应急管理组织机制建设	7	8	7	8	7.50

续表

三级指标	专家 A	专家 B	专家 C	专家 D	最终得分
物资保障（救援物资、应急设备、应急资金等）体系完备率	7	8	7	9	7.75
跨部门跨系统应急数据集成平台建成情况	7	8	7	9	7.75
重大决策社会稳定风险评估机制建设	8	7	8	8	7.75
心理疏导服务机制建设	8	8	7	8	7.75
全区适老化和无障碍信息服务建设	8	8	8	9	8.25
全区“线上+线下”办事服务渠道建设	9	8	8	10	8.75

2. 问卷调查

为确保数据的代表性，发放问卷收集数据时，以街道为单位进行数据的收集工作。龙华区下辖龙华街道、福城街道、观澜街道、民治街道、大浪街道、观湖街道 6 个街道，共收集问卷 631 份。经过有效性筛选后，去除作答 IP 地址不在广东深圳的问卷，再去除作答时间小于 25 秒的问卷，最终得到有效问卷 415 份。被调查者的基本信息如表 5-11 所示。

表 5-11　被调查者基本信息　　单位：%

分类		数量	百分比
性别	男性	128	30.8
	女性	287	69.2
年龄	25 岁及以下	40	9.6
	26 岁至 35 岁	142	34.2
	36 岁至 45 岁	148	35.7
	46 岁至 55 岁	48	11.6
	56 岁及以上	37	8.9
学历	初中及以下	28	6.7
	高中/中专	54	13.0
	本科/大专	315	75.9
	研究生及以上	18	4.3

通过样本特征分析可得，男女比例分别占 30.8%和 69.2%，回答问卷的女性比例较高；被调查者的年龄为 36 岁至 45 岁的人最多，占 35.7%，其次是 26 岁至 35 岁，占 34.2%，25 岁及以下、46 岁至 55 岁、56 岁及以上占比分别为 9.6%、11.6%、8.9%；被调查者的学历分布特点较为明显，本科/大专学历占比高达 75.9%，其次是高中/中专学历，占比 13.0%，初中及以下学历占比 6.7%，最低的是研究生及以上学历，仅占比 4.3%。

另外，问卷最后一题设置的是开放性填空题，即询问被调查者对基层工作的其他建议或意见，共有 73 人作答。其中大部分被调查者作答的内容为认可基层工作者的付出或者为鼓励支持的话语，这些内容在此不作展示，将其余具体的改善建议意见进行整理如表 5-12 所示。从表中可以看出，群众提出的意见主要集中在老幼群体保障、社区治理、基层工作人员减负等方面。

表 5-12　被调查者对基层工作的意见建议

老幼群体的相关保障问题
多开展对社区学生儿童的关爱服务，定期组织家长儿童参与各项亲子活动！经常开展各种适合老年人的活动，开展各种帮扶宣传学习，使老年人老有所学、老有所乐、老有所依，使社区更加和谐，更有生机
加强老年人文化生活设施的配套建设：街道老年大学、社区老年娱乐中心、小区老年活动室等
多照顾一些老人的活动
孩子学位问题需要政府统一协调
一、社区的文体活动场所太少；二、老年就医服务应搞起来；三、社区应该有阅读场所
加强文体、教育、托幼、医疗等方面的投入
希望多关心社区独居老人和户口不在深圳随子女（深户）居住的困难老人的生存状况
社区治理方面
建议增加社区和群众的沟通活动。有意见、有矛盾都是正常的。相比之下经常沟通解决问题更重要
希望基层更加贴近民生，多走访调查民情，为群众排忧解难

续表

社区治理方面
能有更多的娱乐活动空间就更好了，希望福城能尽快有地铁进来
关爱基层工作人员，聆听群众心声，为群众排忧解难
多组织适合各群体活动，让每个居民都有参与的机会，而不是片面的几个群才有活动通知，让所有居民都参加，增强归属感
建议大水坑社区多开设居民公共娱乐休息空间
资源整合，资源共享，助推消费者、企业和员工有更和谐、更积极的互动和发展关系
城市建设方面：减少重复施工。基础党建方面：加强党员身份的自我认同感；党建资源下层的基础党支部
基层工作人员减负方面
给予基层工作人员更多的关怀和支持，提高其生活水平和工作幸福度
朋友是做社区工作的，他每天都要加班，创文、防疫，一些工作都堆积到基层，希望能真正给基层减减负
基层领导频繁更换，不利于工作开展
感觉任何事都往社区基层压，人手不够
优化办事审批流程，灵活变通办事
希望能够多举措为基层减负，要的是实实在在的减负
基层社区工作繁杂、工作时间长、工作压力大。基层社区个别班子成员存在品行不端、作风不正，有贪腐行为。基层社区班子普遍素质不高、能力不足、群众服务意识淡薄、搞官僚、搞形式和拉帮结派

通过问卷调查以收集数据的指标包括居民参与基层协商治理满意度、居民对政府信任度、居民政策认同感、居民对基本公共服务满意度、居民社会安全感、城市生态环境满意度及对社会主义核心价值观的认可度。问卷采用问卷星形式通过问卷电子链接发放，具体问卷内容如附录二所示。问卷数据经过处理分析后，得到的评分数据情况如表 5-13 所示。在实际测算城市基层治理现代化总指数的过程中，取平均值作相应量级变换后进行计算。

表 5-13　部分三级指标问卷评分数据

三级指标	最小值	最大值	中位数	标准差	平均值
居民参与基层协商治理满意度	1	5	5	0.97	4.11
居民对政府信任度	1	5	5	0.78	4.30
居民政策认同感	1	5	5	0.76	4.24
居民对基本公共服务满意度	1	5	5	0.87	4.11
居民社会安全感	1	5	5	0.71	4.35
城市生态环境满意度	1	5	5	0.84	4.16
对社会主义核心价值观的认可度	1	5	5	0.64	4.51

通过表 5-13 可以看出居民参与基层协商治理满意度、居民对政府信任度、居民政策认同感、居民对基本公共服务满意度、居民社会安全感、城市生态环境满意度、对社会主义核心价值观的认可度最终得分均在 4 分以上。问卷量级设置满分为 5 分，5 分表示非常满意，4 分表示满意。可知龙华区居民对基层治理整体的满意度、信任度、认同度处于较高的水平，其中居民对社会主义核心价值观的认可度最高，高达 4.51 分，其次是居民社会安全感得分为 4.35 分，其余指标的得分也均在 4.1 分以上。

3. 定量数据

通过龙华区相关职能部门的台账以及地方统计局公开的数据获取以下指标的数据，包括社区“两委”交叉任职比例、每平方千米党群服务中心数、九年义务教育巩固率、每千人医疗卫生机构床位数、基层议事协商会场次数量、全区社区民生微实事项目数量、政协委员联络站数量、全区年度各类安全事故数、基本公共服务事项网上办理率、全区地区生产总值、全区年固定资产投资增长率、全区人均可支配收入、平均每万人拥有公共文化设施面积、全区图书馆（含城市书房）数量、环境空气质量优良率、城市生活垃圾无害化处理率，共 16 个三级指标。具体数据如表 5-14 所示（表中展示的是 2021 年龙华区的相关数据）。

表 5-14　部分三级指标定量数据

三级指标	数据	单位
社区"两委"交叉任职比例	87	%
每平方千米党群服务中心数	7.4	个
九年义务教育巩固率	98.91	%
每千人医疗卫生机构床位数	1.67	张
基层议事协商会场次数量	17	场次
全区社区民生微实事项目数量	1278	件
政协委员联络站数量	17	个
全区年度各类安全事故数	1189	件
基本公共服务事项网上办理率	67.54	%
全区地区生产总值	2828.45	亿元
全区年固定资产投资增长率	-10.70	%
全区人均可支配收入	64340.87	元
平均每万人拥有公共文化设施面积	0.497	平方米
全区图书馆（含城市书房）数量	90	座
环境空气质量优良率	92.30	%
城市生活垃圾无害化处理率	100	%

三、深圳市龙华区基层治理现代化指数测算过程

1. 基层治理体系现代化维度分指数的测算

城市基层治理现代化指数中的治理体系现代化维度包含 3 个二级指标，分别为组织体系、制度体系、保障体系。各二级指标下共包含 21 个三级指标，组织体系下包含基层治理领导协调机制建立情况，区级职能部门、街道办事处相关权责清单制定情况，基层群众性自治组织的社区工作事项清单制定情况，区级基层治理规划制定情况，区、街道统一指挥协调能力共 5 个三级指标指标；制度体系下包含社区"两委"交叉任职比例，社区"两委"班子成员资格联审机制落实情况，党务、居务、财务公开制度完善度，社区"两委"班子成员联系群众机制落实情况，社区公共服务和代

办政务服务事项规范化情况共5个三级指标；保障体系下包含基层治理工作成效评估工作情况、督查检查工作规范化程度、容错纠错制度建设及落实情况、每平方千米党群服务中心数、基层干部与党务工作者队伍管理建设情况、社区党组织书记后备人才库健全度、社区服务人才队伍建设情况、基层党员干部法治素养情况、基层公共法律服务体系完善度、习近平新时代中国特色社会主义思想宣传情况、社区道德评议机制健全度共11个三级指标。各三级指标得分见表5-15所示。

表5-15　治理体系现代化各三级指标得分

三级指标	得分（百分制）
区级职能部门、街道办事处相关权责清单制定情况	90
基层治理领导协调机制建立情况	87.5
社区“两委”班子成员资格联审机制落实情况	87.5
社区“两委”交叉任职比例	87
区级基层治理规划制定情况	85
习近平新时代中国特色社会主义思想宣传情况	85
基层干部与党务工作者队伍管理建设情况	82.5
每平方千米党群服务中心数	81.2
党务、居务、财务公开制度完善度	80
社区公共服务和代办政务服务事项规范化情况	80
社区党组织书记后备人才库健全度	80
社区服务人才队伍建设情况	80
社区道德评议机制健全度	80
基层群众性自治组织的社区工作事项清单制定情况	77.5
区、街道统一指挥协调能力	77.5
社区“两委”班子成员联系群众机制落实情况	77.5
基层党员干部法治素养情况	77.5
基层治理工作成效评估工作情况	72.5
督查检查工作规范化程度	72.5
容错纠错制度建设及落实情况	72.5
基层公共法律服务体系完善度	72.5

由表 5-15 可知，得分大于等于 85 分的指标有 6 个，分别为：区级职能部门、街道办事处相关权责清单制定情况；基层治理领导协调机制建立情况；社区“两委”班子成员资格联审机制落实情况；社区“两委”交叉任职比例；区级基层治理规划制定情况；习近平新时代中国特色社会主义思想宣传情况。得分在 80~85 分之间的指标有 7 个，分别为：每平方千米党群服务中心数；基层干部与党务工作者队伍管理建设情况；党务、居务、财务公开制度完善度；社区公共服务和代办政务服务事项规范化情况；社区党组织书记后备人才库健全度；社区服务人才队伍建设情况；社区道德评议机制健全度。得分在 70~80 分之间的指标有 8 个，分别为：基层群众性自治组织的社区工作事项清单制定情况；区、街道统一指挥协调能力；社区“两委”班子成员联系群众机制落实情况；基层党员干部法治素养情况；基层治理工作成效评估工作情况；督查检查工作规范化程度；容错纠错制度建设及落实情况；基层公共法律服务体系完善度。

从指标权重分析，各三级指标为同等权重，则组织体系下的三级指标权重为 1/5，制度体系下的三级指标权重为 1/5，保障体系下的三级指标权重为 1/11。由前文中指标权重的确定方法可知，二级指标组织体系的权重为 0. 374，二级指标制度体系的权重为 0. 378，二级指标保障体系的权重为 0. 248。基于以上权重对基层治理体系现代化这一维度进行指数计算，结果为 81. 64。治理体系现代化各三级指标得分（权重后）及治理体系现代化分指数如表 5-16 所示。

表 5-16　治理体系现代化各三级指标得分（权重后）及分指数

三级指标	得分（权重后）
基层治理领导协调机制建立情况	6. 54
区级职能部门、街道办事处相关权责清单制定情况	6. 73
基层群众性自治组织的社区工作事项清单制定情况	5. 79
区级基层治理规划制定情况	6. 35
区、街道统一指挥协调能力	5. 79
社区“两委”交叉任职比例	6. 58
社区“两委”班子成员资格联审机制落实情况	6. 62

续表

三级指标	得分（权重后）
党务、居务、财务公开制度完善度	6.05
社区“两委”班子成员联系群众机制落实情况	5.86
社区公共服务和代办政务服务事项规范化情况	6.05
基层治理工作成效评估工作情况	1.63
督查检查工作规范化程度	1.63
容错纠错制度建设及落实情况	1.63
每平方千米党群服务中心数	1.83
基层干部与党务工作者队伍管理建设情况	1.86
社区党组织书记后备人才库健全度	1.80
社区服务人才队伍建设情况	1.80
基层党员干部法治素养情况	1.75
基层公共法律服务体系完善度	1.63
习近平新时代中国特色社会主义思想宣传情况	1.92
社区道德评议机制健全度	1.80
总得分	81.64

2. 基层治理能力现代化维度分指数的测算

城市基层治理现代化指数中的治理能力现代化维度包含6个二级指标，分别为：行政执行能力、为民服务能力、议事协商能力、应急管理能力、平安建设能力、智慧治理能力。各二级指标下共包含18个三级指标，行政执行能力下包含行政流程规范化建设、行政监管制约体系建设、行政执法透明化建设共3个三级指标；为民服务能力下包含九年义务教育巩固率、每千人医疗卫生机构床位数、流动人口服务体系建设共3个三级指标；议事协商能力下包含基层议事协商会场次数量、全区社区民生微实事项目数量、政协委员联络站数量共3个三级指标；应急管理能力下包含应急管理组织机制建设、物资保障（救援物资、应急设备、应急资金等）体系完备率、跨部门跨系统应急数据集成平台建设成情况共3个三级指标；平安建设能力下包含重大决策社会稳定风险评估机制建设、心理疏导服务机制建设、全区年度各类安全事故数共3个三级指标；智慧治理能力下包含基本公共服务事项网上办理率、全区适老化和无障碍信息服务建设、全区“线上+线下”办事服务渠道建设共3个三级指标。各三级指标得分如表5-17所示。

表5-17　治理能力现代化各三级指标得分

三级指标	得分（百分制）
九年义务教育巩固率	100
基层议事协商会场次数量	100
政协委员联络站数量	100
基本公共服务事项网上办理率	100
全区社区民生微实事项目数量	95
全区年度各类安全事故数	90
流动人口服务体系建设	87.5
全区“线上+线下”办事服务渠道建设	87.5
每千人医疗卫生机构床位数	85
行政流程规范化建设	82.5
全区适老化和无障碍信息服务建设	82.5
行政监管制约体系建设	80
行政执法透明化建设	77.5
物资保障（救援物资、应急设备、应急资金等）体系完备率	77.5
跨部门跨系统应急数据集成平台建成情况	77.5
重大决策社会稳定风险评估机制建设	77.5
心理疏导服务机制建设	77.5
应急管理组织机制建设	75

由表5-17可知，得分大于等于85分的指标有9个，分别为九年义务教育巩固率、基层议事协商会场次数量、政协委员联络站数量、基本公共服务事项网上办理率、全区社区民生微实事项目数量、全区年度各类安全事故数、流动人口服务体系建设、全区“线上+线下”办事服务渠道建设、每千人医疗卫生机构床位数；得分在80~85分之间的指标有3个，分别为

行政流程规范化建设、全区适老化和无障碍信息服务建设、行政监管制约体系建设；得分在75～80分之间的指标有6个，分别为行政执法透明化建设，物资保障（救援物资、应急设备、应急资金等）体系完备率，跨部门跨系统应急数据集成平台建成情况，重大决策社会稳定风险评估机制建设，心理疏导服务机制建设，应急管理组织机制建设。

从指标权重分析，各三级指标为同等权重，则行政执行能力下的三级指标权重为1/3，为民服务能力下的三级指标权重为1/3，议事协商能力下的三级指标权重为1/3，应急管理能力下的三级指标权重为1/3，平安建设能力下的三级指标权重为1/3，智慧治理能力下的三级指标权重为1/3。由城市基层治理现代化指数测算方法中的指标权重的确定章节可知，二级指标行政执行能力的权重为0.256，二级指标为民服务能力的权重为0.227，二级指标议事协商能力的权重为0.137，二级指标应急管理能力的权重为0.151，二级指标平安建设能力的权重为0.124，二级指标智慧治理能力的权重为0.107。基于以上权重对于基层治理能力现代化这一维度进行指数计算，结果为85.73。各三级指标得分（权重后）及治理能力现代化分指数如表5-18所示。

表5-18　治理能力现代化各三级指标得分（权重后）及分指数

三级指标	得分（权重后）
行政流程规范化建设	7.03
行政监管制约体系建设	6.82
行政执法透明化建设	6.61
九年义务教育巩固率	7.56
每千人医疗卫生机构床位数	6.42
流动人口服务体系建设	6.61
基层议事协商会场次数量	4.56
全区社区民生微实事项目数量	4.33
政协委员联络站数量	4.56
应急管理组织机制建设	3.77
物资保障（救援物资、应急设备、应急资金等）体系完备率	3.89

续表

三级指标	得分（权重后）
跨部门跨系统应急数据集成平台建成情况	3.89
重大决策社会稳定风险评估机制建设	3.19
心理疏导服务机制建设	3.19
全区年度各类安全事故数	3.71
基本公共服务事项网上办理率	3.55
全区适老化和无障碍信息服务建设	2.93
全区“线上+线下”办事服务渠道建设	3.11
总得分	85.73

3. 基层治理效能现代化维度分指数的测算

城市基层治理现代化指数中的治理效能现代化维度包含5个二级指标，分别为经济效能、政治效能、社会效能、文化效能、生态效能。各二级指标下共包含14个三级指标，经济效能下包含全区地区生产总值、全区年固定资产投资增长率、全区人均可支配收入共3个三级指标；政治效能下包含居民参与基层协商治理满意度、居民对政府信任度、居民政策认同感共3个三级指标；社会效能下包含居民对基本公共服务满意度、居民社会安全感共2个三级指标；文化效能下包含平均每万人拥有公共文化设施面积、全区图书馆（含城市书房）数量、对社会主义核心价值观的认可度共3个三级指标；生态效能下包含环境空气质量优良率、城市生活垃圾无害化处理率、城市生态环境满意度共3个三级指标。各三级指标得分如表5-19所示。

表5-19　治理效能现代化各三级指标得分

三级指标	得分（百分制）
全区人均可支配收入	100
平均每万人拥有公共文化设施面积	100
环境空气质量优良率	100
城市生活垃圾无害化处理率	100
全区图书馆（含城市书房）数量	100

续表

三级指标	得分（百分制）
对社会主义核心价值观的认可度	90.2
居民社会安全感	87
居民对政府信任度	86
居民政策认同感	84.7
城市生态环境满意度	83.1
居民参与基层协商治理满意度	82.2
居民对基本公共服务满意度	82.2
全区地区生产总值	80
全区年固定资产投资增长率	75

由表5-19可知，得分大于等于85分的指标有8个，分别为全区人均可支配收入、平均每万人拥有公共文化设施面积、环境空气质量优良率、城市生活垃圾无害化处理率、全区图书馆（含城市书房）数量、对社会主义核心价值观的认可度、居民社会安全感、居民对政府信任度；得分在80~85分之间的指标有5个，分别为居民政策认同感、城市生态环境满意度、居民参与基层协商治理满意度、居民对基本公共服务满意度、全区地区生产总值；得分在80分以下的为全区年固定资产投资增长率，可能主要是受到疫情影响，整体经济发展环境都较为低落，导致投资增长率较前两年有所下降。

从指标权重分析可以看出，各三级指标为同等权重，则经济效能下的三级指标权重为1/3，政治效能下的三级指标权重为1/3，社会效能下的三级指标权重为1/2，文化效能下的三级指标权重为1/3，生态效能下的三级指标权重为1/3。由城市基层治理现代化指数测算方法中的指标权重的确定章节可知，二级指标经济效能的权重为0.282，二级指标政治效能的权重为0.233，二级指标社会效能的权重为0.219，二级指标文化效能的权重为0.113，二级指标生态效能的权重为0.154。基于以上权重对基层治理效能现代化这一维度进行指数计算，结果为87.54。各三级指标得分（权重后）及治理效能现代化分指数如表5-20所示。

表 5-20 治理效能现代化各三级指标得分（权重后）及分指数

三级指标	得分（权重后）
全区地区生产总值	7.51
全区年固定资产投资增长率	7.04
全区人均可支配收入	9.38
居民参与基层协商治理满意度	6.39
居民对政府信任度	6.68
居民政策认同感	6.58
居民对基本公共服务满意度	9.00
居民社会安全感	9.53
人均公共文化设施面积	3.77
全区图书馆（含城市书房）数量	3.77
对社会主义核心价值观的认可度	3.40
环境空气质量优良率	5.12
城市生活垃圾无害化处理率	5.12
城市生态环境满意度	4.25
总得分	87.54

四、深圳市龙华区基层治理现代化指数测算结果

城市基层治理现代化指数由 3 个维度分指数组成，分别为：治理体系现代化分指数、治理能力现代化分指数以及治理效能现代化分指数。根据前文各一级指标权重测算方法以及各分指数测算结果，治理体系现代化的权重为 0.259，治理能力现代化的权重为 0.468，治理效能现代化的权重为 0.273；基层治理体系现代化维度的得分为 81.64，基层治理能力现代化维度的得分为 85.73，基层治理效能现代化维度的得分为 87.54。经计算，龙华区基层治理现代化指数为 85.17（见表 5-21），处于 75~90 分区间，为较好。

表 5-21　龙华区城市基层治理现代化指数

维度	权重	分指数
治理体系现代化	0.259	81.64
治理能力现代化	0.468	85.73
治理效能现代化	0.273	87.54
总指数		85.17

通过城市基层治理现代化指标体系中各一级指标、二级指标和三级指标的百分制分数，可以对龙华区基层治理现代化工作有更加详细的评价，表 5-22 展示了各级指标相应的百分制分数以及权重。

在治理体系现代化维度下，得分从高到低分别是组织体系、制度体系、保障体系，其中对三级指标得分情况进行进一步分析，可知三级指标整体得分都在 70 分以上，大部分在 80 分以上，仅有部分指标得分表现一般。

在治理能力现代化维度下，得分从高到低分别是议事协商能力、为民服务能力、智慧治理能力、平安建设能力、行政执行能力、应急管理能力。

在治理效能现代化维度下，得分从高到低分别是文化效能、生态效能、经济效能、社会效能、政治效能，对三级指标做详细分析可知，2021 年龙华区地区生产总值及全区年固定资产投资增长率受疫情冲击，数据表现一般，因此这两个指标得分较低。除此之外，其余指标表现优秀。

通过数据测算可知，龙华区基层治理现代化工作在为民服务能力、议事协商能力、智慧治理能力、文化效能、生态效能的得分均高于或等于 90 分，达到优秀等级，是基层治理现代化工作较为突出的方面。

表 5-22 龙华区基层治理现代化各级指标得分汇总

一级指标	权重	分指数	二级指标	权重	分数（百分制）	三级指标	分数（百分制）
治理体系现代化	0.259	81.7	组织体系	0.374	83.5	基层治理领导协调机制建立情况	87.5
						区级职能部门、街道办事处相关权责清单制定情况	90.0
						基层群众性自治组织的社区工作事项清单制定情况	77.5
						区级基层治理规划制定情况	85.0
						区、街道统一指挥协调能力	77.5
			制度体系	0.378	82.4	社区“两委”交叉任职比例	87.0
						社区“两委”班子成员资格联审机制落实情况	87.5
						党务、居务、财务公开制度完善度	80.0
						社区“两委”班子成员联系群众机制落实情况	77.5
						社区公共服务和代办政务服务事项规范化情况	80.0
			保障体系	0.248	77.8	基层治理工作成效评估工作情况	72.5
						督查检查工作规范化程度	72.5
						容错纠错制度建设及落实情况	72.5
						每平方千米党群服务中心数	81.2
						基层干部与党务工作者队伍管理建设情况	82.5
						社区党组织书记后备人才库健全度	80.0

续表

一级指标	权重	分指数	二级指标	权重	分数（百分制）	三级指标	分数（百分制）
治理体系现代化	0.259	81.7	保障体系	0.248	77.8	社区服务人才队伍建设情况	80.0
						基层党员干部法治素养情况	77.5
						基层公共法律服务体系完善度	72.5
						习近平新时代中国特色社会主义思想宣传情况	85.0
						社区道德评议机制健全度	80.0
治理能力现代化	0.468	85.7	行政执行能力	0.256	80.0	行政流程规范化建设	82.5
						行政监管制约体系建设	80.0
						行政执法透明化建设	77.5
			为民服务能力	0.227	90.8	九年义务教育巩固率	100.0
						每千人医疗卫生机构床位数	85.0
						流动人口服务体系建设	87.5
			议事协商能力	0.137	98.3	基层议事协商会场次数量	100.0
						全区社区民生微实事项目数量	95.0
						政协委员联络站数量	100.0
			应急管理能力	0.151	76.7	应急管理组织机制建设	75.0
						物资保障（救援物资、应急设备、应急资金等）体系完备率	77.5
						跨部门跨系统应急数据集成平台建成情况	77.5
			平安建设能力	0.124	81.7	重大决策社会稳定风险评估机制建设	77.5
						心理疏导服务机制建设	77.5
						全区年度各类安全事故数	90.0
			智慧治理能力	0.107	90.0	基本公共服务事项网上办理率	100.0
						全区适老化和无障碍信息服务建设	82.5

续表

一级指标	权重	分指数	二级指标	权重	分数（百分制）	三级指标	分数（百分制）
治理能力现代化	0.468	85.7	智慧治理能力	0.107	90.0	全区“线上+线下”办事服务渠道建设	87.5
治理效能现代化	0.273	87.5	经济效能	0.282	85	全区地区生产总值	80.0
						全区年固定资产投资增长率	75.0
						全区人均可支配收入	100.0
			政治效能	0.233	84.3	居民参与基层协商治理满意度	82.2
						居民对政府信任度	86.0
						居民政策认同感	84.7
			社会效能	0.219	84.6	居民对基本公共服务满意度	82.2
						居民社会安全感	87.0
			文化效能	0.113	96.7	人均公共文化设施面积	100.0
						全区图书馆（含城市书房）数量	100.0
						对社会主义核心价值观的认可度	90.2
			生态效能	0.154	94.4	环境空气质量优良率	100.0
						城市生活垃圾无害化处理率	100.0
						城市生态环境满意度	83.1

第六章 推进城市基层治理现代化的若干建议

本研究以党和国家关于基层治理现代化的重大决策部署和政策文件为纲，以中国式现代化、基层治理、社会治理、国家治理等相关理论研究为基，在系统梳理相关文献资料基础上，以深圳市龙华区为实验样本，探索构建了城市基层治理现代化指标体系，并运用该指标体系对龙华区基层治理现代化水平进行了测评，勾勒了龙华区基层治理轮廓，对其发展现状、优势、短板等方面有了进一步的认识，同时对本课题所构建的城市基层治理现代化评价指标体系的科学性和有效性也进行了检验。在此基础上，本研究按照解剖麻雀和窥一斑而知全豹的思路方法，对龙华区基层治理现代化水平测评结果进行深入分析，从不同层面提出了全面推进城市基层治理现代化的相关建议。

一、推进深圳市龙华区基层治理现代化的建议

作为本研究的实验样本，龙华区近年来在着力打造"数字龙华，都市核心"，旨在创建新时代深圳改革发展新的增长极。新的发展目标对龙华区基层治理水平提出了新的和更高的要求，本研究通过构建城市基层治理现代化指标体系对龙华区基层治理水平进行测评发现，龙华区基层治理整体水平较高，但仍存在一些短板弱项，需要进一步厘清区、街道、社区职责，完善基层治理体系，提高基层治理能力和治理效能，为推进基层治理体系和治理能力现代化夯实基础。

1. 加强薄弱环节，推动建立现代基层治理体系

从测算结果看，在治理体系现代化维度下，龙华区的得分从高到低分别是组织体系、制度体系、保障体系，其中保障体系得分低于 80 分。在保障体系方面，基层治理工作成效评估工作情况（72.5 分）、督查检查工作

规范化程度（72.5分）、容错纠错制度建设及落实情况（72.5分）、基层公共法律服务体系完善度（72.5分）也均低于平均得分（77.8分）；在组织体系方面，基层群众性自治组织的社区工作事项清单制定情况（77.5分）和区、街道统一指挥协调能力（77.5分）均远远低于平均值（83.5分）；在制度体系方面，党务、居务、财务公开制度完善度（80.0分）、社区“两委”班子成员联系群众机制落实情况（77.5分）、社区公共服务和代办政务服务事项规范化情况（80.0分）3个具体方面低于平均值（82.4分）。鉴于此，区、街道、社区需要针对基层治理体系中的薄弱环节，聚焦重点任务和主要问题，严格履行各自职责，推动建立现代基层治理体系。

在区级层面。一是建立督查检查工作规范化机制。区各督查部门要充分发挥中枢作用，统筹调度好各职能部门的督查工作，做好收集汇总、规范整理、审核把关等工作，科学合理制订全年督查检查工作计划，明确督查任务安排、具体内容和标准规范，建立基层治理督查体系。二是完善容错纠错机制。精准识别区分“失误”与“错误”的关系，区分“为公”和“谋私”的关系，划清“为公”和“谋私”的界限，构建科学的容错纠错制度体系，营造积极的容错纠错社会氛围，保护基层党员干部干事创业的积极性。三是健全基层治理工作成效评估机制。将评估结果作为街道党政领导班子和领导干部考核以及党工委书记抓基层党建述职评议考核的重要内容，建立基层治理工作评估体系，实现“以评促改”和“以评促建”。四是健全应急管理组织体系。整合安全生产、防灾减灾等应急力量资源，建立健全分工协作机制，建设统一的智能化管理系统，完善便捷化应急采购机制，构建多元的应急物资储备体系，指导街道做好应急准备工作，强化应急状态下对街道人、财、物的支持。

在街道层面。一是推动建设统一指挥协调工作平台。全面推进街道综合治理委员会、公共服务委员会、综合行政执法委员会等统一指挥协调工作平台建设，形成集约化、智慧化、一体化综合指挥协调体系。完善指挥响应、上下联动、分工协作等工作机制，更好发挥平台统一指挥协调作用，整合优化街道各类业务系统和资源，推动多方参与。二是推进街道综合执法体制改革。处理好综合执法与专业执法的关系，明确综合执法的职责定位以及执法主体、权限范围、执法程序等，厘清综合执法机构与各职能部门的关系，明确各职能部门的职责权限。三是推进以党建引领基层治理。形成以街道党工委为统领，以“社区党委—楼宇党小组—党员中心户”为组织架构的党建引领基层治理组织体系，引导和吸纳在新经济组织、新社会组织等新兴业态中工作的新阶层人士加入基层党组织，推动基层党组织和党建工作从有形覆盖向有效覆盖转变。

在社区层面。一是完善基层党务政务公开制度。除涉及党和国家秘密等依照规定不宜公开或不能公开的外，所有事关本辖区经济社会发展、人民群众生产生活和切身利益等重大事项应向基层群众公开，定期接受党员群众的质询和监督。二是建立社区“两委”联系党员、居民代表制度。各社区支部委员、居委会成员分片联系社区党员、居民代表，实现联系走访全覆盖，及时掌握和收集社区党员群众意见和建议，着力解决居民最急迫最关切的操心事、烦心事、揪心事。三是健全社区工作准入制度。聚焦公共教育、劳动就业、社会保险、医疗卫生、养老服务等涉及群众切身利益的公共服务领域。统一对社区政务服务事项进行标准化梳理，明确事项办理各环节要求。列入社区准入工作清单的事项，按照事项性质由相应责任主体负责实施，未列入清单的事项和涉及人力、财力、物力应保障而未保障到位的，社区有权拒绝办理，不承担因拒绝办理而产生的相应责任。

2. 增强基层治理能力，全面提高基层治理水平

根据测算结果，在龙华区基层治理能力现代化维度下，得分从高到低分别是议事协商能力、为民服务能力、智慧治理能力、平安建设能力、行政执行能力、应急管理能力。平安建设能力、行政执行能力、应急管理能力方面应该重点提升：

在区级层面。一是全面加强公立医院建设。深入实施改善医疗服务和健康惠民行动计划，完善整合型优质高效医疗卫生服务体系，促进优质医疗资源扩容，加快推进医院新改扩建项目建设，优化社会康复机构规划布局，全面提升卫生健康服务能力。二是整合应急、资规、水利、气象、交通、公安、住建、环保等部门数据。对接粮食、公安、卫健、交通、民政等应急资源储备和管理部门，实现应急数据的跨部门跨系统流动，提升应急管理能力。三是充分发挥现代科技优势。利用大数据、人工智能、区块

链等技术打破不同职能部门间的信息壁垒，逐步构建综合、统一、安全的数据共享系统，努力推动“数据下沉”，减少“数据结节”，提高智慧治理能力。四是推动织密织牢社会治安防控网。加强矛盾纠纷排查化解，把好公共安全风险监测预警关，通过强化法治思维、建好平台、完善机制、整合各方资源等，着力增强平安建设能力。

在街道层面。一是推进平安建设中心规范化实体化改革。加快推动街道平安建设中心人员到位、力量配齐，始终紧盯高层建筑、大型商业综合体、石化企业等高风险领域，及时跟进电化学储能、电动汽车和自行车、校外培训等新兴业态，提高有效应对重大灾害事故能力。二是成立街道综合性应急救援队伍。整合安监所、专职消防队、保安员、基层警务人员、医务人员等力量，组建“一专多能、一队多用”救援队伍，提高街道应急救援能力。三是推行职能部门和相关单位“联合办公”“集中办公”等相关制度。推动由“单打独斗”走向“系统联动”，增强行政执行能力。四是建立街道执法事项联络专员工作机制，全面了解派驻辖区的执法监管情况，针对发现的问题及时提出建议，协助辖区执法队伍做好执法监管工作，助力提升街道执法监管能力。

在社区层面。一是依托各级党群服务中心。采取“一窗”式服务、自助智能服务、移动掌上服务、代收代办服务等多种方式，为群众提供就近办理和方便快捷的政务服务，提高社区便民服务能力。二是制定社区治理权责清单以及基层群众性自治组织依法自治事项、依法协助政府工作事项、减负工作事项清单。明晰基层所有治理主体、治理权限、治理程序、治理资源、治理内容等要素，提高社区层面治理主体履职能力。三是引入专业心理服务团队。通过培训讲座、团队辅导、定点咨询、心理测评等，及时开展心理疏导服务。针对问题青少年、无业人员、社区矫正对象等重点人群，提供一对一专业心理辅导。加强与相关人员的家庭成员、亲属、学校等方面沟通，帮助其形成积极向上的心理心态。

3. 释放制度优势，全面提升基层治理效能

据测算，在龙华区治理效能现代化维度下，得分从高到低分别是文化效能、生态效能、经济效能、社会效能、政治效能，其中经济效能得分低于 90 分。目前全区地区生产总值距离预期性目标较远，全区年固定资产投

资增长率也从 2020 年的 14.6%降到-10.7%，因此这两个指标得分较低。除了经济效能外，政治效能（84.3 分）和社会效能（84.6 分）的得分也相对比较低。在政治效能方面，居民参与基层协商治理满意度的得分（82.2 分）低于平均值；在社会效能方面，居民对基本公共服务满意度的得分（82.2 分）也低于平均值。此外，虽然生态效能的得分（94.4 分）不低，但城市生态环境满意度的得分（83.1 分）远远低于平均值。针对这些问题，龙华区应该充分释放中国特色社会主义的基层治理制度优势，全面提升基层治理效能。

在区级层面。一是要增强经济发展的韧性和抗风险能力。瞄准世界科技和产业发展前沿，加快构建面向未来的现代产业体系，长远谋划现代产业，围绕医疗器械产业，大力引进重大平台、龙头企业，打造世界级高端医疗器械产业高地。二是要抢抓数字经济发展机遇。启动数字产业化和产业数字化双引擎，加快经济发展数字化转型，构建数字经济产业生态，全力打造数字经济先行区。三是要深入实施创新驱动发展战略。聚焦“卡脖子”关键技术领域，推动科学研究、技术开发和推广应用有机联动，建立产学研深度融合的全过程创新生态体系，打造创新引领的高技术产业化高地。四是要坚持“稳字当头、稳中求进”的工作总基调。坚持以扩大内需为战略基点，推动投资、消费和外贸“三驾马车”并驾齐驱，扎实推进经济高质量发展。五是要将生态文明建设摆在全局工作突出位置。结合“双碳”目标，强化顶层设计、系统谋划、精准施策、持续发力，将生态环境监察结果作为被监察对象领导班子和领导干部综合考核评价、奖惩任免、离任审计的重要依据，充分发挥生态环境监察“风向标”作用。

在街道层面。一是加强基层综合执法规范化建设。为执法人员全员配备综合执法智能记录仪，对执法管理活动进行语音、录像同步摄录，确保视听资料全面、客观、合法、有效，全面提高综合执法和服务水平。二是推动执法力量下沉基层一线。将区城市管理、劳动监察、应急管理、文化市场等领域执法人员直接派驻街道，由街道统筹使用、统一管理，强化街道对执法队伍的组织领导和统筹调度水平。三是提高街道综合行政执法人员能力水平。建立街道综合行政执法人员到区政府直属执法部门进行“全脱产跟班学习”机制，提高街道综合行政执法人员素养和执法业务能力，为全方位提升基层依法治理、系统治理、综合治理水平提供人才支撑。四是健全矛盾纠纷一站式、多元化解决机制。广泛凝聚人大代表、政协委员、人民调解组织、行政调解组织、行业专家、律师学者、退休法律工作者、基层干部、网格员等矛盾纠纷调解力量，形成优势互补、专群结合、融合发力的多元共治格局①。

在社区层面。一是提高居民基本公共服务满意度。围绕群众关注度高、受益面广，贴近居民、贴近生活，群众热切希望解决的惠民实事，整合内部资源、统筹社会力量，快速解决居民群众身边的“小事、急事、难事”。二是加强居民参与“民生微事实”项目决策。通过引导居民参与实施“民生微实事”项目，推动社会治理过程群众参与、治理成效群众评判、治理成果人民共享，不断提升居民生活质量和居民自治意识。三是提高居民参与基层协商治理满意度。涉及群众反映强烈的生产、生活中的热点和难点问题以及与群众切身利益密切相关的重大事项，由居委会和业委会组织开展协商，做到应商尽商、随商随决，推动居民协商议事制度化、规范化和程序化。四是打造社区养老服务新模式。以社区为依托采取全托、日托、上门服务等方式，推动养老服务领域社区、社会组织、社会工作“三社联动”，为社区老年人提供高质量养老服务。

二、推进全国基层治理现代化的建议

在中国式现代化与推进国家治理现代化的时代背景下，深圳作为改革开放的前沿阵地，有着问题先发、改革先行、创新先试的特征，深圳在推进基层治理现代化方面的探索能够为党和国家有关决策部署提供重要经验启示。本研究通过对深圳市龙华区基层治理现代化情况进行指标体系构建并开展评估测算，探索性地将新时代城市基层治理现代化方面遇到的问题以及相关的实践经验呈现出来。从研究结果可以看出，在城市基层治理现代化方面，治理体系、治理能力与治理效能并不平衡。治理体系的完善和治理能力的提高需以治理效能的提升为最终目标，缺乏治理效能的治理体系和治理能力将丧失发展方向和意义；而治理效能的提升则离不开成熟的

---

① 周强．推进中国特色一站式多元纠纷解决机制建设［N］．人民日报，2022-03-03（006）．

转化机制。所以，党和政府应该加强基层治理顶层设计规划，加强基层治理转化机制建设，将制度优势转化为治理效能，为推进基层治理体系和治理能力现代化明确方向和着力点。

1. 聚焦基层治理难题，提升综合治理能力

其一，优化基层公共服务，提高为民服务能力。我们党的根本宗旨是全心全意为人民服务，随着时代发展，人民群众对公共服务的需求日益丰富、新需求不断涌现，对教育、医疗、养老公共服务有了更多新期待。因此，党委、政府需要适应形势变化，增强为民服务能力。一是要转变服务理念，让群众由被动接受到主动参与。基层治理现代化需要群众的积极参与，要以主动服务引导群众参与良好服务环境的构建、良好服务的供给。二是要站在群众的立场、从群众的角度想问题、办事情。紧紧围绕群众需求来设计服务内容，精准识别群众需求，提高服务内容的针对性。三是注重服务方式的全面性，满足不同群体需求。群众哪种方式方便就提供哪种服务方式，打造全方位、无死角、无缝隙服务。四是要转变工作方式和优化工作作风，强化为民服务意识，提高为民服务质量，切实把人民群众期盼的事办好办实，把人民群众的呼声和愿望作为第一信号，把更好地为人民群众服务作为工作的出发点和落脚点。

其二，破解政府条块分割难题，提高应急协调能力。基层社会既是社会矛盾的集中点，也是各种风险的重要聚集地。在突发事件的应对中，政府与社会组织、企业、人民群众以及政府之间在应急认知和行为等方面不同程度表现出的分歧与失序，表明政府应急协调能力亟待加强。政府要通过法律、行政和市场机制及其政策调整和规范行政体系内外相关方应急行为，整合应急资源，促成各主体间有序配合，以提高有效应对突发公共事件的能力；具体而言，包括政府应急制度协调能力、政府应急主体协调能力、政府应急信息协调能力和政府应急资源协调能力四个部分①。全面提高应急协调能力，一方面，要进一步提升应急指挥的科学性、实效性和可操作性，发挥指挥中心作为应急救援“中枢大脑”的关键核心作用，细致谋划、周密组织，着力磨合机制、检验预案、锻炼队伍，切实提高应对各

① 金太军．突发事件考验政府应急协调能力［N］．中国社会科学报，2013-08-09.

类突发事件的协调指挥能力；另一方面，应该按照“快速隔离、科学处置、舆情管控、平稳善后”要求，切实加强应急处置能力建设，健全完善应急处置体系，配优配强应急救援力量，提升整体救援水平。同时，要充分发挥信息化系统作用，加快推进“人防、技防、物防”建设，不断提升基层应急管理和安全生产水平。

其三，着眼和谐社会目标，提升平安建设能力。平安中国是党和政府提出的治理目标之一，推动更高水平的平安中国建设向纵深发展，能够为经济社会稳定发展提供坚实保障。《中共中央 国务院关于加强基层治理体系和治理能力现代化建设的意见》提出，要增强乡镇（街道）平安建设能力。结合新形势新任务，提高平安建设能力可以从以下几个方面发力：一是推进平安建设规范化。加强硬件保障设施建设，不断健全完善管理体制。二是推动平安建设多元化。发挥群众性自治组织的作用，深化协商议事机制，以党组织建设为抓手统合基层多元矛盾纠纷化解力量，健全矛盾纠纷一站式、多元化解决机制。三是推进平安建设专业化。完善风险预警和预防机制，健全心理疏导服务机制，签约专业律师团队，建设驻所调解室，依法依理化解矛盾纠纷。四是发挥考评评判和激励鞭策功能。要把考核评价、通报表扬和表彰奖励作为重要抓手，促进各地扬优势、补短板、强弱项，有效调动各地区各有关部门参与平安建设的能动性和创造性，形成后进赶先进、先进更先进的争先创优局面①。五是强化责任意识。要敢于较真碰硬、善于攻坚克难，各级党委要严格落实开展平安建设的主体责任，推动各成员单位积极履行职责，形成一级抓一级的平安建设责任链条，推动本领域本系统本行业平安建设与业务工作同部署、同推进、同落实。

2. 健全能力转化机制，提高基层治理效能

其一，发挥党的政治优势，深化党建引领机制。通过党建引领，政府与社会各司其职构建内生性和主动性社区参与氛围和场域，破解基层治理领域“被动参与”与“被动治理”的现实困境，是我国基层群众自治制度的重要优势所在。推进基层治理体系和治理能力现代化，必须充分发挥基层党组织的政治优势和战斗堡垒作用，深化党建引领基层治理机制。一是

① 袁猛．提升平安中国办“六大能力”推动平安中国建设再上新台阶［N］．人民公安报，2021-10-15.

以居民需求为导向，构建党建引领的基层政府与居民沟通机制。充分利用社区网格、党小组、楼栋长、中心户中的党员力量，深入基层了解居民的民意需求。二是以基层党组织为纽带，完善党建引领的基层服务多元供给机制。不断优化党的基层组织设置，推动党的基层组织向各类组织全覆盖，不断完善基层政务服务、公益服务、便民服务和商业服务等事项，推动形成党建引领的基层服务多元供给新格局。三是通过社会化和市场化方式，完善党建引领的资源整合机制。推进单位党建、行业党建和区域党建互联互动，加强入驻单位的资源链接，鼓励和帮助孵化公益组织对社会资源的链接，运用政府购买服务提升社会组织的影响力实现对市场资源的有效衔接，将党的政治优势和组织优势转换为基层治理的资源优势。四是发挥中国特色民主政治优势，完善党建引领的社区协商治理机制。完善党建引领的基层协商治理机制，以党内协商带动居民协商，将党的协商工作机制运用到居民公共事务的协商之中。五是发展基层全过程人民民主，完善党建引领基层民主选举、民主决策、民主管理以及民主监督等嵌入机制，探索党领导全过程人民民主的基层路径。

其二，塑造多元协同机制。从结构看，基层治理涉及政法、组织、宣传、统战、民政、国土、规划、市场监督、住建等党政部门，各部门在基层治理领域常常职责交叉、重复工作，甚至出现政策打架的情形，使基层治理不堪重负；从主体看，基层治理涉及党委、政府、群团组织、经济组织、自治组织、居民等多元行动主体，不同主体的利益诉求和行动逻辑迥异①，导致基层治理碎片化。因此，要树立协同治理理念，塑造多元协同机制：一方面，打造横向共治机制，不仅有助于解决不同治理主体各行其是所造成的治理碎片化问题，还能缓解社会治理“九龙治水”的条块关系混乱问题；另一方面，树立“协同治理”观念，构建多元共治平台，提高各个治理主体参与的积极性，推动多元治理主体协同，形成党委领导、政府负责、群团助推、社会协同、公众参与的多元协同社会治理机制。此外，改革开放以来我国城镇化发展迅速，城镇化率从1979年的17.9%跃升到2023年底的66.16%，这也标志着我国步入从城乡双轨结构转变为城乡

① 陈科霖，胡淑昀，曾林妙．超大型城市治理现代化的全周期管理路径研究——基于北上广深的比较［J］．特区实践与理论，2021，(03)：39-46.

一体化发展的新阶段。但是，长期的城乡二元结构造成城乡之间在经济、政治、文化以及社会建设等方面的差距日趋扩大[①]，单独依靠农村本身是难以消除这种差异的。因此，在乡村振兴的时代背景下，要统筹农村和城市两种社会形态，通过全域治理的方式，推动建立健全城乡协同机制，消除城乡治理差异，实现城乡一体化发展。

其三，完善公众参与机制。积极的公众参与不但可以提高政府决策的科学性和公共服务的效率，还可以增强公众的社会归属感和认同感。完善公众参与机制可以从以下几方面着手。一是加强规则约束机制建设，保障公众参与有序化。只有建立完善的规则体系，才能保证公众正常、有序地参与公共事务。二是加强组织机制建设，防止公众参与形式化。积极鼓励和支持公众的“自组织”活动，参与者往往都是自觉、自愿、自发加入活动，基层政府要因势利导，将公众作为主要组织者团结起来，适当给予一定的理念、技术、资金、场地等支持，将其转化为公众喜闻乐见的参与项目。三是加强社会吸纳机制建设，扩大公众参与的范围。有效的社会吸纳机制能够重新激活社会成员的公共意识，将个体化的社会成员重新纳入有组织的生活中，使“众人的事情由众人商量”成为制度化的设计，对扩大公众参与具有重要作用。同时要加强社会吸纳的载体建设，创新社会吸纳的方式和方法，完善公共事务中的利益代表制度。

3. 完善基层治理制度，健全基层治理体系

其一，推动经济高质量发展。十九大报告指出：“我国经济已由高速增长阶段转向高质量发展阶段，正处在转变发展方式、优化经济结构、转换增长动力的攻关期，建设现代化经济体系是跨越关口的迫切要求和我国发展的战略目标。”进入新的发展阶段，经济发展所涉及的基本因素与以往时代也不尽相同，即发展的政策目标以及各目标的优先次序将有很大改变[②]。这些变化要求经济运行必须坚持质量第一、效率优先，以实现更高质量、更有效率、更加公平、更可持续的发展[③]。实现经济从高速增长转

---

① 陈科霖，胡淑昀，曾林妙．超大型城市治理现代化的全周期管理路径研究——基于北上广深的比较［J］．特区实践与理论，2021，(03)：39-46.

② 金碚．关于“高质量发展”的经济学研究［J］．中国工业经济，2018，(04)：5-18.

③ 金碚．关于“高质量发展”的经济学研究［J］．中国工业经济，2018，(04)：5-18.

向高质量发展，不仅仅是经济增长方式和路径转变，而且也是一个体制改革和机制转换过程。

其二，健全政府公信力体系。政府要取信于民，大兴诚信服务之风，全面加强公信力建设。政府要时时处处采取积极的措施，公正、有效地实现公众的需求和利益；坚持依法行政，树立“执政在民”的服务形象。公众反映的意见有回音，政策执行有反馈，措施方案有改进，治理效果有改善，政府回应性程度有提高，表明政府责任性增强，政府公信度有提高①。

其三，完善公共服务体系。社会服务满意度是居民对社区社会服务的最直观感受，是衡量一个社区社会服务优劣的有效测量指标，也是社会服务供给侧结构性改革的重要参照指数。鉴于中国现阶段的经济发展水平，社区服务应强调福利服务和经营服务有机结合，采用无偿服务、低偿服务和有偿服务相结合的方式来解决社会服务难题。

一是完善基层矛盾化解体系。矛盾纠纷化解不到位，不仅影响群众安全感、满意度，更可能演变为恶性案（事）件，给社会安全稳定带来隐患。通过建立矛盾纠纷综合办理机制，建设集矛盾纠纷调解、法律服务、信访接待于一体的综治中心，通过设立综合接待窗口和“一站式服务”功能窗口等多样化方式，打通基层矛盾纠纷化解的“最后一公里”。

二是完善基层社会服务体系。深化基层社会服务体系建设，解决群众反映强烈的问题。畅通和规范社会工作者参与社会治理的途径，优化社会工作者与社会组织和志愿者之间的联动机制，使社会工作专业人才在满足人民群众不断提高的社会服务需要和在基层治理体系和治理能力现代化建设中发挥重要作用。

三是健全社会心理服务体系。党的十九大报告提出“加强社会心理服务体系建设，培育自尊自信、理性平和、积极向上的社会心态”。社会心理服务体系建设是新时代防范化解个人极端风险、提升人民幸福感、培育良好社会心态、维护社会和谐不可或缺的重要手段，应发挥社会心理服务组织的专业优势，发挥其提供专业服务、干预危机事件、稳定社会心态等功能，提高心理服务的覆盖面和普及度。

---

① 周红. 政府公信力：服务型政府的基础［J］. 西北师大学报（社会科学版），2007，(06)：58-61.

参考文献

中文著作：

［1］俞可平．治理与善治［M］．北京：社会科学文献出版社，2000.

［2］周红云．社会治理［M］．北京：中央编译出版社，2015.

［3］杨述明．中国城市社会治理［M］．武汉：湖北人民出版社，2016.

［4］林聚任，刘玉安．社会科学研究方法［M］．济南：山东人民出版社，2004.

［5］卓越．公共部门绩效评估［M］．北京：中国人民大学出版社，2011.

［6］童星．中国社会治理［M］．北京：中国人民大学出版社，2018.

［7］高红．社区社会组织与城市基层合作治理［M］．北京：人民出版社，2016.

［8］冯仕政．社会治理新蓝图［M］．北京：中国人民大学出版社，2017.

［9］孔繁斌．公共性的再生产：多中心治理的合作机制建构［M］．南京：凤凰出版传媒集团，2008.

［10］李金红．社区权力：一个城市社区治理结构的政治社会学解读［M］．武汉：湖北人民出版社，2015.

［11］靳永翥，等．贵州地方政府治理能力研究［M］．北京：社会科学文献出版社，2018.

［12］张小劲，于晓红．推进国家治理体系和治理能力现代化六讲［M］．北京：人民出版社，2014.

［13］吕德文．基层中国：国家治理的基石［M］．北京：东方出版社，2021.

[14] 向春玲．社会治理创新理论与中国基层实践 [M]．北京：中国人事出版社，2016.

[15] 顾朝曦，王蒙徽．社区治理现代化探索研究 [M]．北京：人民出版社，2015.

[16] 郭小聪，何艳玲．破局：中国治理变革的地方样本 [M]．北京：社会科学文献出版社，2018.

[17] 郭苏建．转型中国的治理研究 [M]．上海：格致出版社，2017.

[18] 魏礼群．社会治理：新思想 新实践 新境界 [M]．北京：中国言实出版社，2018.

中文期刊：

[1] 孙开，李效东．中国式现代化新道路演进历程，核心意蕴与经验启示 [J]．齐齐哈尔大学学报（哲学社会科学版），2022（3）：8-12.

[2] 刘建平，杨磊．我国城市基层治理变迁：困境与出路：构建一种“嵌合式治理”机制 [J]．学习与实践，2014（1）：94-99.

[3] 鲍勃·杰索普，漆燕．治理的兴起及其失败的风险：以经济发展为例的论述 [J]．国际社会科学杂志（中文版），1999（1）．

[4] 徐勇．中国式基层治理现代化的方位与路向 [J]．政治学研究，2023（1）．

[5] 孙柏瑛．新时代中国城市基层治理的价值基石与制度能力 [J]．教学与研究，2022（4）．

[6] 陈成文，陈静，陈建平．市域社会治理现代化：理论建构与实践路径 [J]．江苏社会科学，2020（1）．

[7] 高奇琦，游腾飞．国家治理的指数化评估及其新指标体系的构建 [J]．探索，2016（6）．

[8] 唐天伟，李林．2016 我国地方政府治理现代化测度与分析：以内地 292 个地级市为例 [J]．地方治理研究，2017（4）．

[9] 萧鸣政，张博．中国地方治理绩效评价指标体系的实证研究 [J]．国家治理现代化研究，2018（1）．

[10] 马建珍，陈华，徐勇，等．社区治理能力现代化指标体系研究：

基于南京的调查［J］．中共南京市委党校学报，2016（6）．

［11］社会治理现代化指标构建研究课题组．新中国 70 年社会治理现代化评估研究［J］．社会治理，2019（10）．

［12］李兰，王伟进．市域社会治理现代化应如何评价［J］．国家治理，2020（15）．

［13］杨洋，颜爱华，王国栋，等．城市应急能力评估指标体系研究及实践［J］．中国应急救援，2019（6）．

［14］熊光清．大数据技术的运用与政府治理能力的提升［J］．当代世界与社会主义，2019（2）．

［15］彭莹莹．社会治理评估指标体系的设计与应用［J］．甘肃行政学院学报，2018（2）．

［16］张康之．公共管理：社会治理模式的转型［J］．天津社会科学，2002（4）．

［17］孙晓莉．多元社会治理模式探析［J］．理论导刊，2005（5）．

［18］李军鹏．和谐社会建设与社会治理模式创新［J］．国家行政学院学报，2005（4）．

［19］付建军，张春满．从悬浮到协商：我国地方社会治理创新的模式转型［J］．中国行政管理，2017（1）．

［20］郭风英．“国家-社会”视野中的社会治理体制创新研究［J］．社会主义研究，2013（6）．

［21］姜晓萍．国家治理现代化进程中的社会治理体制创新［J］．中国行政管理，2014（2）．

［22］包雅钧．当前中国社会治理评估的思考［J］．科学决策，2011（7）．

［23］包国宪，张志栋．我国第三方政府绩效评价组织的自律实现问题探析［J］．中国行政管理，2008（11）．

［24］薄贵利．构建服务型政府绩效管理体制［J］．中国行政管理，2012（10）．

［25］陈怡晨，张鑫，卢芳霞．标准化推动基层社会治理的实践与启示：以浙江“枫桥经验”为例［J］．标准实践，2017（12）．

［26］程又中，张勇．城乡基层治理：使之走出困境的政府责任［J］．社会主义研究，2009（8）．

［27］邓念国．认知性社会资本与城市社区治理绩效：基于杭州的实证研究［J］．天津行政学院学报，2013（7）．

［28］龚翔荣，陈天祥．基于粗糙集的城市社区治理绩效指标分析：A 市 50 个样本社区的调查数据［J］．北京行政学院学报，2018（5）．

［29］何晓柯．社区网络论坛对社区治理绩效影响的实证研究：以杭州市大浒东苑社区为例［J］．未来与发展，2014（11）．

［30］胡守勇．公共文化服务效能评价指标体系初探［J］．中共福建省委党校学报，2014（2）．

［31］俞可平．中国社会治理评价指标体系［J］．中国治理评论，2012（7）．

［32］俞可平．作为一种新政治分析框架的治理和善治理论［J］．公共行政管理科学，2001（5）．

［33］杨敏．作为国家治理单元的社区：对城市社区建设运动过程中居民社区参与和社区认知的个案研究［J］．社会学研究，2007（4）．

［34］杨敏．作为国家治理单元的社区：对城市社区建设运动过程中居民社区参与和社区认知的个案研究［J］．社会学研究，2017（6）．

［35］陈诚，卓越．基于结构与过程的社区治理能力评估框架构建［J］．华侨大学学报（哲学社会科学版），2016（1）．

［36］张长东．国家治理能力现代化研究：基于国家能力理论视角［J］．法学评论，2014（3）．

［37］周伟，练磊．地方治理能力评价的价值取向［J］．学术界，2014（11）．

［38］陈伟东，李雪萍．社区治理主体：利益相关者［J］．当代世界与社会主义，2004（2）．

［39］邵兴全，胡业勋．企业参与社区治理的角色重构与制度安排研究：基于多元合作治理的分析框架［J］．理论与改革，2018（3）．

［40］周诚君，洪银兴．城市经营中的市场、政府与现代城市治理：经验回顾和理论反思［J］．改革，2003（4）．

[41] 覃道明．乡镇政府改革与乡村治理能力重塑 [J]．社会主义研究，2008（5）．

[42] 李文静．社会工作在社区治理创新中的作用研究 [J]．华东理工大学学报（社会科学版），2014（4）．

[43] 孙建华．推进社会治理能力现代化：大庆市社区服务绩效评估指标体系构建 [J]．大庆社会科学，2014（1）．

[44] 祁海军．地方政府社会治理能力评估：以河南省为例 [J]．学习论坛，2015（8）．

[45] 杨琛，王宾，李群．国家治理体系和治理能力现代化的指标体系构建 [J]．长白学刊，2016（2）．

英文文献：

[1] BOLLEN K A. Structural Equation Modeling With Latent Variables [M]. New York: John Wiley, 1989.

[2] ARMSTRONG A, FRANCIS R. Social indicators-promises and problems: A critical review [J]. Evaluation journal of australasia, 2003 (1).

[3] ALMond G A. Comparative Politics Today: A World View [M]. New York: Pearson Longman, 2008 (4): 45-52.

[4] BOELHOUWER J. Social indicators and living conditions in the Netherlands, advances in quality of life research [J]. Springer Netherlands, 2002 (10).

[5] GENTILLI J. Geographical patterns and some causes of spatial econoetic variations in perth, western australia [J]. Geographical research, 1997 (35).

[6] MAPELLI V. Health needs, demand for health services and expenditure across social groups in italy [J]. Social science & medicine, 1993 (8).

[7] ROSENAU J N. Governance in the twenty-first century [J]. Global governance, 1995 (11).

[8] CIFTCI M., CREADY W. Scale effect of R&D as reflected in earnings and returns [J]. Journal of accounting and economics, 2011 (52).

[9] CHASKIN R, ABUNIMAH A. A view from the city: local government perspectives on neighborhood-based governance in community-building initia-

tives [J] . Journal of urban affairs, 1999, 21 (1) .

[10] O' BREIN S, BAZEMORE G. A new era in governmental reform: realizing community [J] . Public organization review, 2004, 4 (3) .

[11] MOE T M. The new economics of organization [J] . American journal of political science, 1984, 28 (4) .

[12] WALKER R, BREWER G A. BOYNE G A, AVELLANEDA C N. Market orientation and public service performance: new public management gone mad? [J] . Public administration review, 2011, 71 (5) .

[13] PLOWDEN W. The compact: attempts to regulate relationships between government and the voluntary sector in england [J] . Nonprofit and Voluntary Sector Quarterly, 2003, 32 (3) .

附录：部分重要政策文件和数据记录

1.【2015年】中共中央办公厅 国务院办公厅印发《关于加强城乡社区协商的意见》①

为深入贯彻落实党的十八大和十八届三中、四中全会精神，发展基层民主，畅通民主渠道，开展形式多样的基层协商，推进城乡社区协商制度化、规范化和程序化，根据有关法律和《中共中央关于加强社会主义协商民主建设的意见》精神，现就加强城乡社区协商提出如下意见。

一、总体要求

（一）重要意义

城乡社区协商是基层群众自治的生动实践，是社会主义协商民主建设的重要组成部分和有效实现形式。改革开放特别是党的十八大以来，各地基层坚持有事多协商、遇事多协商、做事多协商，有效维护了群众切身利益，促进了社会和谐与文明进步。当前，随着新型工业化、信息化、城镇化、农业现代化的深入推进，我国经济社会发生深刻变化，利益主体日益多元，利益诉求更加多样。社区是社会的基本单元，加强城乡社区协商，有利于解决群众的实际困难和问题，化解矛盾纠纷，维护社会和谐稳定；有利于在基层群众中宣传党和政府的方针政策，努力形成共识，汇聚力量，推动各项政策落实；有利于找到群众意愿和要求的最大公约数，促进基层民主健康发展。

（二）指导思想

以邓小平理论、“三个代表”重要思想、科学发展观为指导，深入贯彻习近平总书记系列重要讲话精神，坚持党的领导、人民当家作主、依法

① 中共中央办公厅、国务院办公厅印发《关于加强城乡社区协商的意见》，中国政府网，https：//www.gov.cn/gongbao/content/2015/content_2909255.htm，2015年7月22日。

治国有机统一，充分发挥社会主义制度的优越性，按照协商于民、协商为民的要求，以健全基层党组织领导的充满活力的基层群众自治机制为目标，以扩大有序参与、推进信息公开、加强议事协商、强化权力监督为重点，拓宽协商范围和渠道，丰富协商内容和形式，保障人民群众享有更多更切实的民主权利。

（三）基本原则

坚持党的领导，充分发挥村（社区）党组织在基层协商中的领导核心作用。坚持基层群众自治制度，充分保障人民的知情权、参与权、表达权、监督权，促进群众依法自我管理、自我服务、自我教育、自我监督。坚持依法协商，保证协商活动有序进行，协商结果合法有效。坚持民主集中制，实现发扬民主和提高效率相统一，防止议而不决。坚持协商于决策之前和决策实施之中，增强决策的科学性和实效性。坚持因地制宜，尊重群众首创精神，鼓励探索创新。

（四）总体目标

到2020年，基本形成协商主体广泛、内容丰富、形式多样、程序科学、制度健全、成效显著的城乡社区协商新局面。

二、主要任务

（一）明确协商内容

根据当地经济社会发展实际，坚持广泛协商，针对不同渠道、不同层次、不同地域特点，合理确定协商内容，主要包括：城乡经济社会发展中涉及当地居民切身利益的公共事务、公益事业；当地居民反应强烈、迫切要求解决的实际困难问题和矛盾纠纷；党和政府的方针政策、重点工作部署在城乡社区的落实；法律法规和政策明确要求协商的事项；各类协商主体提出协商需求的事项。

（二）确定协商主体

基层政府及其派出机关、村（社区）党组织、村（居）民委员会、村（居）务监督委员会、村（居）民小组、驻村（社区）单位、社区社会组织、业主委员会、农村集体经济组织、农民合作组织、物业服务企业和当地户籍居民、非户籍居民代表以及其他利益相关方可以作为协商主体。涉及行政村、社区公共事务和居民切身利益的事项，由村（社区）党组织、村（居）民委员会牵头，组织利益相关方进行协商。涉及两个以上行政村、社区的重要事项，单靠某一村（社区）无法开展协商时，由乡镇、街道党委（党工委）牵头组织开展协商。人口较多的自然村、村民小组，在村党组织的领导下组织居民进行协商。专业性、技术性较强的事项，可以邀请相关专家学者、专业技术人员、第三方机构等进行论证评估。协商中应当重视吸纳威望高、办事公道的老党员、老干部、群众代表，党代表、人大代表、政协委员，以及基层群团组织负责人、社会工作者参与。

（三）拓展协商形式

坚持村（居）民会议、村（居）民代表会议制度，规范议事规程。结合参与主体情况和具体协商事项，可以采取村（居）民议事会、村（居）民理事会、小区协商、业主协商、村（居）民决策听证、民主评议等形式，以民情恳谈日、社区（驻村）警务室开放日、村（居）民论坛、妇女之家等为平台，开展灵活多样的协商活动。推进城乡社区信息化建设，开辟社情民意网络征集渠道，为城乡居民搭建网络协商平台。

（四）规范协商程序

协商的一般程序是：村（社区）党组织、村（居）民委员会在充分征求意见的基础上研究提出协商议题，确定参与协商的各类主体；通过多种方式，向参与协商的各类主体提前通报协商内容和相关信息；组织开展协商，确保各类主体充分发表意见建议，形成协商意见；组织实施协商成果，向协商主体、利益相关方和居民反馈落实情况等。对于涉及面广、关注度高的事项，要经过专题议事会、民主听证会等程序进行协商。通过协商无法解决或存在较大争议的问题或事项，应当提交村（居）民会议或村（居）民代表会议决定。跨村（社区）协商的协商程序，由乡镇、街道党委（党工委）研究确定。

（五）运用协商成果

建立协商成果采纳、落实和反馈机制。需要村（社区）落实的事项，村（社区）党组织、村（居）民委员会应当及时组织实施，落实情况要在规定期限内通过村（居）务公开栏、社区刊物、村（社区）网络论坛等渠道公开，接受群众监督。受政府或有关部门委托的协商事项，协商结果要及时向基层政府或有关部门报告，基层政府和有关部门要认真研究吸纳，并以适当方式反馈。对协商过程中持不同意见的群众，协商组织者要及时做好解释说明工作。协商结果违反法律法规的，基层政府应当依法纠正，并做好法治宣传教育工作。

三、组织领导

（一）加强党的领导

村（社区）党组织要加强对协商工作的组织领导，注意研究解决协商中的困难和问题，及时向乡镇、街道党委（党工委）和政府提出工作建议。积极探索扩大党内基层民主的实现形式，全面推进村（社区）党务公开，建立健全党代表联系群众制度，以党内民主带动和促进城乡社区协商发展。加强基层党组织和党员队伍建设，鼓励和支持党员干部积极参与协商活动，切实发挥好基层党组织战斗堡垒作用和党员先锋模范作用，引领城乡居民和各方力量广泛参与协商实践。

（二）建立健全工作机制

地方各级党委和政府要把城乡社区协商工作纳入重要议事日程，结合实际研究制定具体办法。要加强分类指导，针对人口密集、人数较多的村（社区），外来务工人员较多的村（社区），留守人员较多或地广人稀、居住分散、交通不便的农村地区以及民族地区的特点，设计协商方案，提高协商的针对性、有效性。民政部门要会同组织等有关部门认真做好协商工作的指导和督促落实。推进乡镇、街道协商民主建设，提高乡镇、街道指导行政村、社区协商活动的能力和水平。建立健全基层党组织领导、村（居）民委员会负责、各类协商主体共同参与的工作机制，定期研究协商中的重要问题。建立健全乡镇、街道协商与行政村、社区协商的联动机制，推动协商工作深入开展。注重发挥群团组织和社会工作者的优势，协助动员和组织居民群众参与协商。村（居）务监督委员会要加强监督，保障协商依法有序开展。

（三）加强对协商工作的支持和保障

进一步完善基层群众自治的法律法规，为城乡居民开展协商民主实践提供法律支撑。县（市、区、旗）和乡镇、街道要进一步加大支持力度，通过村级组织运转经费保障机制等现有渠道，为城乡居民开展协商活动提供必要条件和资金。有条件的地方，经村（居）民会议或者村（居）民代表会议讨论决定，可以制定具体实施办法，对符合规定且受村（居）民委员会委托组织群众协商的人员，给予适当误工补贴，并按照村（居）务公开的要求予以公示。

（四）提升城乡居民参与协商的能力

倡导协商精神、培育协商文化，引导群众依法表达意见，积极参与协商。开展基层干部和行政村、社区工作者专题培训，提高组织开展协商工作的能力和水平。广泛开展政策宣传，普及法律知识，帮助城乡居民掌握并有效运用协商的方法和程序，营造全社会关心、支持、参与城乡社区协商的良好氛围。发挥各级党代表、人大代表、政协委员密切联系群众的积极作用，引导基层群众开展协商活动。开展城乡社区协商示范点建设，充分发挥引领带动作用。

2.【2017 年】中共中央 国务院《关于加强和完善城乡社区治理的意见》（国务院公报 2017 年第 18 号）[①]

城乡社区是社会治理的基本单元。城乡社区治理事关党和国家大政方针贯彻落实，事关居民群众切身利益，事关城乡基层和谐稳定。为实现党领导下的政府治理和社会调节、居民自治良性互动，全面提升城乡社区治理法治化、科学化、精细化水平和组织化程度，促进城乡社区治理体系和治理能力现代化，现就加强和完善城乡社区治理提出以下意见。

一、总体要求

（一）指导思想

全面贯彻党的十八大和十八届三中、四中、五中、六中全会精神，坚持以邓小平理论、“三个代表”重要思想、科学发展观为指导，深入贯彻习近平总书记系列重要讲话精神和治国理政新理念新思想新战略，紧紧围绕统筹推进“五位一体”总体布局和协调推进“四个全面”战略布局，坚持以基层党组织建设为关键、政府治理为主导、居民需求为导向、改革创新为动力，健全体系、整合资源、增强能力，完善城乡社区治理体制，努力把城乡社区建设成为和谐有序、绿色文明、创新包容、共建共享的幸福家园，为实现“两个一百年”奋斗目标和中华民族伟大复兴的中国梦提供可靠保证。

（二）基本原则

——坚持党的领导，固本强基。加强党对城乡社区治理工作的领导，推进城乡社区基层党组织建设，切实发挥基层党组织领导核心作用，带领群众坚定不移贯彻党的理论和路线方针政策，确保城乡社区治理始终保持正确政治方向。

——坚持以人为本，服务居民。坚持以人民为中心的发展思想，把服务居民、造福居民作为城乡社区治理的出发点和落脚点，坚持依靠居民、依法有序组织居民群众参与社区治理，实现人人参与、人人尽力、人人

① 中共中央 国务院《关于加强和完善城乡社区治理的意见》，中国政府网，https：//www.gov.cn/gongbao/content/2017/content_ 5204888.htm，2017 年 6 月 12 日。

共享。

——坚持改革创新，依法治理。强化问题导向和底线思维，积极推进城乡社区治理理论创新、实践创新、制度创新。弘扬社会主义法治精神，坚持运用法治思维和法治方式推进改革，建立惩恶扬善长效机制，破解城乡社区治理难题。

——坚持城乡统筹，协调发展。适应城乡发展一体化和基本公共服务均等化要求，促进公共资源在城乡间均衡配置。统筹谋划城乡社区治理工作，注重以城带乡、以乡促城、优势互补、共同提高，促进城乡社区治理协调发展。

——坚持因地制宜，突出特色。推动各地立足自身资源禀赋、基础条件、人文特色等实际，确定加强和完善城乡社区治理的发展思路和推进策略，实现顶层设计和基层实践有机结合，加快形成既有共性又有特色的城乡社区治理模式。

（三）总体目标

到 2020 年，基本形成基层党组织领导、基层政府主导的多方参与、共同治理的城乡社区治理体系，城乡社区治理体制更加完善，城乡社区治理能力显著提升，城乡社区公共服务、公共管理、公共安全得到有效保障。再过 5 到 10 年，城乡社区治理体制更加成熟定型，城乡社区治理能力更为精准全面，为夯实党的执政根基、巩固基层政权提供有力支撑，为推进国家治理体系和治理能力现代化奠定坚实基础。

二、健全完善城乡社区治理体系

（一）充分发挥基层党组织领导核心作用

把加强基层党的建设、巩固党的执政基础作为贯穿社会治理和基层建设的主线，以改革创新精神探索加强基层党的建设引领社会治理的路径。加强和改进街道（乡镇）、城乡社区党组织对社区各类组织和各项工作的领导，确保党的路线方针政策在城乡社区全面贯彻落实。推动管理和服务力量下沉，引导基层党组织强化政治功能，聚焦主业主责，推动街道（乡镇）党（工）委把工作重心转移到基层党组织建设上来，转移到做好公共服务、公共管理、公共安全工作上来，转移到为经济社会发展提供良好公共环境上来。加强社区服务型党组织建设，着力提升服务能力和水平，更好地服务改革、服务发展、服务民生、服务群众、服务党员。继续推进街道（乡镇）、城乡社区与驻社区单位共建互补，深入拓展区域化党建。扩大城市新兴领域党建工作覆盖，推进商务楼宇、各类园区、商圈市场、网络媒体等的党建覆盖。健全社区党组织领导基层群众性自治组织开展工作的相关制度，依法组织居民开展自治，及时帮助解决基层群众自治中存在的困难和问题。加强城乡社区党风廉政建设，推动全面从严治党向城乡社区延伸，切实解决居民群众身边的腐败问题。

（二）有效发挥基层政府主导作用

各省（自治区、直辖市）按照条块结合、以块为主的原则，制定区县职能部门、街道办事处（乡镇政府）在社区治理方面的权责清单；依法厘清街道办事处（乡镇政府）和基层群众性自治组织权责边界，明确基层群众性自治组织承担的社区工作事项清单以及协助政府的社区工作事项清单；上述社区工作事项之外的其他事项，街道办事处（乡镇政府）可通过向基层群众性自治组织等购买服务方式提供。建立街道办事处（乡镇政府）和基层群众性自治组织履职履约双向评价机制。基层政府要切实履行城乡社区治理主导职责，加强对城乡社区治理的政策支持、财力物力保障和能力建设指导，加强对基层群众性自治组织建设的指导规范，不断提高依法指导城乡社区治理的能力和水平。

（三）注重发挥基层群众性自治组织基础作用

进一步加强基层群众性自治组织规范化建设，合理确定其管辖范围和规模。促进基层群众自治与网格化服务管理有效衔接。加快工矿企业所在地、国有农（林）场、城市新建住宅区、流动人口聚居地的社区居民委员会组建工作。完善城乡社区民主选举制度，进一步规范民主选举程序，通过依法选举稳步提高城市社区居民委员会成员中本社区居民比例，切实保障外出务工农民民主选举权利。进一步增强基层群众性自治组织开展社区协商、服务社区居民的能力。建立健全居务监督委员会，推进居务公开和民主管理。充分发挥自治章程、村规民约、居民公约在城乡社区治理中的积极作用，弘扬公序良俗，促进法治、德治、自治有机融合。

（四）统筹发挥社会力量协同作用

制定完善孵化培育、人才引进、资金支持等扶持政策，落实税费优惠政策，大力发展在城乡社区开展纠纷调解、健康养老、教育培训、公益慈善、防灾减灾、文体娱乐、邻里互助、居民融入及农村生产技术服务等活动的社区社会组织和其他社会组织。推进社区、社会组织、社会工作“三社联动”，完善社区组织发现居民需求、统筹设计服务项目、支持社会组织承接、引导专业社会工作团队参与的工作体系。鼓励和支持建立社区老年协会，搭建老年人参与社区治理的平台。增强农村集体经济组织支持农村社区建设能力。积极引导驻社区机关企事业单位、其他社会力量和市场主体参与社区治理。

三、不断提升城乡社区治理水平

（一）增强社区居民参与能力

提高社区居民议事协商能力，凡涉及城乡社区公共利益的重大决策事项、关乎居民群众切身利益的实际困难问题和矛盾纠纷，原则上由社区党组织、基层群众性自治组织牵头，组织居民群众协商解决。支持和帮助居民群众养成协商意识、掌握协商方法、提高协商能力，推动形成既有民主又有集中、既尊重多数人意愿又保护少数人合法权益的城乡社区协商机制。探索将居民群众参与社区治理、维护公共利益情况纳入社会信用体系。推动学校普及社区知识，参与社区治理。拓展流动人口有序参与居住地社区治理渠道，丰富流动人口社区生活，促进流动人口社区融入。

（二）提高社区服务供给能力

加快城乡社区公共服务体系建设，健全城乡社区服务机构，编制城乡社区公共服务指导目录，做好与城乡社区居民利益密切相关的劳动就业、社会保障、卫生计生、教育事业、社会服务、住房保障、文化体育、公共安全、公共法律服务、调解仲裁等公共服务事项。着力增加农村社区公共服务供给，促进城乡社区服务项目、标准相衔接，逐步实现均等化。将城乡社区服务纳入政府购买服务指导性目录，完善政府购买服务政策措施，按照有关规定选择承接主体。创新城乡社区公共服务供给方式，推行首问负责、一窗受理、全程代办、服务承诺等制度。提升城乡社区医疗卫生服务能力和水平，更好满足居民群众基本医疗卫生服务需求。探索建立社区公共空间综合利用机制，合理规划建设文化、体育、商业、物流等自助服务设施。积极开展以生产互助、养老互助、救济互助等为主要形式的农村社区互助活动。鼓励和引导各类市场主体参与社区服务业，支持供销合作社经营服务网点向城乡社区延伸。

（三）强化社区文化引领能力

以培育和践行社会主义核心价值观为根本，大力弘扬中华优秀传统文化，培育心口相传的城乡社区精神，增强居民群众的社区认同感、归属感、责任感和荣誉感。将社会主义核心价值观融入居民公约、村规民约，内化为居民群众的道德情感，外化为服务社会的自觉行动。重视发挥道德教化作用，建立健全社区道德评议机制，发现和宣传社区道德模范、好人好事，大力褒奖善行义举，用身边事教育身边人，引导社区居民崇德向善。组织居民群众开展文明家庭创建活动，发展社区志愿服务，倡导移风易俗，形成与邻为善、以邻为伴、守望相助的良好社区氛围。不断加强民族团结，建立各民族相互嵌入式的社会结构和社区环境，创建民族团结进步示范社区。加强城乡社区公共文化服务体系建设，提升公共文化服务水平，因地制宜设置村史陈列、非物质文化遗产等特色文化展示设施，突出乡土特色、民族特色。积极发展社区教育，建立健全城乡一体的社区教育网络，推进学习型社区建设。

（四）增强社区依法办事能力

进一步加快城乡社区治理法治建设步伐，加快修订《中华人民共和国城市居民委员会组织法》，贯彻落实《中华人民共和国村民委员会组织法》，研究制定社区治理相关行政法规。有立法权的地方要结合当地实际，出台城乡社区治理地方性法规和地方政府规章。推进法治社区建设，发挥警官、法官、检察官、律师、公证员、基层法律服务工作者作用，深入开展法治宣传教育和法律进社区活动，推进覆盖城乡居民的公共法律服务体系建设。

（五）提升社区矛盾预防化解能力

完善利益表达机制，建立党代会代表、人大代表、政协委员联系社区制度，完善党员干部直接联系群众制度，引导群众理性合法表达利益诉求。完善心理疏导机制，依托社会工作服务机构等专业社会组织，加强对城乡社区社会救助对象、建档立卡贫困人口、困境儿童、精神障碍患者、社区服刑人员、刑满释放人员和留守儿童、妇女、老人等群体的人文关怀、精神慰藉和心理健康服务，重点加强老少边穷地区农村社区相关机制建设。完善矛盾纠纷调处机制，健全城乡社区人民调解组织网络，引导人民调解员、基层法律服务工作者、农村土地承包仲裁员、社会工作者、心理咨询师等专业队伍，在物业纠纷、农村土地承包经营纠纷、家事纠纷、邻里纠纷调解和信访化解等领域发挥积极作用。推进平安社区建设，依托社区综治中心，拓展网格化服务管理，加强城乡社区治安防控网建设，深化城乡社区警务战略，全面提高社区治安综合治理水平，防范打击黑恶势力扰乱基层治理。

（六）增强社区信息化应用能力

提高城乡社区信息基础设施和技术装备水平，加强一体化社区信息服务站、社区信息亭、社区信息服务自助终端等公益性信息服务设施建设。依托“互联网+政务服务”相关重点工程，加快城乡社区公共服务综合信息平台建设，实现一号申请、一窗受理、一网通办，强化“一门式”服务模式的社区应用。实施“互联网+社区”行动计划，加快互联网与社区治理和服务体系的深度融合，运用社区论坛、微博、微信、移动客户端等新媒体，引导社区居民密切日常交往、参与公共事务、开展协商活动、组织邻里互助，探索网络化社区治理和服务新模式。发展社区电子商务。按照分级分类推进新型智慧城市建设要求，务实推进智慧社区信息系统建设，积极开发智慧社区移动客户端，实现服务项目、资源和信息的多平台交互和多终端同步。加强农村社区信息化建设，结合信息进村入户和电子商务进农村综合示范，积极发展农产品销售等农民致富服务项目，积极实施“网络扶贫行动计划”，推动扶贫开发兜底政策落地。

四、着力补齐城乡社区治理短板

（一）改善社区人居环境

完善城乡社区基础设施，建立健全农村社区基础设施和公用设施的投资、建设、运行、管护和综合利用机制。加快城镇棚户区、城中村和危房改造。加强城乡社区环境综合治理，做好城市社区绿化美化净化、垃圾分类处理、噪声污染治理、水资源再生利用等工作，着力解决农村社区垃圾收集、污水排放、秸秆焚烧以及散埋乱葬等问题，广泛发动居民群众和驻社区机关企事业单位参与环保活动，建设资源节约型、环境友好型社区。

推进健康城市和健康村镇建设。强化社区风险防范预案管理，加强社区应急避难场所建设，开展社区防灾减灾科普宣传教育，有序组织开展社区应对突发事件应急演练，提高对自然灾害、事故灾难、公共卫生事件、社会安全事件的预防和处置能力。加强消防宣传和消防治理，提高火灾事故防范和处置能力，推进消防安全社区建设。

（二）加快社区综合服务设施建设

将城乡社区综合服务设施建设纳入当地国民经济和社会发展规划、城乡规划、土地利用规划等，按照每百户居民拥有综合服务设施面积不低于30平方米的标准，以新建、改造、购买、项目配套和整合共享等形式，逐步实现城乡社区综合服务设施全覆盖。加快贫困地区农村社区综合服务设施建设，率先推动易地搬迁安置区综合服务设施建设全覆盖。落实不动产统一登记制度，做好政府投资建设的城乡社区综合服务设施不动产登记服务工作。除国家另有规定外，所有以社区居民为对象的公共服务、志愿服务、专业社会工作服务，原则上在城乡社区综合服务设施中提供。创新城乡社区综合服务设施运营机制，通过居民群众协商管理、委托社会组织运营等方式，提高城乡社区综合服务设施利用率。落实城乡社区综合服务设施供暖、水电、燃气价格优惠政策。

（三）优化社区资源配置

组织开展城乡社区规划编制试点，落实城市总体规划要求，加强与控制性详细规划、村庄规划衔接；发挥社区规划专业人才作用，广泛吸纳居民群众参与，科学确定社区发展项目、建设任务和资源需求。探索建立基层政府面向城乡社区的治理资源统筹机制，推动人财物和责权利对称下沉到城乡社区，增强城乡社区统筹使用人财物等资源的自主权。探索基层政府组织社区居民在社区资源配置公共政策决策和执行过程中，有序参与听证、开展民主评议的机制。建立机关企事业单位履行社区治理责任评价体系，推动机关企事业单位积极参与城乡社区服务、环境治理、社区治安综合治理等活动，面向城乡社区开放文化、教育、体育等活动设施。注重运用市场机制优化社区资源配置。

（四）推进社区减负增效

依据社区工作事项清单建立社区工作事项准入制度，应当由基层政府履行的法定职责，不得要求基层群众性自治组织承担，不得将基层群众性自治组织作为行政执法、拆迁拆违、环境整治、城市管理、招商引资等事项的责任主体；依法需要基层群众性自治组织协助的工作事项，应当为其提供经费和必要工作条件。进一步清理规范基层政府各职能部门在社区设立的工作机构和加挂的各种牌子，精简社区会议和工作台账，全面清理基层政府各职能部门要求基层群众性自治组织出具的各类证明。实行基层政府统一对社区工作进行综合考核评比，各职能部门不再单独组织考核评比活动，取消对社区工作的“一票否决”事项。

（五）改进社区物业服务管理

加强社区党组织、社区居民委员会对业主委员会和物业服务企业的指导和监督，建立健全社区党组织、社区居民委员会、业主委员会和物业服务企业议事协调机制。探索在社区居民委员会下设环境和物业管理委员会，督促业主委员会和物业服务企业履行职责。探索完善业主委员会的职能，依法保护业主的合法权益。探索符合条件的社区居民委员会成员通过法定程序兼任业主委员会成员。探索在无物业管理的老旧小区依托社区居民委员会实行自治管理。有条件的地方应规范农村社区物业管理，研究制定物业管理费管理办法；探索在农村社区选聘物业服务企业，提供社区物业服务。探索建立社区微型消防站或志愿消防队。

五、强化组织保障

（一）完善领导体制和工作机制

各级党委和政府要把城乡社区治理工作纳入重要议事日程，完善党委和政府统一领导，有关部门和群团组织密切配合，社会力量广泛参与的城乡社区治理工作格局。完善中央层面城乡社区治理工作协调机制，地方各级党委和政府要建立健全相应工作机制，抓好统筹指导、组织协调、资源整合和督促检查。各省（自治区、直辖市）党委和政府要建立研究决定城乡社区治理工作重大事项制度，定期研究城乡社区治理工作。市县党委书记要认真履行第一责任人职责，街道党工委书记、乡镇党委书记要履行好直接责任人职责。要把城乡社区治理工作纳入地方党政领导班子和领导干部政绩考核指标体系，纳入市县乡党委书记抓基层党建工作述职评议考核。逐步建立以社区居民满意度为主要衡量标准的社区治理评价体系和评价结果公开机制。

（二）加大资金投入力度

加大财政保障力度，统筹使用各级各部门投入城乡社区的符合条件的相关资金，提高资金使用效率，重点支持做好城乡社区治理各项工作。老少边穷地区应根据当地发展水平，统筹中央财政一般性转移支付等现有资金渠道，支持做好城乡社区建设工作。不断拓宽城乡社区治理资金筹集渠道，鼓励通过慈善捐赠、设立社区基金会等方式，引导社会资金投向城乡社区治理领域。创新城乡社区治理资金使用机制，有序引导居民群众参与确定资金使用方向和服务项目，全过程监督服务项目实施和资金使用。

（三）加强社区工作者队伍建设

将社区工作者队伍建设纳入国家和地方人才发展规划，地方要结合实际制定社区工作者队伍发展专项规划和社区工作者管理办法，把城乡社区党组织、基层群众性自治组织成员以及其他社区专职工作人员纳入社区工作者队伍统筹管理，建设一支素质优良的专业化社区工作者队伍。加强城乡社区党组织带头人队伍建设，选优配强社区党组织书记，加大从社区党组织书记中招录公务员和事业编制人员力度，注重把优秀社区党组织书记选拔到街道（乡镇）领导岗位，推动符合条件的社区党组织书记或班子成员通过依法选举担任基层群众性自治组织负责人或成员。社区专职工作人员由基层政府职能部门根据工作需要设岗招聘，街道办事处（乡镇政府）统一管理，社区组织统筹使用。加强对社区工作者的教育培训，提高其依法办事、执行政策和服务居民能力，支持其参加社会工作职业资格评价和学历教育等，对获得社会工作职业资格的给予职业津贴。加强社区工作者作风建设，建立群众满意度占主要权重的社区工作者评价机制，探索建立容错纠错机制和奖惩机制，调动社区工作者实干创业、改革创新热情。

（四）完善政策标准体系和激励宣传机制

加强城乡社区治理工作理论政策研究，做好城乡社区发展规划编制工作，制定“三社联动”机制建设、政府购买城乡社区服务等相关配套政策。加快建立城乡社区治理标准体系，研究制定城乡社区组织、社区服务、社区信息化建设等方面基础通用标准、管理服务标准和设施设备配置标准。及时总结推广城乡社区治理先进经验，积极开展城市和谐社区建设、农村幸福社区建设示范创建活动和城乡社区结对共建活动，大力表彰先进城乡社区组织和优秀城乡社区工作者。充分发挥报刊、广播、电视等新闻媒体和网络新媒体作用，广泛宣传城乡社区治理创新做法和突出成效，营造全社会关心、支持、参与城乡社区治理的良好氛围。

各省（自治区、直辖市）要按照本意见精神，结合实际制定加强城乡社区治理工作的具体实施意见。各有关部门要根据本意见要求和职责分工，制定贯彻落实的具体措施。

3.【2019年】中共中央办公厅印发《关于加强和改进城市基层党的建设工作的意见》①

为深入贯彻习近平新时代中国特色社会主义思想，深入贯彻党的十九大和十九届二中、三中全会精神，认真落实全国组织工作会议精神，切实加强党对城市工作的领导，推动城市经济社会发展，根据党章和有关法律法规，现就加强和改进城市基层党的建设工作（以下简称城市基层党建工作）提出如下意见。

一、加强和改进城市基层党建工作的重要性紧迫性

城市工作在党和国家工作全局中举足轻重，是各级党委工作的重要阵地。城市基层党组织是党在城市全部工作和战斗力的基础。随着新型城镇化快速推进，城市社会结构、生产方式和组织形态深刻变化，人民对美好生活的需要日益增长，迫切要求充分发挥党的组织优势，不断提升党的城市工作水平。加强和改进城市基层党建工作，把城市基层党组织建设成为宣传党的主张、贯彻党的决定、领导基层治理、团结动员群众、推动改革发展的坚强战斗堡垒，对于坚持和加强党对城市工作的全面领导，夯实党在城市的执政基础，推进城市治理体系和治理能力现代化，具有重要意义。

近年来，各地区各部门按照党中央要求，扎实推动城市基层党建工作，特别是全国城市基层党建工作经验交流座谈会召开以来，城市基层党组织覆盖面进一步扩大，各领域党建日趋融合，投入保障持续强化，推动发展、服务群众成效更加明显，城市基层党建工作得到创新发展。但也应当看到，工作推进中还存在不平衡问题，有的城市基层党组织软弱涣散，政治功能不强，领导作用发挥不充分；有的地方城市基层党建新理念还没有树立起来，仍然停留在单纯抓街道社区党建上；有的总体设计、系统推进不够，各自为战，工作碎片化；有的体制机制不适应城市治理和发展，街道社区统筹协调能力弱，共建共治共享未形成常态等，必须下大力气研

① 中共中央办公厅印发《关于加强和改进城市基层党的建设工作的意见》，中国政府网，https：//www.gov.cn/zhengce/2019-05/08/content_5389836.htm，2019年5月8日。

究解决。

面对新形势新任务新挑战，各地区各部门要站在确保党长期执政、国家长治久安、人民安居乐业的高度，充分认识加强和改进城市基层党建工作的重要性紧迫性，认真落实新时代党的建设总要求和新时代党的组织路线，突出政治功能和组织力，严密组织体系，强化系统建设和整体建设，充分发挥街道社区党组织领导作用，有机联结单位、行业及各领域党组织，构建区域统筹、条块协同、上下联动、共建共享的城市基层党建工作新格局，为建设和谐宜居、富有活力、各具特色的现代化城市，走出一条中国特色城市发展道路，提供坚强组织保证。

二、把街道社区党组织建设得更加坚强有力

（一）提升街道党（工）委统筹协调能力

深化街道管理体制改革，优化机构设置和职能配置，充分发挥街道党（工）委统筹协调各方、领导基层治理的作用。推动街道党（工）委聚焦主责主业，集中精力抓党建、抓治理、抓服务。直辖市、副省级城市、省会城市及经济社会发展水平较高的城市，应当全面取消街道承担的招商引资、协税护税等工作任务，暂不具备条件的可先在中心城区实行，再逐步推开。按照重心下移、权责一致原则，赋予街道党（工）委相应职责职权。区（县、市、旗）职能部门派驻街道机构负责人的考核考察和选拔任用，应当征求街道党（工）委意见；城市规划制定实施中涉及街道的相关内容，应当听取街道党（工）委意见；涉及街道的公共事务，一般由街道党（工）委综合管理。有条件的地方，探索将派驻街道工作力量的指挥调度、考核监督等下放给街道。整合街道党政机构和力量，统筹设置基层党建、公共管理、公共服务、公共安全等综合性机构。除机构编制专项法律法规明确规定外，上级职能部门不得要求街道对口设立机构或加挂牌子。健全与职责相适应的考评体系，对街道的检查考核，由区（县、市、旗）党委和政府统筹安排，上级职能部门一般不对街道进行直接考核，确需开展的按一事一报原则报批。

（二）确保社区党组织有资源有能力为群众服务

加强对社区的工作支持和资源保障，统筹上级部门支持社区的政策，整合资金、资源、项目等，以社区党组织为主渠道落实到位。采取向社会组织、市场主体、民办社工机构购买服务等方式，丰富社区服务供给，提升专业化服务水平。对社区内有关重要事项决定、资金使用等，要发挥社区党组织的主导作用。依法确定社区工作事项，上级部门不得把自己职责内的工作转嫁给社区，确需社区协助的，须经区（县、市、旗）党委和政府严格审核把关，并提供必要的经费和工作条件。推进社区减负增效，专项整治社区检查考核评比过多过滥问题，建立居民群众满意、驻区单位满意的服务评价制度。

（三）增强街道社区党组织政治功能和战斗力

街道社区党组织应当教育引导党员干部旗帜鲜明讲政治，增强“四个意识”，坚定“四个自信”，做到“两个维护”。推进“两学一做”学习教育常态化制度化，推动习近平新时代中国特色社会主义思想进社区、进头脑。落实全面从严治党要求，加强基层党风廉政建设，营造干事创业良好环境。加强对基层各类组织的政治引领和对居民群众的教育引导，坚决抵御国内外敌对势力、邪教组织和非法宗教活动的影响渗透，坚决同削弱和反对党的领导、干扰和破坏城市社会稳定的行为作斗争。选优配强街道党（工）委书记、副书记，组织委员、纪（工）委书记等应当纳入上一级党委管理；整体优化提升社区党组织带头人队伍，规模较大的社区应当配备专职党务工作者协助书记抓党建。严肃党的组织生活，落实“三会一课”和党支部主题党日制度，持续整顿后进党支部，推进党支部标准化规范化建设。做好社区党组织按期换届工作。推行社区党员分类管理，定期排查流动党员，实行组织关系一方隶属、参加多重组织生活，注重发挥离退休党员作用。在抓重大任务落实中检验街道社区党组织战斗力，使街道社区党组织在推动城市改革发展、基层治理、民生改善、社会和谐中锻造提升。

三、增强城市基层党建整体效应

（一）强化市、区、街道、社区党组织四级联动

逐级明确党建工作职责任务，市委抓好规划指导，协调解决重大问题；区（县、市、旗）委提出思路目标，具体指导推动，发挥“一线指挥部”作用；街道党（工）委抓好社区党建，统筹协调辖区内各领域党建工作，整合调动各类党建资源，强化“龙头”带动；社区党组织落实上级党

组织部署的各项任务，兜底管理辖区内小微企业和社会组织党建工作。逐级健全党建联席会议制度，明确成员单位职责，定期沟通、上下协同解决问题。上一级党建联席会议应当吸收下一级党组织成员参加，并强化对下一级党建联席会议的指导。街道、社区党建联席会议负责人，可由上级党员领导干部兼任。建立上级党组织对下级党组织的调度通报、动态管理、督促检查和跟踪问效制度。

（二）推进街道社区党建、单位党建、行业党建互联互动

以街道社区党组织为主导，建立开放性的互联互动纽带，通过签订共建协议、干部交叉任职、人才结对培养等加强组织共建，通过共同开展活动、加强党员教育等推进活动共联，通过整合盘活信息、阵地、文化、服务等实现资源共享。健全街道社区党组织兼职委员制，更好发挥兼职委员及其所在单位共建作用。推动市、区两级机关和企事业单位党组织、在职党员到社区报到全覆盖，采取承诺践诺、志愿服务等做法参与社区治理、有效服务群众。探索以块为主、条块融合、双向用力的具体抓手，健全双向压实责任、双向沟通协商、双向考核激励、双向评价干部的工作机制。行业系统部门要主动融入驻地中心任务和党建工作，定期与街道社区党组织沟通会商，共同解决问题。

（三）扩大新兴领域党建有效覆盖

创新党组织设置和活动方式，依托物业服务企业、产权单位、骨干企业等建立楼宇党组织；依托街道、市场监管部门、协会商会或产权单位建立商圈市场党组织；依托各类园区建立党建工作机构，推动入驻企业单独或联合建立党组织；依托行业监管部门建立行业党组织或行业协会党组织，统一管理律师、会计师等行业党建和重点互联网企业党建工作，不断提升新兴领域党的组织和工作覆盖质量。

（四）广泛应用现代网络信息技术

整合各级党建信息平台与政务信息平台、城市管理服务平台等，实现多网合一、互联互通，促进党建工作与社会管理服务深度融合。推广“互联网+党建”、“智慧党建”等做法，利用大数据做好党建工作分析研判，利用微信、微博、移动客户端等新媒体，丰富党建工作内容和形式，巩固和扩大党的网上阵地。

四、提升党组织领导基层治理工作水平

（一）健全党组织领导下的社区居民自治机制

在社区党组织领导下，以社区居民委员会和居务监督委员会为基础，完善协同联动的社区治理架构。强化党组织领导把关作用，规范社区“两委”换届选举，防止不符合标准条件的人选进入班子。全面推行社区党组织书记通过法定程序担任社区居民委员会主任、“两委”班子成员交叉任职。依法依规稳妥开展非户籍常住居民和党员参加社区“两委”换届试点，拓展外来人口参与社区治理途径。推进在业主委员会中建立党组织，符合条件的社区“两委”成员通过法定程序兼任业主委员会成员。通过发展党员、引导物业服务企业积极招聘党员员工、选派党建指导员等方式，加强社区物业党建联建，延伸党的工作手臂。建立党建引领下的社区居民委员会、业主委员会、物业服务企业协调运行机制，充分调动居民参与积极性，形成社区治理合力。

（二）领导群团组织和社会组织参与基层治理

坚持党建带群建，党组织通过给群团组织派任务、提要求，促进党组织和群团组织资源共用、功能衔接。健全社会组织参与治理机制，培育公益性、服务性、互助性社会组织和群众活动团队，引领各类社会组织专业规范运作、依法依规办事。推动党的建设有关要求写入社会组织章程，善于使党组织推荐的人选通过法定程序成为社会组织负责人，善于使党组织意图成为社会组织参与治理的行动，支持党组织健全的社会组织有序承接政府转移职能和有关服务项目。

（三）做实网格党建，促进精细化治理

根据地域、居民、驻区单位、党组织和党员等情况，调整优化网格设置，整合党建、综治、城管等各类网格。将党支部或党小组建在网格上，选优配强党支部书记或党小组组长，建强专兼职网格员队伍，随时随地了解群众需求和困难。加强网格资源配置，把公共服务、社会服务、市场服务、志愿服务下沉到网格，精准投送到千家万户。建立街道社区党员干部包联网格、走访群众制度，打通联系服务群众“最后一公里”。

（四）建设覆盖广泛、集约高效的党群服务中心

综合区位特点、人群特征、服务半径等因素，整合党建、政务和社会

服务等各种资源，统筹建设布局合理、功能完备、互联互通的党群服务中心，打造党员和群众的共同园地。重点依托街道、社区综合服务设施建好街道、社区党群服务中心（站点），区（县、市、旗）有关部门要把服务窗口下移到街道、社区，推行“一站式”服务和“最多跑一次”改革，让党员群众在家门口就能找到组织，享受便利服务。依托楼宇、园区、商圈、市场或较大的企业，建设特色鲜明、功能聚焦的区域性党群服务中心（站点）。加强规范化建设，配备专职工作人员，完善工作保障和运行机制，真正把各类党群服务中心建设成为党领导城市治理的坚强阵地和服务党员群众的温馨家园。

五、加强对城市基层党建工作的组织领导

（一）压实领导责任

健全党委统一领导、党委组织部门牵头负责、有关部门和行业系统齐抓共管的领导体制和责任机制。各级党委要把城市基层党建纳入整体工作部署和党的建设总体规划，定期专题研究，解决重点难点问题。推广一些地方成立基层党建与基层治理领导协调议事机构的做法，紧扣治理抓党建，从制度机制上解决党建和治理“两张皮”问题。市、区两级党委主要负责同志要亲自谋划、直接推动。党委组织部门要会同有关部门强化政策保障和资源调配，共同做好工作。要把城市基层党建情况作为党委书记抓基层党建述职评议考核重要内容。

（二）加强分类指导

因地制宜精准施策，直辖市、副省级城市、省会城市及经济社会发展水平较高的城市，要率先破解体制性、机制性、政策性难题；其他城市要结合本地实际，学习借鉴先进城市经验，强化系统思维和工作统筹。抓好村改社区党建，理顺管理体制和运行机制。开展城市基层党建示范引领行动，加快示范市培育和建设，总结推广先进典型和经验，提高城市基层党建总体质量。

（三）夯实基础保障

结合机构改革强化力量配备，在编制、职数、待遇等方面加大对街道社区的政策倾斜力度，形成在基层集聚人才、在一线创业成长的鲜明导向。注重吸引政治觉悟高、热爱社区事业、热心服务群众、具有一定专业素养的人才到社区工作，建设一支数量充足、结构合理、管理规范、素质优良的社区工作者队伍。健全社区工作者职业体系，设立岗位等级序列，按规定落实报酬待遇，形成正常增长机制。加大从优秀社区工作者中招录（聘）公务员或事业单位工作人员、选拔街道干部力度。建立正向激励机制，加大表彰奖励力度，增强职业荣誉感，引导基层干部努力担当作为。健全财政投入保障机制，落实社区运转经费、党建工作经费、服务群众专项经费、服务设施和社区信息化建设经费，提升社区场所阵地服务承载能力。

4.【2019年】中共中央 国务院《关于支持深圳建设中国特色社会主义先行示范区的意见》①

党和国家作出兴办经济特区重大战略部署以来，深圳经济特区作为我国改革开放的重要窗口，各项事业取得显著成绩，已成为一座充满魅力、动力、活力、创新力的国际化创新型城市。当前，中国特色社会主义进入新时代，支持深圳高举新时代改革开放旗帜、建设中国特色社会主义先行示范区，有利于在更高起点、更高层次、更高目标上推进改革开放，形成全面深化改革、全面扩大开放新格局；有利于更好实施粤港澳大湾区战略，丰富“一国两制”事业发展新实践；有利于率先探索全面建设社会主义现代化强国新路径，为实现中华民族伟大复兴的中国梦提供有力支撑。为全面贯彻落实习近平新时代中国特色社会主义思想和习近平总书记关于深圳工作的重要讲话和重要指示批示精神，现就支持深圳建设中国特色社会主义先行示范区提出如下意见。

一、总体要求

（一）指导思想

以习近平新时代中国特色社会主义思想为指导，全面贯彻党的十九大和十九届二中、三中全会精神，紧紧围绕统筹推进“五位一体”总体布局和协调推进“四个全面”战略布局，坚持和加强党的全面领导，坚持新发展理念，坚持以供给侧结构性改革为主线，坚持全面深化改革，坚持全面扩大开放，坚持以人民为中心，践行高质量发展要求，深入实施创新驱动发展战略，抓住粤港澳大湾区建设重要机遇，增强核心引擎功能，朝着建设中国特色社会主义先行示范区的方向前行，努力创建社会主义现代化强国的城市范例。

（二）战略定位

——高质量发展高地。深化供给侧结构性改革，实施创新驱动发展战略，建设现代化经济体系，在构建高质量发展的体制机制上走在全国

① 中共中央 国务院《关于支持深圳建设中国特色社会主义先行示范区的意见》，中国政府网，https：//www.gov.cn/zhengce/2019-08/18/content_ 5422183.htm，2019年8月18日。

前列。

——法治城市示范。全面提升法治建设水平，用法治规范政府和市场边界，营造稳定公平透明、可预期的国际一流法治化营商环境。

——城市文明典范。践行社会主义核心价值观，构建高水平的公共文化服务体系和现代文化产业体系，成为新时代举旗帜、聚民心、育新人、兴文化、展形象的引领者。

——民生幸福标杆。构建优质均衡的公共服务体系，建成全覆盖可持续的社会保障体系，实现幼有善育、学有优教、劳有厚得、病有良医、老有颐养、住有宜居、弱有众扶。

——可持续发展先锋。牢固树立和践行绿水青山就是金山银山的理念，打造安全高效的生产空间、舒适宜居的生活空间、碧水蓝天的生态空间，在美丽湾区建设中走在前列，为落实联合国2030年可持续发展议程提供中国经验。

（三）发展目标

到2025年，深圳经济实力、发展质量跻身全球城市前列，研发投入强度、产业创新能力世界一流，文化软实力大幅提升，公共服务水平和生态环境质量达到国际先进水平，建成现代化国际化创新型城市。到2035年，深圳高质量发展成为全国典范，城市综合经济竞争力世界领先，建成具有全球影响力的创新创业创意之都，成为我国建设社会主义现代化强国的城市范例。到本世纪中叶，深圳以更加昂扬的姿态屹立于世界先进城市之林，成为竞争力、创新力、影响力卓著的全球标杆城市。

二、率先建设体现高质量发展要求的现代化经济体系

（四）加快实施创新驱动发展战略

支持深圳强化产学研深度融合的创新优势，以深圳为主阵地建设综合性国家科学中心，在粤港澳大湾区国际科技创新中心建设中发挥关键作用。支持深圳建设5G、人工智能、网络空间科学与技术、生命信息与生物医药实验室等重大创新载体，探索建设国际科技信息中心和全新机制的医学科学院。加强基础研究和应用基础研究，实施关键核心技术攻坚行动，夯实产业安全基础。探索知识产权证券化，规范有序建设知识产权和科技成果产权交易中心。支持深圳具备条件的各类单位、机构和企业在境外设

立科研机构，推动建立全球创新领先城市科技合作组织和平台。支持深圳实行更加开放便利的境外人才引进和出入境管理制度，允许取得永久居留资格的国际人才在深圳创办科技型企业、担任科研机构法人代表。

（五）加快构建现代产业体系

大力发展战略性新兴产业，在未来通信高端器件、高性能医疗器械等领域创建制造业创新中心。开展市场准入和监管体制机制改革试点，建立更具弹性的审慎包容监管制度，积极发展智能经济、健康产业等新产业新业态，打造数字经济创新发展试验区。提高金融服务实体经济能力，研究完善创业板发行上市、再融资和并购重组制度，创造条件推动注册制改革。支持在深圳开展数字货币研究与移动支付等创新应用。促进与港澳金融市场互联互通和金融（基金）产品互认。在推进人民币国际化上先行先试，探索创新跨境金融监管。

（六）加快形成全面深化改革开放新格局

坚持社会主义市场经济改革方向，探索完善产权制度，依法有效保护各种所有制经济组织和公民财产权。支持深圳开展区域性国资国企综合改革试验。高标准高质量建设自由贸易试验区，加快构建与国际接轨的开放型经济新体制。支持深圳试点深化外汇管理改革。推动更多国际组织和机构落户深圳。支持深圳举办国际大型体育赛事和文化交流活动，建设国家队训练基地，承办重大主场外交活动。支持深圳加快建设全球海洋中心城市，按程序组建海洋大学和国家深海科考中心，探索设立国际海洋开发银行。

（七）助推粤港澳大湾区建设

进一步深化前海深港现代服务业合作区改革开放，以制度创新为核心，不断提升对港澳开放水平。加快深港科技创新合作区建设，探索协同开发模式，创新科技管理机制，促进人员、资金、技术和信息等要素高效便捷流动。推进深莞惠联动发展，促进珠江口东西两岸融合互动，创新完善、探索推广深汕特别合作区管理体制机制。

三、率先营造彰显公平正义的民主法治环境

（八）全面提升民主法治建设水平

在党的领导下扩大人民有序政治参与，坚持和完善人民代表大会制度，加强社会主义协商民主制度建设。用足用好经济特区立法权，在遵循宪法和法律、行政法规基本原则前提下，允许深圳立足改革创新实践需要，根据授权对法律、行政法规、地方性法规作变通规定。加强法治政府建设，完善重大行政决策程序制度，提升政府依法行政能力。加大全面普法力度，营造尊法学法守法用法的社会风尚。

（九）优化政府管理和服务

健全政企沟通机制，加快构建亲清政商关系，进一步激发和弘扬优秀企业家精神，完善企业破产制度，打造法治化营商环境。深化“放管服”改革，全面推行权力清单、责任清单、负面清单制度，推进“数字政府”改革建设，实现主动、精准、整体式、智能化的政府管理和服务。改革完善公平竞争审查和公正监管制度，推进“双随机、一公开”监管，推行信用监管改革，促进各类市场主体守法诚信经营。

（十）促进社会治理现代化

综合应用大数据、云计算、人工智能等技术，提高社会治理智能化专业化水平。加强社会信用体系建设，率先构建统一的社会信用平台。加快建设智慧城市，支持深圳建设粤港澳大湾区大数据中心。探索完善数据产权和隐私保护机制，强化网络信息安全保障。加强基层治理，改革创新群团组织、社会力量参与社会治理模式。

四、率先塑造展现社会主义文化繁荣兴盛的现代城市文明

（十一）全面推进城市精神文明建设

进一步弘扬开放多元、兼容并蓄的城市文化和敢闯敢试、敢为人先、埋头苦干的特区精神，大力弘扬粤港澳大湾区人文精神，把社会主义核心价值观融入社会发展各方面，加快建设区域文化中心城市和彰显国家文化软实力的现代文明之城。推进公共文化服务创新发展，率先建成普惠性、高质量、可持续的城市公共文化服务体系。支持深圳规划建设一批重大公共文化设施，鼓励国家级博物馆在深圳设立分馆，研究将深圳列为城市社区运动场地设施建设试点城市。鼓励深圳与香港、澳门联合举办多种形式的文化艺术活动，开展跨界重大文化遗产保护，涵养同宗同源的文化底蕴，不断增强港澳同胞的认同感和凝聚力。

（十二）发展更具竞争力的文化产业和旅游业

支持深圳大力发展数字文化产业和创意文化产业，加强粤港澳数字创意产业合作。支持深圳建设创新创意设计学院，引进世界高端创意设计资源，设立面向全球的创意设计大奖，打造一批国际性的中国文化品牌。用好香港、澳门会展资源和行业优势，组织举办大型文创展览。推动文化和旅游融合发展，丰富中外文化交流内容。有序推动国际邮轮港建设，进一步增加国际班轮航线，探索研究简化邮轮、游艇及旅客出入境手续。

五、率先形成共建共治共享共同富裕的民生发展格局

（十三）提升教育医疗事业发展水平

支持深圳在教育体制改革方面先行先试，高标准办好学前教育，扩大中小学教育规模，高质量普及高中阶段教育。充分落实高等学校办学自主权，加快创建一流大学和一流学科。建立健全适应“双元”育人职业教育的体制机制，打造现代职业教育体系。加快构建国际一流的整合型优质医疗服务体系和以促进健康为导向的创新型医保制度。扩大优质医疗卫生资源供给，鼓励社会力量发展高水平医疗机构，为港资澳资医疗机构发展提供便利。探索建立与国际接轨的医学人才培养、医院评审认证标准体系，放宽境外医师到内地执业限制，先行先试国际前沿医疗技术。

（十四）完善社会保障体系

实施科学合理、积极有效的人口政策，逐步实现常住人口基本公共服务均等化。健全多层次养老保险制度体系，构建高水平养老和家政服务体系。推动统一的社会保险公共服务平台率先落地，形成以社会保险卡为载体的“一卡通”服务管理模式。推进在深圳工作和生活的港澳居民民生方面享有“市民待遇”。建立和完善房地产市场平稳健康发展长效机制，加快完善保障性住房与人才住房制度。

六、率先打造人与自然和谐共生的美丽中国典范

（十五）完善生态文明制度

落实生态环境保护“党政同责、一岗双责”，实行最严格的生态环境保护制度，加强生态环境监管执法，对违法行为“零容忍”。构建以绿色发展为导向的生态文明评价考核体系，探索实施生态系统服务价值核算制

度。完善环境信用评价、信息强制性披露等生态环境保护政策，健全环境公益诉讼制度。深化自然资源管理制度改革，创新高度城市化地区耕地和永久基本农田保护利用模式。

（十六）构建城市绿色发展新格局

坚持生态优先，加强陆海统筹，严守生态红线，保护自然岸线。实施重要生态系统保护和修复重大工程，强化区域生态环境联防共治，推进重点海域污染物排海总量控制试点。提升城市灾害防御能力，加强粤港澳大湾区应急管理合作。加快建立绿色低碳循环发展的经济体系，构建以市场为导向的绿色技术创新体系，大力发展绿色产业，促进绿色消费，发展绿色金融。继续实施能源消耗总量和强度双控行动，率先建成节水型城市。

七、保障措施

（十七）全面加强党的领导和党的建设

落实新时代党的建设总要求，坚持把党的政治建设摆在首位，增强“四个意识”，坚定“四个自信”，做到“两个维护”。贯彻落实新时代党的组织路线，激励特区干部新时代新担当新作为。坚定不移推动全面从严治党向纵深发展，持之以恒正风肃纪反腐。

（十八）强化法治政策保障

本意见提出的各项改革政策措施，凡涉及调整现行法律的，由有关方面按法定程序向全国人大或其常委会提出相关议案，经授权或者决定后实施；涉及调整现行行政法规的，由有关方面按法定程序经国务院授权或者决定后实施。在中央改革顶层设计和战略部署下，支持深圳实施综合授权改革试点，以清单式批量申请授权方式，在要素市场化配置、营商环境优化、城市空间统筹利用等重点领域深化改革、先行先试。

（十九）完善实施机制

在粤港澳大湾区建设领导小组领导下，中央和国家机关有关部门要加强指导协调，及时研究解决深圳建设中国特色社会主义先行示范区工作推进中遇到的重大问题，重大事项按程序向党中央、国务院请示报告。广东省要积极创造条件、全力做好各项指导支持工作。深圳市要落实主体责任，继续解放思想、真抓实干，改革开放再出发，在新时代走在前列、新征程勇当尖兵。

5. 【2021 年】《中华人民共和国国民经济和社会发展第十四个五年规划和 2035 年远景目标纲要》（部分）①

第十四篇　增进民生福祉 提升共建共治共享水平

第五十一章　构建基层社会治理新格局

健全党组织领导的自治、法治、德治相结合的城乡基层社会治理体系，完善基层民主协商制度，建设人人有责、人人尽责、人人享有的社会治理共同体。

第一节　夯实基层社会治理基础

健全党组织领导、村（居）委会主导、人民群众为主体的基层社会治理框架。依法厘清基层政府与基层群众性自治组织的权责边界，制定县（区）职能部门、乡镇（街道）在城乡社区治理方面的权责清单制度，实行工作事项准入制度，减轻基层特别是村级组织负担。加强基层群众性自治组织规范化建设，合理确定其功能、规模和事务范围。加强基层群众自治机制建设，完善村（居）民议事会、理事会、监督委员会等自治载体，健全村（居）民参与社会治理的组织形式和制度化渠道。

第二节　健全社区管理和服务机制

推动社会治理和服务重心下移、资源下沉，提高城乡社区精准化精细化服务管理能力。推进审批权限和公共服务事项向基层延伸，构建网格化管理、精细化服务、信息化支撑、开放共享的基层管理服务平台，推动就业社保、养老托育、扶残助残、医疗卫生、家政服务、物流商超、治安执法、纠纷调处、心理援助等便民服务场景有机集成和精准对接。完善城市社区居委会职能，督促业委会和物业服务企业履行职责，改进社区物业服务管理。构建专职化、专业化的城乡社区工作者队伍。

第三节　积极引导社会力量参与基层治理

发挥群团组织和社会组织在社会治理中的作用，畅通和规范市场主

① 《中华人民共和国国民经济和社会发展第十四个五年规划和 2035 年远景目标纲要》，中国政府网，https：//www. gov. cn/xinwen/2021-03/13/content_ 5592681. htm，2021 年 3 月 13 日。

体、新社会阶层、社会工作者和志愿者等参与社会治理的途径，全面激发基层社会治理活力。培育规范化行业协会商会、公益慈善组织、城乡社区社会组织，加强财政补助、购买服务、税收优惠、人才保障等政策支持和事中事后监管。支持和发展社会工作服务机构和志愿服务组织，壮大志愿者队伍，搭建更多志愿服务平台，健全志愿服务体系。

6. 【2021 年】中共中央 国务院《关于加强基层治理体系和治理能力现代化建设的意见》①

基层治理是国家治理的基石，统筹推进乡镇（街道）和城乡社区治理，是实现国家治理体系和治理能力现代化的基础工程。为深入贯彻党的十九大和十九届二中、三中、四中、五中全会精神，夯实国家治理根基，现就加强基层治理体系和治理能力现代化建设提出如下意见。

一、总体要求

（一）指导思想

以习近平新时代中国特色社会主义思想为指导，坚持和加强党的全面领导，坚持以人民为中心，以增进人民福祉为出发点和落脚点，以加强基层党组织建设、增强基层党组织政治功能和组织力为关键，以加强基层政权建设和健全基层群众自治制度为重点，以改革创新和制度建设、能力建设为抓手，建立健全基层治理体制机制，推动政府治理同社会调节、居民自治良性互动，提高基层治理社会化、法治化、智能化、专业化水平。

（二）工作原则

坚持党对基层治理的全面领导，把党的领导贯穿基层治理全过程、各方面。坚持全周期管理理念，强化系统治理、依法治理、综合治理、源头治理。坚持因地制宜，分类指导、分层推进、分步实施，向基层放权赋能，减轻基层负担。坚持共建共治共享，建设人人有责、人人尽责、人人享有的基层治理共同体。

（三）主要目标

力争用 5 年左右时间，建立起党组织统一领导、政府依法履责、各类组织积极协同、群众广泛参与，自治、法治、德治相结合的基层治理体系，健全常态化管理和应急管理动态衔接的基层治理机制，构建网格化管理、精细化服务、信息化支撑、开放共享的基层管理服务平台；党建引领

---

① 中共中央 国务院《关于加强基层治理体系和治理能力现代化建设的意见》，中国政府网，https：//www. gov. cn/govweb/zhengce/2021-07/11/content_ 5624201. htm，2021 年 7 月 11 日。

基层治理机制全面完善，基层政权坚强有力，基层群众自治充满活力，基层公共服务精准高效，党的执政基础更加坚实，基层治理体系和治理能力现代化水平明显提高。在此基础上力争再用10年时间，基本实现基层治理体系和治理能力现代化，中国特色基层治理制度优势充分展现。

二、完善党全面领导基层治理制度

（一）加强党的基层组织建设，健全基层治理党的领导体制

把抓基层、打基础作为长远之计和固本之举，把基层党组织建设成为领导基层治理的坚强战斗堡垒，使党建引领基层治理的作用得到强化和巩固。加强乡镇（街道）、村（社区）党组织对基层各类组织和各项工作的统一领导，以提升组织力为重点，健全在基层治理中坚持和加强党的领导的有关制度，涉及基层治理重要事项、重大问题都要由党组织研究讨论后按程序决定。积极推行村（社区）党组织书记通过法定程序担任村（居）民委员会主任、村（社区）“两委”班子成员交叉任职。注重把党组织推荐的优秀人选通过一定程序明确为各类组织负责人，确保依法把党的领导和党的建设有关要求写入各类组织章程。创新党组织设置和活动方式，不断扩大党的组织覆盖和工作覆盖，持续整顿软弱涣散基层党组织。推动全面从严治党向基层延伸，加强日常监督，持续整治群众身边的不正之风和腐败问题。

（二）构建党委领导、党政统筹、简约高效的乡镇（街道）管理体制

深化基层机构改革，统筹党政机构设置、职能配置和编制资源，设置综合性内设机构。除党中央明确要求实行派驻体制的机构外，县直部门设在乡镇（街道）的机构原则上实行属地管理。继续实行派驻体制的，要纳入乡镇（街道）统一指挥协调。

（三）完善党建引领的社会参与制度

坚持党建带群建，更好履行组织、宣传、凝聚、服务群众职责。统筹基层党组织和群团组织资源配置，支持群团组织承担公共服务职能。培育扶持基层公益性、服务性、互助性社会组织。支持党组织健全、管理规范的社会组织优先承接政府转移职能和服务项目。搭建区域化党建平台，推行机关企事业单位与乡镇（街道）、村（社区）党组织联建共建，组织党员、干部下沉参与基层治理、有效服务群众。

三、加强基层政权治理能力建设

（一）增强乡镇（街道）行政执行能力

加强乡镇（街道）党（工）委对基层政权建设的领导。依法赋予乡镇（街道）综合管理权、统筹协调权和应急处置权，强化其对涉及本区域重大决策、重大规划、重大项目的参与权和建议权。根据本地实际情况，依法赋予乡镇（街道）行政执法权，整合现有执法力量和资源。推行乡镇（街道）行政执法公示制度，实行“双随机、一公开”监管模式。优化乡镇（街道）行政区划设置，确保管理服务有效覆盖常住人口。

（二）增强乡镇（街道）为民服务能力

市、县级政府要规范乡镇（街道）政务服务、公共服务、公共安全等事项，将直接面向群众、乡镇（街道）能够承接的服务事项依法下放。乡镇要围绕全面推进乡村振兴、巩固拓展脱贫攻坚成果等任务，做好农业产业发展、人居环境建设及留守儿童、留守妇女、留守老人关爱服务等工作。街道要做好市政市容管理、物业管理、流动人口服务管理、社会组织培育引导等工作。加强基层医疗卫生机构和乡村卫生健康人才队伍建设。优化乡镇（街道）政务服务流程，全面推进一窗式受理、一站式办理，加快推行市域通办，逐步推行跨区域办理。

（三）增强乡镇（街道）议事协商能力

完善基层民主协商制度，县级党委和政府围绕涉及群众切身利益的事项确定乡镇（街道）协商重点，由乡镇（街道）党（工）委主导开展议事协商，完善座谈会、听证会等协商方式，注重发挥人大代表、政协委员作用。探索建立社会公众列席乡镇（街道）有关会议制度。

（四）增强乡镇（街道）应急管理能力

强化乡镇（街道）属地责任和相应职权，构建多方参与的社会动员响应体系。健全基层应急管理组织体系，细化乡镇（街道）应急预案，做好风险研判、预警、应对等工作。建立统一指挥的应急管理队伍，加强应急物资储备保障。每年组织开展综合应急演练。市、县级政府要指导乡镇（街道）做好应急准备工作，强化应急状态下对乡镇（街道）人、财、物支持。

（五）增强乡镇（街道）平安建设能力

坚持和发展新时代“枫桥经验”，加强乡镇（街道）综治中心规范化建设，发挥其整合社会治理资源、创新社会治理方式的平台作用。完善基层社会治安防控体系，健全防范涉黑涉恶长效机制。健全乡镇（街道）矛盾纠纷一站式、多元化解决机制和心理疏导服务机制。

四、健全基层群众自治制度

（一）加强村（居）民委员会规范化建设

坚持党组织领导基层群众性自治组织的制度，建立基层群众性自治组织法人备案制度，加强集体资产管理。规范撤销村民委员会改设社区居民委员会的条件和程序，合理确定村（社区）规模，不盲目求大。发挥村（居）民委员会下设的人民调解、治安保卫、公共卫生等委员会作用，村民委员会应设妇女和儿童工作等委员会，社区居民委员会可增设环境和物业管理等委员会，并做好相关工作。完善村（居）民委员会成员履职承诺和述职制度。

（二）健全村（居）民自治机制

强化党组织领导把关作用，规范村（居）民委员会换届选举，全面落实村（社区）“两委”班子成员资格联审机制，坚决防止政治上的两面人，受过刑事处罚、存在“村霸”和涉黑涉恶及涉及宗族恶势力等问题人员，非法宗教与邪教的组织者、实施者、参与者等进入村（社区）“两委”班子。在基层公共事务和公益事业中广泛实行群众自我管理、自我服务、自我教育、自我监督，拓宽群众反映意见和建议的渠道。聚焦群众关心的民生实事和重要事项，定期开展民主协商。完善党务、村（居）务、财务公开制度，及时公开权力事项，接受群众监督。强化基层纪检监察组织与村（居）务监督委员会的沟通协作、有效衔接，形成监督合力。

（三）增强村（社区）组织动员能力

健全村（社区）“两委”班子成员联系群众机制，经常性开展入户走访。加强群防群治、联防联治机制建设，完善应急预案。在应急状态下，由村（社区）“两委”统筹调配本区域各类资源和力量，组织开展应急工作。改进网格化管理服务，依托村（社区）统一划分综合网格，明确网格管理服务事项。

（四）优化村（社区）服务格局

市、县级政府要规范村（社区）公共服务和代办政务服务事项，由基层党组织主导整合资源为群众提供服务。推进城乡社区综合服务设施建设，依托其开展就业、养老、医疗、托幼等服务，加强对困难群体和特殊人群关爱照护，做好传染病、慢性病防控等工作。加强综合服务、兜底服务能力建设。完善支持社区服务业发展政策，采取项目示范等方式，实施政府购买社区服务，鼓励社区服务机构与市场主体、社会力量合作。开展“新时代新社区新生活”服务质量提升活动，推进社区服务标准化。

五、推进基层法治和德治建设

（一）推进基层治理法治建设

提升基层党员、干部法治素养，引导群众积极参与、依法支持和配合基层治理。完善基层公共法律服务体系，加强和规范村（居）法律顾问工作。乡镇（街道）指导村（社区）依法制定村规民约、居民公约，健全备案和履行机制，确保符合法律法规和公序良俗。

（二）加强思想道德建设

培育践行社会主义核心价值观，推动习近平新时代中国特色社会主义思想进社区、进农村、进家庭。健全村（社区）道德评议机制，开展道德模范评选表彰活动，注重发挥家庭家教家风在基层治理中的重要作用。组织开展科学常识、卫生防疫知识、应急知识普及和诚信宣传教育，深入开展爱国卫生运动，遏制各类陈规陋习，抵制封建迷信活动。

（三）发展公益慈善事业

完善社会力量参与基层治理激励政策，创新社区与社会组织、社会工作者、社区志愿者、社会慈善资源的联动机制，支持建立乡镇（街道）购买社会工作服务机制和设立社区基金会等协作载体，吸纳社会力量参加基层应急救援。完善基层志愿服务制度，大力开展邻里互助服务和互动交流活动，更好满足群众需求。

六、加强基层智慧治理能力建设

（一）做好规划建设

市、县级政府要将乡镇（街道）、村（社区）纳入信息化建设规划，统筹推进智慧城市、智慧社区基础设施、系统平台和应用终端建设，强化系统集成、数据融合和网络安全保障。健全基层智慧治理标准体系，推广智能感知等技术。

（二）整合数据资源

实施“互联网+基层治理”行动，完善乡镇（街道）、村（社区）地理信息等基础数据，共建全国基层治理数据库，推动基层治理数据资源共享，根据需要向基层开放使用。完善乡镇（街道）与部门政务信息系统数据资源共享交换机制。推进村（社区）数据资源建设，实行村（社区）数据综合采集，实现一次采集、多方利用。

（三）拓展应用场景

加快全国一体化政务服务平台建设，推动各地政务服务平台向乡镇（街道）延伸，建设开发智慧社区信息系统和简便应用软件，提高基层治理数字化智能化水平，提升政策宣传、民情沟通、便民服务效能，让数据多跑路、群众少跑腿。充分考虑老年人习惯，推行适老化和无障碍信息服务，保留必要的线下办事服务渠道。

七、加强组织保障

（一）压实各级党委和政府责任

各级党委和政府要加强对基层治理的组织领导，完善议事协调机制，强化统筹协调，定期研究基层治理工作，整体谋划城乡社区建设、治理和服务，及时帮助基层解决困难和问题。加强对基层治理工作成效的评估，评估结果作为市、县级党政领导班子和领导干部考核，以及党委书记抓基层党建述职评议考核的重要内容。市、县级党委和政府要发挥一线指挥部作用，乡镇（街道）要提高抓落实能力。组织、政法、民政等部门要及时向党委和政府提出政策建议。

（二）改进基层考核评价

市、县级党委和政府要规范乡镇（街道）、村（社区）权责事项，并为权责事项以外委托工作提供相应支持。未经党委和政府统一部署，各职能部门不得将自身权责事项派交乡镇（街道）、村（社区）承担。完善考核评价体系和激励办法，加强对乡镇（街道）、村（社区）的综合考核，严格控制考核总量和频次。统筹规范面向基层的督查检查，清理规范工作台账、报表以及“一票否决”、签订责任状、出具证明事项、创建示范等项目，切实减轻基层负担。做好容错纠错工作，保护基层干部干事创业的积极性。

（三）保障基层治理投入

完善乡镇（街道）经费保障机制，进一步深化乡镇（街道）国库集中支付制度改革。编制城乡社区服务体系建设规划，将综合服务设施建设纳入国土空间规划，优化以党群服务中心为基本阵地的城乡社区综合服务设施布局。各省（自治区、直辖市）要明确乡镇（街道）、村（社区）的办公、服务、活动、应急等功能面积标准，按照有关规定采取盘活现有资源或新建等方式，支持建设完善基层阵地。

（四）加强基层治理队伍建设

充实基层治理骨干力量，加强基层党务工作者队伍建设。各级党委要专门制定培养规划，探索建立基层干部分级培训制度，建好用好城乡基层干部培训基地和在线培训平台，加强对基层治理人才的培养使用。推进编制资源向乡镇（街道）倾斜，鼓励从上往下跨层级调剂使用行政和事业编制。严格执行乡镇（街道）干部任期调整、最低服务年限等规定，落实乡镇机关事业单位工作人员乡镇工作补贴政策。建立健全村（社区）党组织书记后备人才库，实行村（社区）党组织书记县级党委组织部门备案管理。研究制定加强城乡社区工作者队伍建设政策措施，市、县级政府要综合考虑服务居民数量等因素制定社区工作者配备标准；健全社区工作者职业体系，建立岗位薪酬制度并完善动态调整机制，落实社会保险待遇，探索将专职网格员纳入社区工作者管理。加强城乡社区服务人才队伍建设，引导高校毕业生等从事社区工作。

（五）推进基层治理创新

加快基层治理研究基地和智库建设，加强中国特色社会主义基层治理理论研究。以市（地、州、盟）为单位开展基层治理示范工作，加强基层治理平台建设，鼓励基层治理改革创新。认真总结新冠肺炎疫情防控经验，补齐补足社区防控短板，切实巩固社区防控阵地。完善基层治理法律法规，适时修订《中华人民共和国城市居民委员会组织法》、《中华人民共和国村民委员会组织法》，研究制定社区服务条例。

（六）营造基层治理良好氛围

选树表彰基层治理先进典型，推动创建全国和谐社区。做好基层治理调查统计工作，建立基层治理群众满意度调查制度。组织开展基层治理专题宣传。

7.【2022 年】关于深化城市基层党建引领基层治理的若干措施（试行）

2022 年初，中组部、中央政法委、民政部、住房和城乡建设部印发《关于深化城市基层党建引领基层治理的若干措施（试行）》。

近年来，各地以习近平新时代中国特色社会主义思想为指导，认真落实党中央关于加强城市基层党建工作的各项部署要求，城市基层党建引领基层治理水平明显提升。站在新的起点，为深入贯彻《中共中央、国务院关于加强基层治理体系和治理能力现代化建设的意见》精神，总结运用疫情防控斗争经验，进一步加强党的全面领导、有效整合各方力量，着力破解制约基层治理效能提升的突出问题，现就深化城市基层党建引领基层治理提出如下措施。

一、加强党建引领网格管理，提升社区精细化治理、精准化服务水平

1. 合理设置社区网格。一般以居民小组或住宅小区、若干楼院为单元划分社区网格，每个网格原则上覆盖 300—500 户。把社区内的党建和政法综治、民政、城管、信访、市场监管、卫生健康、应急管理等各类网格统一整合成“一张网”。网格整合后各职能部门不再另行单独划定网格，确需依托网格开展的业务工作，纳入社区已有网格管理。商务楼宇、商圈市场等根据实际情况可单独划定网格。

2. 建强社区网格党组织。原则上一个网格设立 1 个党支部或党小组。社区网格党支部书记、党小组组长由社区党组织成员或社区党员骨干担任，并兼任网格长。鼓励支持离退休干部党员参与社区网格党组织建设。一个网格应配备 1 名专职网格员，统 一纳入社区工作者队伍管理。商务楼宇、商圈市场网格党组织书记一般由街道党（工）委选派党员干部担任，注重把业主单位、楼宇物业、重点企业党员负责人经组织程序选进网格党组织班子。

3. 完善社区网格运行机制。坚持和发展新时代“枫桥经验”，建立健全信息收集、问题发现、任务分办、协同处置、结果反馈工作机制，做到

民有所呼、我有所应。专职网格员要开展日常巡查走访，了解掌握社情民意，及时处理矛盾问题。对网格排查上报事项，社区做好梳理汇总，街道根据问题性质和管理权限“吹哨派单”，相关职能部门主动承接、限时办理并反馈。推动基层行政执法力量下沉网格，引导各类企业、社会组织、志愿者队伍参与网格管理和服务。市、区领导班子成员要直接联系社区，街道领导班子成员要直接联系网格。

二、加强社区工作者职业体系建设，壮大城市基层党建和基层治理骨干力量

4. 严格社区工作者选聘标准和程序。社区工作者主要包括社区党组织成员、社区居民委员会成员中的专职人员和在社区从事党建、治理、服务工作的全日制专职工作人员，配置标准为每万城镇常住人口不少于 18 人。根据就近就便、职住兼顾原则，一般由县（市、区、旗）统一组织选聘，由所属街道集中管理、所在社区分配使用。建立健全社区党组织书记后备人才库，实行社区党组织书记县级党委组织部门备案管理。

5. 完善社区工作者激励保障制度。社区工作岗位一般设立社区正职、社区副职、工作人员等类别，每类岗位依据岗位职责、工作年限、专业水平、学历层次等因素划分若干等级。岗位等级序列以市为单位设置，并建立省内互认机制。社区工作者薪酬标准不低于上年度当地全口径城镇单位就业人员平均工资水平，按照国家有关规定落实基本养老、基本医疗等社会保险及住房公积金。对连续任职满两届、表现优秀的社区党组织书记，可按规定程序解决事业人员身份，特别优秀的可通过择优调任、换届选举等选拔进街道（乡镇）班子。

6. 加强社区工作者培养锻炼。区级以上党委组织部门会同民政等有关部门对社区党组织书记、社区居民委员会主任进行履职培训，街道党（工）委统筹组织其他社区工作者岗位培训。突出实战实训，设立社区实训基地，推行“导师帮带制”。鼓励社区工作者参加全国社会工作者职业资格评价。

三、加强党群服务中心建设，夯实城市基层党建和基层治理实体支撑

7. 构建布局合理、覆盖广泛的党群服务中心体系。把街道社区党群服

务中心纳入城市公益性服务设施建设规划，在新建社区和老旧街区、老旧小区、老旧厂区、城中村改造等工作中统筹考虑。按照“15 分钟服务圈”要求科学选址、合理布局，尽量把党群服务中心建在人流密集、交通便利的位置。街道党群服务中心面积一般不小于 1000 平方米，社区党群服务中心面积力争达到每百户 30 平方米以上，优化以党群服务中心为基本阵地的社区综合服务设施布局。推动商务楼宇、商圈市场和较大企业因地制宜建设开放共享的区域性党群服务中心。有条件的地方可在市、区层面依托政务服务场所建立党群服务中心，根据居民需求在社区网格设立党群服务站点。

8. 提升党群服务中心综合使用效率。整合党建、治理、服务多种功能，合理划分政务服务、党群活动、综合治理、协商议事、文体康养等功能区域，避免建成单纯宣示性、展示性场所。有条件的地方可设立老年食堂、青年创客空间、老党员工作室等特色服务场所。积极培育引进社会组织开展专业化服务。统筹整合相关部门在街道社区设立的各类活动阵地，推动场所设施共用、力量资源共享。

9. 提升信息集成和智慧治理水平。统筹推进智慧城市、智慧社区建设，整合现有党的建设、综合治理、社区治理、数字城管等各系统信息资源，建设一体化信息系统和综合指挥平台，推动基层治理数字化智能化，做好网上群众工作。加强党群服务中心便民服务信息网络建设，完善自助服务设施，让数据多跑路、群众少跑腿。

四、强化社区物业党建联建，以高质量物业服务推进美好家园建设

10. 推进物业服务和物业服务企业党建全覆盖。注重以市场化方式为主渠道，不断扩大物业服务覆盖范围。对无物业小区，采取引入国有物业服务企业提供基本物业服务、社区“两委”组织居民自我管理等方式，实现物业服务兜底。推动符合条件的物业服务企业及时建立党组织，暂不具备组建条件的，通过选派党建指导员、引导企业招聘党员员工等方式加强党的工作覆盖。依托各级住房城乡建设部门及物业行业协会建立物业行业党组织。物业服务企业党组织接受物业服务项目所在社区党组织领导，同时接受物业行业党组织指导。对党建强、服务好、群众满意度高的物业服务企业，在物业服务项目招投标和物业服务企业评先评优时予以优先考

虑，支持以政府购买服务等形式承接有关政务服务和公共服务。

11. 强化党组织对业主委员会的指导。街道社区党组织要在业主委员会组建和换届过程中加强人选把关，提高业主委员会成员中党员比例，推动符合条件的业主委员会设立党支部或党小组。业主委员会根据业主大会授权决定大额维修资金使用、小区公共收益支出、公共设施完善等事项前，应主动向社区“两委”报告。对未成立业主委员会的，可探索由社区“两委”指导组建物业管理委员会，临时代行业主委员会部分职责。

12. 建立社区物业党建联建和协调共治机制。推动符合条件的社区“两委”成员通过法定程序兼任业主委员会成员，鼓励业主委员会和物业服务企业党员负责人担任社区党组织兼职委员，健全完善党建引领下的社区居民委员会、业主委员会、物业服务企业协调运行机制，组织社区居民有序参与，做到决策共谋、发展共建、建设共管、效果共评、成果共享，共同建设美好家园。健全街道党（工）委统一协调，相关部门联动执法，协同解决物业管理问题的工作机制。街道党（工）委要根据日常了解掌握的情况，对辖区物业服务企业提出评价意见，作为住房城乡建设部门评价企业信用的重要内容记入信用档案。

五、压实街道社区（园区）属地管理责任，把新就业群体纳入城市基层党建格局

13. 健全快递物流、外卖配送、网约出行等企业党组织。以头部企业为重点，推动党组织应建尽建，加强企业分支机构、业务板块、分拨中心、仓储基地、基层网点党组织建设，选优配强党组织书记，加强对党员特别是流动党员的教育管理。推动快递物流、外卖配送企业与街道社区（园区）党建联建。对未建立党组织的企业，引导党员就近就便参加驻点、包片街道社区（园区）党组织活动。推动相关行业协会商会建立健全党组织，依托行业协会商会加强会员企业党建工作。

14. 推动快递员、外卖送餐员、网约车司机等新就业群体融入基层治理。街道社区（园区）党组织要及时掌握辖区内快递网点、外卖配送站的分布情况，整合利用闲置用房、地下空间、架空层等资源，帮助快递网点解决配送场地、临时宿舍等实际困难。推动快递员、外卖送餐员到党群服务中心报到备案，参加社区志愿服务，推动党群服务中心、银行网点服务

设施向新就业群体开放。发挥新就业群体在城市基层治理中的重要作用，引导他们积极参与疫情防控、平安建设、文明创建等工作。

六、因地制宜精准施策，着力提升村改社区、易地扶贫搬迁集中安置社区等区域治理水平

15. 规范村改社区工作。对处于城镇开发边界内的城中村和城乡结合部，有序抓好从农村到城市的转改衔接。按照“先改制、后改居”原则，规范撤销村民委员会改设社区居民委员会的条件和程序，严格建制调整工作方案报审，明确村级集体资产改制办法，妥善处理债权债务，实现居企分开。及时组建村改社区党组织、社区居民委员会，配齐配强社区工作人员，推动党组织把工作重心由抓经济、抓发展向抓治理、抓服务转变，实现社区党建、管理和服务对原村民和外来居民全覆盖，加强居民间的交流融合。对外来流动人员多、矛盾积压深、环境脏乱差的村改社区，要选派机关和企事业单位干部担任第一书记，开展专项整治。

16. 推动易地扶贫搬迁集中安置社区完善治理架构、增强治理能力。根据各类搬迁群众情况，统筹考虑各方利益诉求，及时建立安置社区党组织、居民委员会和其他经济社会组织，完善工作协调运行机制。选派迁入地党政机关干部担任第一书记，组建驻社区工作队，帮助安置社区培养骨干力量，提升工作水平。加强安置社区党群服务中心建设，完善公共服务和便民利民服务设施，健全老人、妇女、儿童关爱服务体系，做好产业培育和就业帮扶工作，确保搬迁群众搬得出、稳得住、能致富。加强社区文化建设，整治社区环境，推进移风易俗，增强搬迁群众对安置社区的认同感、归属感。

七、广泛开展干部下派、到社区报到工作，推动机关和企事业单位在职党员参与社区治理常态化

17. 建立健全干部下派工作机制。面对重大公共卫生事件、重大自然灾害等突发事件，各级党委及时抽调机关和企事业单位党员干部下沉基层、充实一线工作力量。街道社区党组织要通过组建党员突击队、设立党员先锋岗等，组织下派干部冲锋在前。下派干部要自觉接受街道社区党组织统一指挥，主动承担艰巨任务。派出单位党组织要对下派干部践岗履

职、纪律作风等情况进行综合评价，并强化结果运用。积极推动各级机关和企事业单位选派干部到社区挂职或任职。

18. 深化拓展在职党员到社区报到工作。市、区两级机关和企事业单位党组织要结合干部下派工作，常态化组织在职党员到社区报到为群众服务。街道社区党组织要发挥在职党员模范带头作用，动员各类志愿者、社区热心群众，组建政策宣讲、法律援助、健康义诊、扶贫帮困、助老助残等服务团队，为群众提供组团式、专业化服务。在党群服务中心设置贴合群众需求的志愿服务岗位，为在职党员发挥作用提供更多平台。推行“群众点单、社区派单、党员接单”模式，组织在职党员认领“微心愿”，力所能及为群众解决实际困难。

八、健全城市基层党建引领基层治理领导体制机制，构建统一领导、各方协同、有序推进的工作格局

19. 建立组织领导和议事协调机制。中央组织部、民政部会同中央政法委、住房城乡建设部等部门建立基层党建引领基层治理协调机制，抓好总体谋划、加强工作协同、形成整体合力。省、市、县逐级建立基层党建引领基层治理领导协调机制，由党委和政府有关负责同志担任组长、副组长，相关职能部门作为成员单位，定期召开全体成员会议，根据需要召开专题会议，研究重大政策、部署重大工作、督办重大任务。可根据基层治理工作实际需要，探索设立若干专项工作组，细化任务分工，强化分类指导。组织部门要聚焦职能职责，在党建引领基层治理中发挥牵头抓总作用，依托内设机构做好日常沟通协调工作。

20. 发挥基层治理有关方面作用。坚持党建带群建，支持群团组织承担公共服务职能，做好化解矛盾纠纷、帮扶困难群众等工作。培育扶持基层所需的公益性、服务性、互助性社会组织，使其成为推动治理重要力量。畅通和规范市场主体、新社会阶层、社会工作者和志愿者等参与基层治理途径，构建人人有责、人人尽责、人人享有的基层治理共同体，实现共建共治共享。

8.【2018 年】中国共产党深圳市社区委员会工作规则（试行）

第一章 总 则

第一条 为了加强党的全面领导，坚决维护习近平总书记党中央的核心、全党的核心地位，坚决维护以习近平同志为核心的党中央权威和集中统一领导，加强和改进中国共产党深圳市社区委员会（以下简称社区党委）工作，提升基层党组织组织力，巩固党在城市基层的执政基础，根据党章和党内有关规定，结合本市实际，制定本规则。

第二条 社区党委是街道党工委领导下的基层委员会，领导本社区的工作和基层社会治理，支持和保证行政组织、经济组织和群众自治组织充分行使职权。

第三条 社区党委必须以马克思列宁主义、毛泽东思想、邓小平理论、“三个代表”重要思想、科学发展观、习近平新时代中国特色社会主义思想为指导，把党的政治建设摆在首位，坚持和加强党的全面领导，坚持党要管党、全面从严治党，坚持以人民为中心的发展思想，坚决贯彻党的理论和路线方针政策，依照党章履职尽责，在宪法和法律的范围内活动，不断完善社区治理体系，发挥组织优势、组织功能、组织力量，不断提升党在城市基层的统筹协调能力、改革创新能力、服务群众能力、引导自治能力、组织动员能力、依法治理能力，打造全面进步全面过硬的城市基层党组织。

第二章 组织机构

第四条 社区党委一般设委员 5 至 9 人，所属党组织、党员或者驻社区单位较多的可以适当增加，最多不超过 11 人。

社区党委设书记 1 名，副书记 1 至 2 名，其中 1 名副书记分管党建工作。

管理商务楼宇、各类园区、商圈市场、互联网业等新兴领域党员较多的社区，应当选配新兴领域党员为党委委员。驻社区单位党组织负责人、社区民警中的党员等可以担任兼职委员，参与辖区内党建工作重要问题的研究、讨论和决策，兼职委员一般不超过委员总数的二分之一。

第五条　社区党委每届任期按照党中央及省委统一规定，任期届满按规定进行换届选举。

第六条　规范社区党委班子成员在居委会、工作站、社区股份合作公司等组织中的交叉任职。社区党委书记兼任工作站站长、党群服务中心主任，通过法定程序兼任居委会主任，可以依据有关规定兼任社区股份合作公司集体资产管理委员会主任（不兼任董事长、总经理）。

社区党委、居委会班子成员交叉任职比例应当达到80%以上。鼓励和支持符合条件的社区党委委员通过规定程序兼任业主委员会主任。

第七条　上级党组织选派到社区党委担任第一书记的，应当在街道党工委领导下，紧紧依靠社区党委，带领社区“两委”成员开展工作，重点履行好加强基层组织建设、协调解决突出问题、组织开展为民服务、提升基层治理水平等工作职责。

第三章　工作职责

第八条　社区党委全面领导本社区工作，围绕巩固党在城市执政基础、增进群众福祉开展工作，组织整合辖区资源、服务社区群众、领导基层治理、维护和谐稳定、建设美好家园，行使社区人事安排权、重要事项决定权、领导保障权和管理监督权等职权。其主要职责是：

（一）宣传和执行党的路线方针政策和法律法规，认真落实党中央、上级党组织的决议、决定，组织研究决定本社区建设、管理、服务和发展中的重大问题，团结、组织党员和群众完成本社区所担负的任务。

（二）深入推进社区党建标准化建设和城市基层党建“标准+”模式，履行城市基层党建具体责任，积极构建以社区党委为核心，政经分开、居站整合，居委会、工作站、股份合作公司、驻区单位、群团组织、社会组织、物业公司等有序发挥作用的新型城市基层治理格局。

（三）负责做好所属党组织设置、变更、换届选举和开展日常工作，加强和规范党内政治生活，切实抓实党支部建设。

（四）负责做好辖区党组织书记的培养、选拔、使用和管理监督工作，做好发展党员工作，教育管理监督党员。抓好社区专职工作者队伍建设。

（五）领导居委会、居民小组和社区股份合作公司换届工作，研究提出居委会、工作站、居民小组、社区股份合作公司等组织的领导成员建议人选。支持居委会依法组织居民开展自我管理、自我教育、自我服务、自我监督，强化对社区股份合作公司的领导和监管。

（六）加强党建带群建、党群共建工作，充分发挥辖区工会、共青团、妇联等群团组织在联系服务群众中的枢纽功能。做好政法、统战、精神文明建设等工作。

（七）统筹社区党群服务中心建设和管理工作，整合各方面力量开展社区服务。

（八）在驻社区单位选拔任用干部、评先评优、授予荣誉称号等征求街道意见时，提供相关的意见和建议。

（九）监督社区党员干部和其他任何工作人员严格遵守法律法规，严格遵守财政经济法规和人事制度，不得侵占国家、集体和群众的利益。

（十）完成上级党组织交办的其他任务。

第九条　社区党委履行全面从严治党主体责任。社区党委书记应当履行抓党建第一责任人的职责，社区党委其他委员根据分工抓好职责范围内党的建设工作。

社区党委应当认真履行党风廉政建设主体责任，支持和配合各级纪律检查部门履行监督执纪问责职责。

第十条　社区党委应当结合本社区实际，在其工作规则中明确议事内容目录，实行清单管理。议事内容目录可以根据工作需要适时进行调整。

第十一条　社区党委应当坚持民主集中制，重大问题都要按照集体领导、民主集中、个别酝酿、会议决定的原则，由党委会议集体讨论，作出决定。在集体讨论和决定问题时，个人应当充分发表意见。

个人对集体作出的决定必须坚决执行，有不同意见的可以保留，也可以向上级党组织报告。

重大决策应当充分协商，听取各方面意见，实行科学决策、民主决策、依法决策。

第十二条　党委书记应当带头执行民主集中制，不得凌驾于组织之上、班子之上，不得搞独断专行。

党委其他委员应当支持党委书记开展工作，自觉接受党委书记对其工作的督促检查。

党委委员应当在党性原则基础上维护团结，互相信任、互相谅解、互相支持、互相监督。

第十三条　社区党委应当采取多种方式，经常性走访驻社区单位和居民家庭，及时了解各类需求及有关意见建议，组织实施“民生微实事”，解决群众的困难和问题。

第四章　工作机制

第十四条　社区党委必须坚决贯彻执行党中央、上级党组织的指示和决定，任何工作部署都必须以贯彻党中央精神为前提。

第十五条　建立健全社区党委向街道党工委请示报告工作制度。社区党委每年至少作1次全面报告，遇有重大问题应当及时请示报告。执行上级党组织某项重要指示和决定的情况应当专题报告。

第十六条　社区党委定期召开党委会议，研究贯彻落实上级党组织有关决策和工作部署的措施，讨论并决定社区党建重大事项、重要工作。党委会议由书记召集并主持，书记不能参加会议的，可以委托副书记召集并主持。

党委会议议题由党委书记提出，或者由党委其他委员提出建议、党委书记综合考虑后确定。

第十七条　社区党委会议应当有半数以上党委委员到会方可召开，讨论决定人事安排事项必须有三分之二以上党委委员到会。与会委员应当发表同意、不同意或者缓议等明确意见。

党委委员因故不能参加会议的应当在会前请假，其意见可以用书面形式表达。会议议题涉及本人或者其亲属以及存在其他需要回避情形的，有关党委委员应当回避。

根据工作需要，召开社区党委会议可以邀请社区内影响力大、有代表性的各领域党组织负责人列席。

第十八条　社区党委会议一般按照确定议题、预先告知、会前准备、集体讨论、进行表决、形成决议的程序进行。规范和完善议题形成机制，做好会前酝酿工作。

第十九条　社区党委会议议题提交表决前，应当进行充分讨论。

表决可以采用口头、举手、无记名投票或者记名投票等方式进行，赞成票超过应到会党委委员半数为通过。未到会党委委员的书面意见不得计入票数。表决实行主持人末位表态制。会议研究决定多个事项的，应当逐项进行表决。

党委会议应当安排工作人员如实记录，并按照规定存档备查。

第二十条　建立完善社区重大事项议事决策机制，按照社区党委提议、社区班子联席会议商议、党群联席会议审议、党群联席会议集体决议和决议公开、实施结果公开等程序，研究决定社区重大事项。

第二十一条　坚持党组织主导下的居民议事会、民情恳谈会，引领各类组织和居民群众自我约束、自我管理、自我教育、自我服务。

涉及全体居民利益的重要问题，应当提请居民会议讨论决定。

第二十二条　社区党委应当认真组织开展调查研究，及时研究解决工作中出现的新情况、新问题，提出加强和改进基层党建和社区治理的意见建议。

第二十三条　社区党委应当加强与街道党工委内设机构的联系沟通、保障各项工作的贯彻执行。

街道党工委内设机构应当加强对社区党建工作的指导，支持和保证社区党委各项工作顺利有序开展。

社区党委围绕社会性、群众性、公益性工作和公共服务、公共管理、公共安全等社会治理工作，协调、服务驻社区单位党组织参与社区党建和社区建设，推进共驻共建、互联互动。

第五章　监督追责

第二十四条　建立完善社区党建工作考核评价制度。每年组织开展1次社区党委书记抓基层党建工作述职评议考核，社区党委书记既应当向街道党工委述职并接受评议，也应当向所属党组织述职并接受评议。述职评议查摆的问题，社区党委应当集体研究形成整改清单，抓好整改落实。

第二十五条　有下列情形之一的，应当追究有关社区党委委员的责任：

（一）贯彻执行党的理论和路线方针政策、上级党组织指示和决定不及时不得力的；

（二）因违反决策程序或者决策失误造成重大损失或者恶劣影响的；

（三）人事安排方面出现重大问题的；

（四）不认真履行全面从严治党责任，造成所属党组织软弱涣散、党建工作削弱的；

（五）不履行党风廉政建设主体责任，造成严重后果的；

（六）擅自公开发表或者出版同党中央精神、上级党组织决定不符的讲话、报告、文章、著作的，或者在互联网上发表同党中央精神、上级党组织决定不符的言论的；

（七）泄露应当保密的会议内容和讨论情况的；

（八）对其他造成严重后果或者恶劣社会影响的行为负有责任的。

对发生集体违反本规则行为的，或者在党委其他委员出现严重违反本规则行为上存在重大过失的，还应当追究党委书记的相关责任。

社区党委重大决策失误的，对参与决策的党委委员实行终身责任追究。

党委委员在讨论决定有关事项时，对重大失误决策明确持不赞成态度或者保留意见的，应当免除或者减轻责任。

第二十六条　社区党委及其委员执行本规则情况，应当自觉接受街道党工委、纪律检查部门、所属党组织和党员群众的监督，纳入党员评议内容。

对违反本规则的社区党委委员，根据情节轻重，给予批评教育、责令作出检查、诫勉谈话、通报批评或者调离岗位、责令辞职、免职、降职等处理。

应当追究党纪责任的，按照《中国共产党纪律处分条例》等有关规定给予相应党纪处分。

涉嫌违法犯罪的，按照国家有关法律规定处理。

第六章　附　则

第二十七条　各区委可以根据本规则，结合实际制定实施细则。

第二十八条　本规则由中共深圳市委负责解释，具体工作由市委办公厅会同市委组织部承担。

第二十九条　本规则自 2018 年 6 月 28 日起施行。本市其他有关社区党委规定，凡与本规则不一致的，按照本规则执行。党中央及省委对社区党委工作另有规定的，按其规定执行。

9. 调查问卷工作相关数据记录

问卷具体选项设计及内容如下所示，其中括号蓝色部分为题型。

基层工作公众满意度调查问卷

您好！为给龙华区居民提供更美好、更满意的生活环境，现对龙华区的基层工作情况进行公众满意度调查，您可以根据真实感受充分反馈和表达您对您所在街道基层工作的满意情况。本问卷填写仅需 2 分钟，本次问卷收集采用匿名方式，请您放心作答。

1. 您的性别是：（单选）

☐ 男

☐ 女

2. 您的年龄是：（单选）

☐ 25 岁及以下

☐ 26 岁至 35 岁

☐ 36 岁至 45 岁

☐ 46 岁至 55 岁

☐ 56 岁及以上

3. 您的文化程度是：（单选）

☐ 初中及以下

☐ 高中/中专

☐ 本科/大专

☐ 研究生及以上

4. 您所居住的街道是：（单选）

☐ 观湖街道

☐ 民治街道

☐ 龙华街道

☐ 大浪街道

☐ 福城街道

☐ 观澜街道

5. 您对日常参与各类协商议事活动（包括参与度、宣传效果、举办方式等）的满意程度如何（李克特 5 级量表）

☐ 非常不满意

☐ 不满意

☐ 一般

☐ 满意

☐ 非常满意

6. 您对当地党委、政府的总体信任程度如何（李克特 5 级量表）

☐ 非常不信任

☐ 不信任

☐ 一般

☐ 信任

☐ 非常信任

7. 您对政府部门相关政策的落实满意程度如何（李克特 5 级量表）

☐ 非常不满意

☐ 不满意

☐ 一般

☐ 满意

☐ 非常满意

8. 您对现在社区公共服务供给（包括就业帮扶、医疗教育、养老服务、托幼服务等）总体满意程度如何（李克特 5 级量表）

☐ 非常不满意

☐ 不满意

☐ 一般

☐ 满意

☐ 非常满意

9. 您对本地的社会安全满意程度如何（李克特 5 级量表）

☐ 非常不满意

☐ 不满意

□ 一般

□ 满意

□ 非常满意

10. 您对社会主义核心价值观（富强、民主、文明、和谐，自由、平等、公正、法治，爱国、敬业、诚信、友善）的认可程度如何（李克特5级量表）

□ 非常不认可

□ 不认可

□ 一般

□ 认可

□ 非常认可

11. 您对辖区的绿化生态环境满意程度如何（李克特5级量表）

□ 非常不满意

□ 不满意

□ 一般

□ 满意

□ 非常满意

12. 您对基层工作还有什么其他建议或意见吗？（填空）

1	2	3	4	5	6	7	8	9	10	11
女	26岁至35岁	本科/大专	龙华街道	一般	信任	满意	一般	一般	一般	满意
男	26岁至35岁	本科/大专	龙华街道	非常满意	非常信任	非常满意	非常满意	非常满意	非常认可	非常满意
女	25岁及以下	本科/大专	龙华街道	非常满意	非常信任	非常满意	非常满意	非常满意	非常认可	非常满意
女	26岁至35岁	本科/大专	龙华街道	满意	信任	满意	满意	满意	认可	满意
男	36岁至45岁	本科/大专	福城街道	一般	一般	满意	一般	满意	认可	满意
女	46岁至55岁	本科/大专	观澜街道	满意	一般	满意	非常满意	满意	认可	满意
女	36岁至45岁	本科/大专	观澜街道	非常不满意	非常信任	非常满意	非常满意	非常满意	认可	非常满意
女	26岁至35岁	本科/大专	观澜街道	满意	信任	一般	一般	满意	认可	非常满意
女	26岁至35岁	高中/中专	观澜街道	非常满意	非常信任	非常满意	非常满意	非常满意	非常认可	非常满意

续表

1	2	3	4	5	6	7	8	9	10	11
女	26 岁至 35 岁	本科/大专	观澜街道	非常满意	非常信任	非常满意	非常满意	非常满意	非常认可	非常满意
女	36 岁至 45 岁	本科/大专	观澜街道	满意	信任	满意	非常满意	非常满意	非常认可	非常满意
女	36 岁至 45 岁	本科/大专	观澜街道	非常满意	非常信任	非常满意	非常满意	满意	认可	非常满意
女	46 岁至 55 岁	本科/大专	观澜街道	非常满意	信任	满意	满意	非常满意	非常认可	非常满意
女	26 岁至 35 岁	本科/大专	观澜街道	非常满意	非常信任	非常满意	非常满意	非常满意	非常认可	非常满意
女	26 岁至 35 岁	本科/大专	观澜街道	满意	非常信任	非常满意	非常满意	非常满意	非常认可	非常满意
女	26 岁至 35 岁	本科/大专	福城街道	满意	信任	满意	满意	满意	认可	满意
女	26 岁至 35 岁	本科/大专	观澜街道	满意	信任	满意	满意	满意	认可	满意
男	25 岁及以下	本科/大专	观澜街道	非常满意	非常信任	非常满意	非常满意	非常满意	非常认可	非常满意
女	36 岁至 45 岁	本科/大专	观澜街道	非常满意	非常信任	非常满意	非常满意	非常满意	非常认可	非常满意
男	36 岁至 45 岁	本科/大专	观澜街道	满意	信任	满意	满意	满意	认可	满意
女	25 岁及以下	本科/大专	观澜街道	非常满意	非常信任	非常满意	非常满意	非常满意	非常认可	非常满意
女	36 岁至 45 岁	高中/中专	观澜街道	满意	非常信任	非常满意	非常满意	非常满意	非常认可	非常满意
男	36 岁至 45 岁	本科/大专	观澜街道	非常满意	非常信任	非常满意	非常满意	非常满意	非常认可	非常满意
女	26 岁至 35 岁	本科/大专	观澜街道	非常满意	非常信任	非常满意	非常满意	非常满意	非常认可	非常满意
男	26 岁至 35 岁	本科/大专	观澜街道	非常满意	非常信任	非常满意	非常满意	非常满意	非常认可	非常满意
女	26 岁至 35 岁	本科/大专	观澜街道	非常满意	非常信任	非常满意	满意	满意	非常认可	满意
女	26 岁至 35 岁	本科/大专	观湖街道	满意	非常信任	非常满意	非常满意	非常满意	非常认可	非常满意
女	36 岁至 45 岁	本科/大专	观澜街道	非常满意	非常信任	非常满意	非常满意	非常满意	非常认可	非常满意
女	36 岁至 45 岁	本科/大专	观澜街道	非常满意	非常信任	非常满意	满意	非常满意	非常认可	非常满意
男	36 岁至 45 岁	高中/中专	观澜街道	非常满意	非常信任	非常满意	非常满意	非常满意	非常认可	非常满意
男	46 岁至 55 岁	高中/中专	观澜街道	非常满意	非常信任	非常满意	非常满意	非常满意	非常认可	非常满意
男	26 岁至 35 岁	本科/大专	观澜街道	一般	信任	满意	满意	满意	认可	满意
女	36 岁至 45 岁	高中/中专	观澜街道	非常满意	非常信任	非常满意	非常满意	非常满意	非常认可	非常满意
女	46 岁至 55 岁	本科/大专	观澜街道	非常满意	非常信任	非常满意	非常满意	非常满意	非常认可	非常满意
女	26 岁至 35 岁	本科/大专	观澜街道	一般	信任	满意	满意	满意	认可	满意
男	36 岁至 45 岁	高中/中专	观澜街道	非常满意	非常信任	非常满意	非常满意	非常满意	非常认可	非常满意
男	25 岁及以下	本科/大专	观澜街道	一般	一般	一般	一般	一般	不认可	非常满意
女	46 岁至 55 岁	高中/中专	观澜街道	非常不满意	非常不信任	非常不满意	非常不满意	非常不满意	非常不认可	非常不满意
女	26 岁至 35 岁	本科/大专	观澜街道	非常满意	信任	满意	非常满意	满意	认可	非常满意
女	36 岁至 45 岁	初中及以下	观澜街道	非常满意	非常信任	非常满意	非常满意	非常满意	非常认可	非常满意
女	25 岁及以下	本科/大专	观澜街道	满意	信任	满意	满意	满意	认可	非常满意
女	26 岁至 35 岁	本科/大专	观澜街道	满意	信任	满意	满意	满意	一般	非常满意
女	36 岁至 45 岁	高中/中专	观澜街道	非常满意	非常信任	非常满意	非常满意	非常满意	非常认可	非常满意
女	46 岁至 55 岁	高中/中专	观澜街道	满意	信任	满意	满意	满意	认可	满意

续表

1	2	3	4	5	6	7	8	9	10	11
女	26岁至35岁	本科/大专	观澜街道	非常满意	信任	非常满意	非常满意	非常满意	非常认可	非常满意
女	26岁至35岁	本科/大专	观澜街道	非常满意	非常信任	非常满意	非常满意	非常满意	认可	非常满意
男	25岁及以下	本科/大专	观澜街道	满意	一般	一般	一般	满意	认可	一般
女	26岁至35岁	本科/大专	观澜街道	非常满意	非常信任	非常满意	满意	非常满意	认可	非常满意
女	26岁至35岁	本科/大专	观澜街道	非常满意	非常信任	非常满意	非常满意	非常满意	非常认可	非常满意
男	26岁至35岁	本科/大专	观澜街道	非常满意	非常信任	非常满意	非常满意	非常满意	非常认可	非常满意
女	36岁至45岁	本科/大专	观澜街道	满意	信任	满意	满意	满意	认可	满意
男	36岁至45岁	本科/大专	观澜街道	非常满意	非常信任	非常满意	非常满意	非常满意	非常认可	非常满意
女	36岁至45岁	本科/大专	观澜街道	非常不满意	信任	满意	满意	满意	认可	满意
女	26岁至35岁	本科/大专	观澜街道	非常满意	非常信任	满意	满意	非常满意	非常认可	非常满意
女	36岁至45岁	本科/大专	观澜街道	满意	一般	一般	一般	满意	认可	满意
男	46岁至55岁	本科/大专	观澜街道	非常不满意	非常不信任	非常不满意	非常不满意	非常不满意	非常不认可	满意
男	25岁及以下	本科/大专	观澜街道	非常满意	非常信任	非常满意	非常满意	非常满意	非常认可	非常满意
女	36岁至45岁	高中/中专	观澜街道	满意	一般	满意	满意	满意	认可	满意
男	36岁至45岁	本科/大专	观澜街道	非常满意	非常信任	非常满意	非常满意	非常满意	非常认可	非常满意
女	26岁至35岁	本科/大专	观澜街道	非常满意	非常信任	满意	满意	非常满意	非常认可	满意
女	36岁至45岁	初中及以下	观澜街道	满意	非常信任	满意	满意	满意	认可	非常满意
女	36岁至45岁	本科/大专	观澜街道	满意	信任	满意	满意	非常满意	认可	满意
男	36岁至45岁	本科/大专	观澜街道	非常满意	非常信任	非常满意	非常满意	非常满意	非常认可	非常满意
女	36岁至45岁	本科/大专	观澜街道	一般	一般	一般	一般	一般	一般	一般
女	46岁至55岁	本科/大专	观澜街道	非常满意	信任	满意	满意	非常满意	非常认可	非常满意
女	46岁至55岁	本科/大专	观澜街道	非常满意	非常信任	非常满意	非常满意	非常满意	非常认可	非常满意
女	26岁至35岁	本科/大专	观澜街道	非常满意	非常信任	满意	满意	非常满意	非常认可	非常满意
女	36岁至45岁	高中/中专	观澜街道	满意	信任	满意	满意	满意	认可	非常满意
男	36岁至45岁	本科/大专	观澜街道	满意	信任	满意	满意	非常满意	认可	满意
男	36岁至45岁	本科/大专	观澜街道	满意	信任	一般	满意	满意	认可	满意
女	25岁及以下	本科/大专	观澜街道	满意	信任	满意	满意	满意	认可	满意
女	25岁及以下	本科/大专	观澜街道	一般	一般	满意	一般	一般	一般	非常满意
男	36岁至45岁	本科/大专	观澜街道	非常不满意	非常不信任	非常满意	非常满意	非常满意	非常认可	非常满意
女	36岁至45岁	本科/大专	观澜街道	非常满意	非常信任	非常满意	非常满意	非常满意	非常认可	非常满意
男	36岁至45岁	本科/大专	观澜街道	非常满意	非常信任	非常满意	非常满意	非常满意	非常认可	非常满意
女	36岁至45岁	初中及以下	观澜街道	非常满意	非常信任	非常满意	非常满意	非常满意	非常认可	非常满意
女	36岁至45岁	本科/大专	观澜街道	一般	信任	满意	满意	满意	认可	满意

续表

1	2	3	4	5	6	7	8	9	10	11
女	46岁至55岁	高中/中专	观澜街道	非常满意	信任	满意	满意	满意	认可	满意
女	56岁及以上	初中及以下	观澜街道	满意	信任	满意	满意	满意	认可	满意
女	56岁及以上	初中及以下	观澜街道	非常满意	非常信任	非常满意	非常满意	非常满意	非常认可	非常满意
男	56岁及以上	初中及以下	民治街道	满意	信任	满意	满意	满意	认可	满意
女	36岁至45岁	初中及以下	民治街道	满意	信任	满意	满意	非常满意	一般	满意
女	56岁及以上	本科/大专	民治街道	不满意	一般	一般	一般	满意	认可	非常满意
女	56岁及以上	高中/中专	民治街道	非常满意	信任	满意	满意	满意	非常认可	非常满意
女	56岁及以上	高中/中专	观澜街道	满意	一般	满意	一般	满意	认可	满意
女	56岁及以上	本科/大专	民治街道	一般	信任	一般	一般	满意	一般	非常满意
女	56岁及以上	初中及以下	观澜街道	满意	信任	满意	满意	满意	认可	满意
女	56岁及以上	本科/大专	民治街道	一般	信任	满意	满意	非常满意	认可	非常满意
女	46岁至55岁	高中/中专	观澜街道	满意	信任	一般	一般	满意	一般	满意
女	46岁至55岁	本科/大专	民治街道	非常满意	非常信任	非常满意	非常满意	非常满意	非常认可	非常满意
女	26岁至35岁	本科/大专	观澜街道	非常满意	非常信任	非常满意	非常满意	非常满意	非常认可	非常满意
女	36岁至45岁	本科/大专	观澜街道	满意	信任	满意	满意	满意	一般	非常满意
男	56岁及以上	高中/中专	民治街道	一般	一般	满意	一般	满意	认可	满意
女	56岁及以上	高中/中专	民治街道	非常满意	非常信任	非常满意	一般	满意	认可	非常满意
女	56岁及以上	初中及以下	观澜街道	非常满意	非常信任	非常满意	非常满意	非常满意	非常认可	非常满意
女	56岁及以上	高中/中专	大浪街道	满意	非常信任	满意	满意	非常满意	非常认可	非常满意
女	56岁及以上	高中/中专	龙华街道	非常满意	信任	满意	满意	满意	非常认可	满意
男	36岁至45岁	研究生及以上	民治街道	满意	信任	满意	满意	非常满意	一般	满意
女	56岁及以上	本科/大专	民治街道	一般	一般	一般	一般	满意	认可	一般
女	36岁至45岁	本科/大专	民治街道	满意	信任	一般	一般	非常满意	非常认可	满意
女	26岁至35岁	本科/大专	民治街道	满意	信任	满意	满意	满意	认可	满意
女	36岁至45岁	初中及以下	观澜街道	非常满意	非常信任	满意	满意	满意	认可	满意
男	46岁至55岁	本科/大专	观澜街道	满意	非常信任	满意	满意	满意	认可	满意
女	56岁及以上	初中及以下	观澜街道	满意	非常信任	满意	满意	满意	认可	非常满意
女	36岁至45岁	初中及以下	观澜街道	一般	信任	一般	一般	满意	认可	一般
女	26岁至35岁	初中及以下	观澜街道	非常不满意	信任	满意	满意	满意	认可	满意
男	46岁至55岁	本科/大专	观澜街道	满意	信任	满意	一般	满意	一般	一般
女	26岁至35岁	本科/大专	观澜街道	非常满意	非常信任	非常满意	非常满意	非常满意	非常认可	非常满意
女	36岁至45岁	初中及以下	观澜街道	满意	信任	满意	满意	满意	认可	满意
女	36岁至45岁	初中及以下	观澜街道	非常不满意	非常信任	非常满意	非常满意	满意	认可	满意

续表

1	2	3	4	5	6	7	8	9	10	11
女	56岁及以上	高中/中专	民治街道	满意	信任	满意	满意	满意	认可	非常满意
女	36岁至45岁	本科/大专	民治街道	一般	不信任	不满意	不满意	满意	认可	不满意
女	36岁至45岁	初中及以下	观澜街道	满意	信任	满意	非常满意	满意	认可	满意
女	46岁至55岁	初中及以下	观湖街道	非常不满意	非常不信任	非常不满意	非常不满意	非常不满意	非常不认可	非常不满意
男	26岁至35岁	本科/大专	观澜街道	非常满意	非常信任	非常满意	非常满意	非常满意	非常认可	非常满意
男	25岁及以下	高中/中专	观澜街道	满意	信任	满意	一般	非常满意	非常认可	满意
女	46岁至55岁	本科/大专	民治街道	非常满意	非常信任	非常满意	非常满意	非常满意	非常认可	非常满意
女	56岁及以上	高中/中专	民治街道	满意	信任	满意	满意	满意	认可	满意
女	56岁及以上	高中/中专	民治街道	非常满意	非常信任	非常满意	非常满意	非常满意	非常认可	非常满意
女	46岁至55岁	本科/大专	民治街道	满意	非常信任	非常满意	满意	非常满意	认可	非常满意
女	26岁至35岁	研究生及以上	福城街道	非常不满意	非常信任	非常满意	非常满意	非常满意	非常认可	非常满意
男	25岁及以下	本科/大专	福城街道	非常满意	非常信任	非常满意	非常满意	非常满意	非常认可	非常满意
女	56岁及以上	本科/大专	民治街道	一般	信任	一般	一般	一般	认可	满意
女	36岁至45岁	本科/大专	福城街道	非常满意	非常信任	非常满意	非常满意	非常满意	非常认可	非常满意
女	25岁及以下	本科/大专	龙华街道	满意	信任	满意	满意	满意	认可	满意
男	56岁及以上	本科/大专	民治街道	满意	非常信任	满意	非常满意	满意	非常认可	非常满意
男	36岁至45岁	研究生及以上	福城街道	非常满意	非常信任	满意	满意	非常满意	认可	非常满意
女	26岁至35岁	本科/大专	福城街道	满意	信任	满意	满意	满意	认可	满意
男	56岁及以上	高中/中专	民治街道	满意	信任	满意	一般	满意	一般	满意
男	56岁及以上	高中/中专	观澜街道	一般	信任	满意	一般	满意	认可	满意
女	56岁及以上	初中及以下	民治街道	非常不满意	非常信任	非常满意	满意	非常满意	非常认可	非常满意
女	26岁至35岁	研究生及以上	福城街道	非常满意	非常信任	非常满意	非常满意	非常满意	非常认可	非常满意
女	56岁及以上	高中/中专	民治街道	非常满意	非常信任	非常满意	非常满意	非常满意	非常认可	非常满意
男	25岁及以下	本科/大专	龙华街道	满意	非常信任	满意	满意	非常满意	认可	非常满意
女	26岁至35岁	本科/大专	福城街道	满意	非常信任	非常满意	满意	满意	认可	非常满意
女	25岁及以下	本科/大专	福城街道	满意	信任	满意	满意	满意	认可	非常满意
女	26岁至35岁	本科/大专	福城街道	非常满意	非常信任	非常满意	非常满意	非常满意	非常认可	非常满意
女	26岁至35岁	本科/大专	福城街道	非常满意	非常信任	非常满意	非常满意	非常满意	非常认可	非常满意
女	26岁至35岁	高中/中专	福城街道	非常不满意	非常信任	满意	非常满意	非常满意	非常认可	非常满意
女	25岁及以下	本科/大专	福城街道	满意	一般	满意	满意	满意	认可	满意

续表

1	2	3	4	5	6	7	8	9	10	11
女	36 岁至 45 岁	本科/大专	龙华街道	满意	非常信任	满意	满意	满意	认可	非常满意
男	36 岁至 45 岁	本科/大专	民治街道	一般	一般	一般	一般	满意	认可	满意
女	25 岁及以下	本科/大专	福城街道	一般	一般	一般	一般	一般	一般	一般
女	25 岁及以下	本科/大专	观湖街道	非常满意	信任	满意	满意	满意	认可	满意
女	26 岁至 35 岁	本科/大专	观湖街道	非常满意	非常信任	非常满意	非常满意	非常满意	非常认可	非常满意
女	36 岁至 45 岁	初中及以下	观湖街道	非常满意	非常信任	非常满意	非常满意	非常满意	非常认可	非常满意
女	26 岁至 35 岁	本科/大专	观湖街道	非常满意	非常信任	非常满意	非常满意	非常满意	非常认可	非常满意
女	25 岁及以下	本科/大专	观澜街道	非常满意	非常信任	非常满意	非常满意	非常满意	非常认可	非常满意
女	36 岁至 45 岁	本科/大专	观湖街道	非常满意	信任	满意	满意	一般	一般	满意
女	25 岁及以下	本科/大专	观湖街道	满意	信任	满意	满意	满意	认可	满意
男	26 岁至 35 岁	本科/大专	观湖街道	满意	非常信任	满意	满意	满意	认可	满意
男	36 岁至 45 岁	本科/大专	观湖街道	满意	信任	满意	满意	非常满意	一般	非常满意
女	36 岁至 45 岁	本科/大专	观湖街道	满意	信任	满意	一般	满意	一般	满意
女	46 岁至 55 岁	高中/中专	观湖街道	非常不满意	信任	非常满意	满意	非常满意	认可	满意
男	46 岁至 55 岁	初中及以下	观湖街道	非常满意	信任	满意	一般	满意	非常认可	非常满意
女	56 岁及以上	初中及以下	观湖街道	非常满意	非常信任	非常满意	非常满意	非常满意	非常认可	非常满意
女	46 岁至 55 岁	高中/中专	观湖街道	满意	一般	满意	一般	满意	一般	满意
男	26 岁至 35 岁	本科/大专	观澜街道	非常满意	非常信任	非常满意	非常满意	非常满意	非常认可	非常满意
女	36 岁至 45 岁	本科/大专	民治街道	一般	一般	一般	一般	非常满意	非常认可	满意
女	46 岁至 55 岁	本科/大专	民治街道	满意	信任	一般	满意	满意	认可	满意
男	26 岁至 35 岁	本科/大专	观湖街道	满意	非常信任	满意	满意	满意	认可	非常满意
女	36 岁至 45 岁	本科/大专	福城街道	满意	信任	满意	满意	满意	认可	满意
女	36 岁至 45 岁	本科/大专	观湖街道	满意	信任	满意	不满意	满意	一般	满意
女	56 岁及以上	初中及以下	民治街道	满意	非常信任	满意	满意	非常满意	非常认可	非常满意
男	26 岁至 35 岁	本科/大专	大浪街道	非常满意	非常信任	非常满意	非常满意	非常满意	非常认可	非常满意
女	26 岁至 35 岁	本科/大专	民治街道	满意	一般	满意	一般	满意	认可	一般
男	26 岁至 35 岁	研究生及以上	民治街道	非常满意	非常信任	非常满意	非常满意	非常满意	非常认可	非常满意
女	26 岁至 35 岁	本科/大专	民治街道	非常满意	非常信任	非常满意	非常满意	非常满意	非常认可	非常满意
女	36 岁至 45 岁	本科/大专	民治街道	满意	信任	满意	满意	满意	认可	满意
女	26 岁至 35 岁	本科/大专	民治街道	满意	信任	满意	满意	满意	认可	满意
女	36 岁至 45 岁	本科/大专	民治街道	满意	信任	满意	满意	满意	认可	满意
女	36 岁至 45 岁	本科/大专	民治街道	非常不满意	信任	满意	满意	非常满意	认可	非常满意
女	26 岁至 35 岁	本科/大专	民治街道	满意	信任	满意	一般	满意	一般	非常满意

续表

1	2	3	4	5	6	7	8	9	10	11
女	36 岁至 45 岁	本科/大专	民治街道	非常满意	非常信任	满意	满意	满意	非常认可	非常满意
女	26 岁至 35 岁	本科/大专	民治街道	非常满意	非常信任	非常满意	非常满意	非常满意	非常认可	非常满意
女	25 岁及以下	本科/大专	民治街道	满意	一般	满意	满意	满意	认可	满意
女	46 岁至 55 岁	本科/大专	民治街道	一般	信任	一般	一般	满意	认可	满意
女	26 岁至 35 岁	本科/大专	民治街道	满意	信任	满意	满意	满意	认可	非常满意
女	26 岁至 35 岁	本科/大专	民治街道	满意	信任	满意	满意	满意	认可	非常满意
女	36 岁至 45 岁	高中/中专	观湖街道	满意	信任	满意	满意	满意	认可	满意
女	36 岁至 45 岁	本科/大专	观湖街道	满意	信任	满意	满意	满意	认可	满意
女	26 岁至 35 岁	本科/大专	观湖街道	满意	非常信任	非常满意	满意	非常满意	一般	非常满意
男	36 岁至 45 岁	高中/中专	观湖街道	非常满意	非常信任	非常满意	非常满意	非常满意	非常认可	非常满意
男	36 岁至 45 岁	本科/大专	民治街道	非常满意	非常信任	非常满意	非常满意	非常满意	非常认可	非常满意
男	25 岁及以下	本科/大专	民治街道	非常满意	非常信任	非常满意	非常满意	非常满意	非常认可	非常满意
女	26 岁至 35 岁	本科/大专	民治街道	一般	一般	一般	一般	满意	认可	满意
男	56 岁及以上	高中/中专	民治街道	非常满意	信任	满意	满意	满意	认可	非常满意
女	26 岁至 35 岁	本科/大专	观湖街道	非常满意	信任	满意	非常满意	非常满意	非常认可	非常满意
女	26 岁至 35 岁	本科/大专	观湖街道	非常满意	非常信任	非常满意	非常满意	非常满意	非常认可	非常满意
女	26 岁至 35 岁	本科/大专	观湖街道	满意	信任	满意	满意	满意	认可	非常满意
女	36 岁至 45 岁	高中/中专	观湖街道	满意	信任	满意	满意	满意	认可	满意
女	36 岁至 45 岁	本科/大专	观湖街道	非常满意	非常信任	非常满意	非常满意	非常满意	非常认可	非常满意
男	46 岁至 55 岁	初中及以下	观澜街道	非常满意	非常信任	非常满意	非常满意	非常满意	非常认可	非常满意
女	26 岁至 35 岁	初中及以下	观湖街道	非常满意	非常信任	满意	满意	满意	认可	满意
女	26 岁至 35 岁	本科/大专	观湖街道	一般	一般	一般	一般	一般	一般	一般
女	26 岁至 35 岁	本科/大专	龙华街道	满意	信任	满意	满意	满意	认可	满意
女	36 岁至 45 岁	高中/中专	观湖街道	满意	信任	满意	满意	满意	认可	非常满意
女	26 岁至 35 岁	本科/大专	福城街道	非常满意	非常信任	非常满意	非常满意	非常满意	非常认可	非常满意
女	46 岁至 55 岁	高中/中专	观湖街道	非常满意	非常信任	非常满意	非常满意	非常满意	非常认可	非常满意
女	26 岁至 35 岁	高中/中专	观湖街道	满意	信任	满意	满意	满意	认可	满意
女	26 岁至 35 岁	本科/大专	观湖街道	满意	信任	满意	一般	一般	一般	满意
女	25 岁及以下	本科/大专	观湖街道	满意	信任	满意	满意	一般	一般	一般
男	36 岁至 45 岁	高中/中专	观湖街道	非常满意	非常信任	非常满意	非常满意	非常满意	非常认可	非常满意
女	25 岁及以下	本科/大专	观湖街道	非常满意	非常信任	非常满意	非常满意	非常满意	非常认可	非常满意
男	25 岁及以下	本科/大专	观湖街道	满意	信任	一般	满意	满意	认可	非常满意
女	25 岁及以下	本科/大专	龙华街道	非常满意	非常信任	非常满意	非常满意	非常满意	非常认可	非常满意
男	26 岁至 35 岁	高中/中专	观湖街道	满意	信任	满意	满意	满意	认可	满意
男	26 岁至 35 岁	本科/大专	观湖街道	一般	信任	满意	一般	满意	非常认可	非常满意
女	26 岁至 35 岁	本科/大专	民治街道	满意	信任	非常满意	满意	非常满意	认可	非常满意

续表

1	2	3	4	5	6	7	8	9	10	11
女	46岁至55岁	高中/中专	观湖街道	满意	非常信任	满意	满意	非常满意	认可	满意
男	26岁至35岁	本科/大专	观湖街道	非常满意	非常信任	非常满意	非常满意	非常满意	非常认可	非常满意
男	26岁至35岁	本科/大专	观湖街道	非常满意	非常信任	非常满意	满意	满意	认可	非常满意
男	36岁至45岁	本科/大专	观湖街道	非常满意	非常信任	非常满意	满意	非常满意	非常认可	非常满意
女	36岁至45岁	本科/大专	观湖街道	满意	信任	满意	不满意	满意	一般	一般
女	26岁至35岁	本科/大专	观湖街道	非常满意	非常信任	非常满意	非常满意	非常满意	非常认可	非常满意
男	25岁及以下	高中/中专	观湖街道	满意	信任	满意	满意	满意	认可	满意
男	26岁至35岁	高中/中专	观湖街道	非常满意	非常信任	非常满意	非常满意	非常满意	非常认可	非常满意
男	36岁至45岁	初中及以下	观湖街道	非常满意	非常信任	非常满意	非常满意	非常满意	认可	满意
女	36岁至45岁	本科/大专	观湖街道	满意	一般	一般	不满意	满意	一般	满意
女	26岁至35岁	本科/大专	观湖街道	一般	一般	一般	满意	一般	认可	非常满意
女	26岁至35岁	本科/大专	观湖街道	非常满意	非常信任	非常满意	非常满意	非常满意	非常认可	非常满意
女	36岁至45岁	本科/大专	观湖街道	非常满意	非常信任	非常满意	非常满意	非常满意	非常认可	非常满意
男	46岁至55岁	本科/大专	观湖街道	满意	信任	满意	一般	非常满意	非常认可	非常满意
女	26岁至35岁	本科/大专	观湖街道	非常满意	信任	满意	满意	满意	非常认可	非常满意
女	25岁及以下	高中/中专	观湖街道	一般	一般	满意	一般	满意	一般	满意
女	36岁至45岁	本科/大专	观湖街道	满意	非常信任	非常满意	非常满意	非常满意	非常认可	非常满意
女	26岁至35岁	本科/大专	大浪街道	一般	一般	一般	一般	一般	一般	一般
女	36岁至45岁	本科/大专	大浪街道	非常满意	非常信任	非常满意	非常满意	非常满意	非常认可	非常满意
男	36岁至45岁	本科/大专	大浪街道	非常满意	非常信任	非常满意	非常满意	非常满意	非常认可	非常满意
女	26岁至35岁	本科/大专	大浪街道	满意	信任	满意	一般	满意	认可	满意
女	26岁至35岁	本科/大专	观湖街道	满意	信任	满意	非常满意	非常满意	非常认可	非常满意
女	36岁至45岁	本科/大专	大浪街道	满意	信任	满意	满意	满意	认可	满意
女	36岁至45岁	本科/大专	大浪街道	满意	信任	满意	满意	满意	认可	满意
女	36岁至45岁	本科/大专	龙华街道	满意	信任	满意	满意	满意	一般	满意
男	26岁至35岁	本科/大专	大浪街道	满意	信任	满意	满意	满意	认可	满意
女	26岁至35岁	本科/大专	大浪街道	不满意	非常不信任	一般	不满意	满意	一般	满意
女	36岁至45岁	本科/大专	大浪街道	非常不满意	非常信任	非常满意	非常满意	非常满意	非常认可	非常满意
男	46岁至55岁	初中及以下	观湖街道	满意	非常信任	非常满意	满意	满意	非常认可	非常满意
女	25岁及以下	本科/大专	大浪街道	非常满意	非常信任	非常满意	非常满意	非常满意	非常认可	非常满意
男	26岁至35岁	本科/大专	观湖街道	非常满意	非常信任	非常满意	非常满意	非常满意	非常认可	非常满意
女	26岁至35岁	本科/大专	大浪街道	非常满意	非常信任	非常满意	非常满意	非常满意	非常认可	非常满意
女	26岁至35岁	高中/中专	大浪街道	满意	信任	满意	满意	满意	认可	满意
女	26岁至35岁	本科/大专	大浪街道	一般	一般	一般	一般	一般	一般	满意

续表

1	2	3	4	5	6	7	8	9	10	11
女	26岁至35岁	高中/中专	大浪街道	非常满意	非常信任	非常满意	非常满意	非常满意	非常认可	非常满意
女	36岁至45岁	本科/大专	大浪街道	满意	非常信任	非常满意	满意	满意	认可	满意
女	36岁至45岁	本科/大专	龙华街道	满意	信任	满意	满意	满意	认可	满意
女	36岁至45岁	本科/大专	龙华街道	非常满意	非常信任	非常满意	非常满意	非常满意	认可	满意
女	26岁至35岁	本科/大专	龙华街道	满意	信任	满意	满意	满意	认可	非常满意
女	46岁至55岁	本科/大专	龙华街道	非常满意	非常信任	非常满意	非常满意	非常满意	非常认可	非常满意
男	26岁至35岁	研究生及以上	龙华街道	满意	信任	满意	满意	满意	认可	满意
女	26岁至35岁	本科/大专	龙华街道	满意	非常信任	非常满意	非常满意	非常满意	非常认可	非常满意
男	36岁至45岁	本科/大专	龙华街道	非常满意	非常信任	非常满意	非常满意	非常满意	非常认可	非常满意
男	26岁至35岁	本科/大专	龙华街道	非常满意	非常信任	非常满意	非常满意	非常满意	非常认可	非常满意
男	36岁至45岁	本科/大专	龙华街道	一般	非常信任	一般	一般	非常满意	认可	非常满意
女	36岁至45岁	本科/大专	龙华街道	满意	信任	满意	满意	满意	认可	满意
女	46岁至55岁	本科/大专	龙华街道	满意	信任	满意	满意	满意	认可	满意
男	36岁至45岁	本科/大专	龙华街道	非常满意	信任	满意	满意	非常满意	非常认可	非常满意
女	26岁至35岁	本科/大专	大浪街道	满意	信任	满意	满意	满意	认可	非常满意
男	36岁至45岁	本科/大专	龙华街道	满意	非常信任	非常满意	非常满意	非常满意	非常认可	非常满意
女	25岁及以下	本科/大专	大浪街道	满意	信任	满意	满意	满意	认可	满意
女	36岁至45岁	本科/大专	大浪街道	非常满意	非常信任	非常满意	非常满意	非常满意	非常认可	非常满意
男	26岁至35岁	本科/大专	大浪街道	非常满意	非常信任	非常满意	非常满意	非常满意	非常认可	非常满意
女	26岁至35岁	本科/大专	大浪街道	非常满意	非常信任	非常满意	非常满意	非常满意	非常认可	非常满意
男	36岁至45岁	本科/大专	大浪街道	一般	信任	一般	一般	满意	认可	满意
女	25岁及以下	本科/大专	大浪街道	非常满意	非常信任	非常满意	非常满意	满意	认可	非常满意
女	36岁至45岁	本科/大专	大浪街道	非常不满意	信任	非常满意	非常满意	非常满意	非常认可	非常满意
女	26岁至35岁	本科/大专	龙华街道	非常满意	非常信任	非常满意	非常满意	非常满意	非常认可	非常满意
女	26岁至35岁	本科/大专	大浪街道	非常满意	非常信任	非常满意	非常满意	非常满意	非常认可	非常满意
男	36岁至45岁	本科/大专	大浪街道	非常满意	信任	满意	满意	满意	认可	满意
女	46岁至55岁	本科/大专	大浪街道	满意	信任	满意	满意	满意	认可	满意
女	36岁至45岁	本科/大专	大浪街道	一般	信任	满意	一般	满意	认可	满意
男	26岁至35岁	本科/大专	龙华街道	满意	信任	满意	满意	满意	认可	非常满意
女	26岁至35岁	本科/大专	大浪街道	非常满意	非常信任	非常满意	非常满意	非常满意	非常认可	非常满意
女	25岁及以下	本科/大专	大浪街道	非常满意	非常信任	非常满意	非常满意	非常满意	非常认可	非常满意
女	36岁至45岁	本科/大专	龙华街道	满意	信任	满意	一般	满意	一般	一般
男	46岁至55岁	本科/大专	龙华街道	一般	信任	一般	一般	非常满意	认可	非常满意
女	26岁至35岁	本科/大专	龙华街道	非常满意	信任	满意	满意	满意	认可	满意

续表

1	2	3	4	5	6	7	8	9	10	11
女	26岁至35岁	本科/大专	龙华街道	满意	信任	满意	满意	满意	认可	满意
女	36岁至45岁	本科/大专	观湖街道	非常满意	信任	非常满意	非常满意	非常满意	非常认可	非常满意
男	36岁至45岁	本科/大专	龙华街道	一般	一般	一般	一般	一般	认可	满意
男	36岁至45岁	本科/大专	龙华街道	非常满意	非常信任	非常满意	非常满意	非常满意	非常认可	非常满意
男	46岁至55岁	高中/中专	大浪街道	满意	非常信任	满意	满意	满意	认可	非常满意
女	36岁至45岁	研究生及以上	龙华街道	满意	非常信任	非常满意	非常满意	满意	非常不认可	非常满意
女	36岁至45岁	本科/大专	龙华街道	满意	信任	满意	一般	满意	不认可	非常满意
女	26岁至35岁	本科/大专	龙华街道	非常满意	非常信任	非常满意	非常满意	非常满意	一般	非常满意
女	36岁至45岁	本科/大专	龙华街道	满意	非常信任	非常满意	非常满意	满意	非常不认可	满意
男	56岁及以上	高中/中专	龙华街道	一般	一般	一般	一般	一般	认可	非常满意
女	36岁至45岁	本科/大专	龙华街道	一般	信任	一般	满意	满意	认可	非常满意
女	36岁至45岁	研究生及以上	龙华街道	满意	信任	满意	满意	满意	认可	满意
女	46岁至55岁	本科/大专	龙华街道	满意	信任	满意	一般	一般	一般	满意
男	56岁及以上	高中/中专	龙华街道	不满意	一般	一般	满意	满意	认可	一般
女	26岁至35岁	本科/大专	龙华街道	满意	信任	满意	满意	非常满意	非常不认可	非常满意
女	26岁至35岁	本科/大专	民治街道	一般	信任	一般	一般	满意	一般	满意
女	36岁至45岁	本科/大专	龙华街道	满意	一般	一般	不满意	满意	认可	满意
男	46岁至55岁	高中/中专	大浪街道	非常满意	非常信任	非常满意	非常满意	非常满意	非常认可	非常满意
女	25岁及以下	本科/大专	大浪街道	满意	信任	满意	非常满意	非常满意	非常认可	非常满意
女	46岁至55岁	本科/大专	龙华街道	一般	信任	满意	一般	满意	一般	非常满意
男	36岁至45岁	研究生及以上	龙华街道	一般	信任	一般	一般	一般	一般	满意
女	36岁至45岁	本科/大专	大浪街道	满意	信任	满意	一般	满意	一般	满意
女	26岁至35岁	本科/大专	观湖街道	满意	信任	满意	满意	满意	认可	满意
女	26岁至35岁	本科/大专	龙华街道	一般	信任	满意	满意	满意	认可	满意
女	36岁至45岁	本科/大专	龙华街道	满意	信任	满意	满意	满意	认可	非常满意
女	26岁至35岁	本科/大专	大浪街道	非常满意	信任	满意	满意	非常满意	认可	非常满意
女	26岁至35岁	本科/大专	龙华街道	非常满意	非常信任	非常满意	非常满意	非常满意	非常认可	非常满意
女	36岁至45岁	本科/大专	龙华街道	一般	信任	一般	一般	一般	一般	满意
女	36岁至45岁	本科/大专	龙华街道	满意	信任	满意	满意	满意	一般	满意
女	36岁至45岁	本科/大专	龙华街道	满意	信任	满意	满意	满意	认可	满意
男	46岁至55岁	本科/大专	龙华街道	满意	信任	满意	满意	满意	认可	非常满意

续表

1	2	3	4	5	6	7	8	9	10	11
女	36岁至45岁	研究生及以上	龙华街道	满意	信任	满意	满意	满意	认可	满意
男	26岁至35岁	本科/大专	龙华街道	非常满意	非常信任	非常满意	非常满意	非常满意	非常认可	非常认可
男	26岁至35岁	本科/大专	龙华街道	满意	信任	非常满意	满意	满意	认可	满意
女	26岁至35岁	本科/大专	龙华街道	满意	非常信任	非常满意	非常满意	满意	非常认可	非常满意
男	36岁至45岁	高中/中专	龙华街道	非常满意	信任	满意	满意	满意	认可	非常满意
女	26岁至35岁	本科/大专	龙华街道	非常满意	非常信任	非常满意	非常满意	非常满意	非常认可	非常满意
女	36岁至45岁	研究生及以上	龙华街道	非常满意	非常信任	非常满意	满意	非常满意	认可	非常满意
女	36岁至45岁	本科/大专	大浪街道	满意	信任	一般	一般	满意	认可	满意
女	46岁至55岁	本科/大专	龙华街道	非常满意	非常信任	非常满意	非常满意	非常满意	非常认可	非常满意
男	26岁至35岁	本科/大专	龙华街道	满意	非常信任	非常满意	满意	满意	认可	非常满意
女	26岁至35岁	本科/大专	龙华街道	满意	非常信任	非常满意	非常满意	非常满意	非常认可	非常满意
男	36岁至45岁	本科/大专	龙华街道	满意	信任	满意	满意	非常满意	非常认可	非常满意
女	26岁至35岁	研究生及以上	龙华街道	一般	信任	满意	不满意	满意	认可	满意
女	36岁至45岁	本科/大专	龙华街道	满意	非常信任	非常满意	非常满意	非常满意	非常认可	非常满意
女	36岁至45岁	本科/大专	龙华街道	满意	信任	满意	满意	一般	一般	满意
男	26岁至35岁	本科/大专	龙华街道	满意	信任	满意	一般	满意	认可	非常满意
女	36岁至45岁	本科/大专	大浪街道	满意	一般	一般	满意	满意	认可	满意
男	36岁至45岁	本科/大专	龙华街道	满意	信任	满意	一般	满意	一般	满意
女	36岁至45岁	本科/大专	龙华街道	满意	信任	满意	满意	满意	认可	非常满意
男	56岁及以上	本科/大专	龙华街道	满意	信任	满意	一般	满意	一般	满意
男	36岁至45岁	本科/大专	龙华街道	一般	一般	一般	非常不满意	非常满意	认可	非常满意
女	26岁至35岁	本科/大专	龙华街道	一般	信任	一般	一般	满意	认可	非常满意
女	46岁至55岁	高中/中专	龙华街道	满意	信任	满意	满意	满意	一般	满意
男	36岁至45岁	本科/大专	龙华街道	满意	信任	满意	满意	满意	认可	非常满意
女	26岁至35岁	本科/大专	龙华街道	非常满意	非常信任	非常满意	满意	满意	认可	满意
女	26岁至35岁	本科/大专	龙华街道	满意	信任	满意	满意	满意	认可	满意
女	26岁至35岁	本科/大专	福城街道	非常满意	非常信任	非常满意	非常满意	非常满意	非常认可	非常满意
男	25岁及以下	本科/大专	福城街道	非常满意	非常信任	非常满意	非常满意	非常满意	非常认可	非常满意
男	46岁至55岁	研究生及以上	福城街道	满意	非常信任	非常满意	非常满意	满意	一般	满意
女	25岁及以下	本科/大专	观湖街道	非常满意	非常信任	非常满意	非常满意	非常满意	非常认可	非常满意
女	26岁至35岁	本科/大专	福城街道	非常满意	非常信任	非常满意	非常满意	非常满意	非常认可	非常满意

续表

1	2	3	4	5	6	7	8	9	10	11
男	36岁至45岁	本科/大专	观湖街道	一般	一般	一般	一般	一般	一般	非常满意
男	26岁至35岁	本科/大专	龙华街道	非常满意	非常信任	非常满意	非常满意	非常满意	非常认可	满意
男	36岁至45岁	本科/大专	大浪街道	非常不满意	信任	满意	满意	满意	认可	满意
男	36岁至45岁	本科/大专	福城街道	满意	信任	满意	满意	非常满意	非常认可	满意
男	36岁至45岁	本科/大专	福城街道	满意	非常信任	满意	非常满意	一般	非常认可	非常满意
男	26岁至35岁	研究生及以上	民治街道	一般	非常信任	满意	满意	满意	认可	满意
女	36岁至45岁	本科/大专	福城街道	非常满意	非常信任	非常满意	非常满意	非常满意	非常认可	非常满意
女	36岁至45岁	研究生及以上	福城街道	非常满意	非常信任	非常满意	非常满意	满意	认可	非常满意
女	26岁至35岁	本科/大专	福城街道	满意	信任	满意	满意	满意	认可	满意
女	26岁至35岁	本科/大专	龙华街道	非常满意	非常信任	非常满意	非常满意	非常满意	非常认可	非常满意
女	46岁至55岁	本科/大专	龙华街道	非常满意	非常信任	满意	满意	满意	一般	非常满意
女	36岁至45岁	本科/大专	福城街道	非常满意	非常信任	非常满意	非常满意	非常满意	非常认可	非常满意
女	25岁及以下	本科/大专	福城街道	非常满意	非常信任	非常满意	非常满意	非常满意	非常认可	非常满意
女	25岁及以下	本科/大专	福城街道	满意	信任	满意	满意	满意	认可	满意
女	36岁至45岁	本科/大专	大浪街道	满意	信任	满意	满意	满意	认可	满意
男	26岁至35岁	本科/大专	福城街道	一般	非常信任	非常满意	满意	非常满意	一般	非常满意
女	26岁至35岁	本科/大专	福城街道	非常满意	非常信任	非常满意	非常满意	非常满意	非常认可	非常满意
女	25岁及以下	本科/大专	龙华街道	满意	信任	满意	满意	满意	一般	满意
男	36岁至45岁	本科/大专	龙华街道	非常满意	非常信任	非常满意	非常满意	非常满意	非常认可	非常满意
女	26岁至35岁	本科/大专	福城街道	非常满意	非常信任	非常满意	非常满意	非常满意	非常认可	非常满意
女	26岁至35岁	本科/大专	龙华街道	非常不满意	信任	满意	满意	满意	认可	满意
女	26岁至35岁	本科/大专	福城街道	非常满意	信任	满意	非常满意	非常满意	认可	非常满意
女	26岁至35岁	本科/大专	龙华街道	满意	信任	满意	满意	满意	认可	满意
男	36岁至45岁	本科/大专	龙华街道	一般	信任	满意	满意	非常满意	不认可	非常满意
男	56岁及以上	初中及以下	龙华街道	一般	一般	一般	一般	一般	认可	满意
男	26岁至35岁	本科/大专	龙华街道	非常满意	非常信任	非常满意	满意	满意	认可	非常满意
女	36岁至45岁	本科/大专	福城街道	非常满意	非常信任	非常满意	非常满意	非常满意	非常认可	非常满意
女	36岁至45岁	本科/大专	龙华街道	一般	一般	一般	满意	满意	一般	满意
男	46岁至55岁	高中/中专	龙华街道	满意	非常信任	满意	满意	满意	认可	满意
男	46岁至55岁	本科/大专	龙华街道	非常满意	非常信任	非常满意	非常满意	非常满意	非常认可	非常满意

续表

1	2	3	4	5	6	7	8	9	10	11
女	26 岁至 35 岁	本科/大专	龙华街道	满意	信任	满意	一般	非常满意	一般	非常满意
女	36 岁至 45 岁	本科/大专	龙华街道	满意	信任	满意	满意	一般	认可	满意
女	36 岁至 45 岁	本科/大专	龙华街道	满意	信任	满意	满意	满意	认可	满意
女	46 岁至 55 岁	本科/大专	龙华街道	非常满意	非常信任	非常满意	非常满意	非常满意	非常认可	非常满意
女	25 岁及以下	本科/大专	龙华街道	一般	一般	一般	一般	一般	一般	一般
男	25 岁及以下	本科/大专	大浪街道	非常满意	非常信任	非常满意	非常满意	非常满意	认可	非常满意
女	36 岁至 45 岁	本科/大专	大浪街道	非常满意	非常信任	非常满意	一般	满意	认可	非常满意
男	36 岁至 45 岁	本科/大专	龙华街道	非常满意	非常信任	非常满意	非常满意	非常满意	非常认可	非常满意
女	36 岁至 45 岁	高中/中专	大浪街道	一般	信任	满意	满意	满意	认可	满意
男	46 岁至 55 岁	本科/大专	龙华街道	非常不满意	非常不信任	非常不满意	非常不满意	非常不满意	非常不认可	非常满意
男	46 岁至 55 岁	本科/大专	龙华街道	满意	信任	满意	一般	非常满意	一般	满意
女	26 岁至 35 岁	本科/大专	民治街道	非常满意	信任	满意	一般	非常满意	一般	满意
女	26 岁至 35 岁	本科/大专	龙华街道	满意	信任	一般	满意	满意	认可	满意
女	26 岁至 35 岁	本科/大专	龙华街道	满意	信任	非常满意	满意	满意	一般	满意
男	26 岁至 35 岁	本科/大专	民治街道	满意	信任	满意	满意	满意	认可	满意
女	36 岁至 45 岁	本科/大专	龙华街道	一般	一般	一般	一般	一般	一般	一般
女	56 岁及以上	高中/中专	龙华街道	满意	信任	满意	满意	满意	认可	非常满意
女	36 岁至 45 岁	本科/大专	大浪街道	非常满意	非常信任	非常满意	非常满意	非常满意	非常认可	非常满意
男	56 岁及以上	本科/大专	龙华街道	一般	信任	满意	一般	满意	不认可	满意
女	56 岁及以上	本科/大专	大浪街道	非常满意	非常信任	非常满意	非常满意	非常满意	非常认可	非常满意
女	36 岁至 45 岁	初中及以下	龙华街道	满意	信任	满意	非常满意	非常满意	认可	非常满意
男	36 岁至 45 岁	本科/大专	龙华街道	一般	信任	一般	一般	非常满意	认可	非常满意
男	26 岁至 35 岁	本科/大专	龙华街道	满意	非常信任	非常满意	非常满意	非常满意	认可	非常满意
男	56 岁及以上	本科/大专	龙华街道	非常满意	非常信任	非常满意	非常满意	满意	认可	非常满意
女	36 岁至 45 岁	本科/大专	龙华街道	一般	一般	一般	一般	满意	认可	一般
女	26 岁至 35 岁	本科/大专	龙华街道	非常满意	非常信任	非常满意	非常满意	非常满意	认可	非常满意
男	36 岁至 45 岁	本科/大专	龙华街道	满意	信任	一般	一般	满意	一般	一般
男	46 岁至 55 岁	本科/大专	龙华街道	非常满意	非常信任	满意	满意	非常满意	认可	非常满意
女	26 岁至 35 岁	本科/大专	龙华街道	满意	信任	满意	满意	满意	认可	满意
男	26 岁至 35 岁	本科/大专	龙华街道	非常满意	非常信任	非常满意	非常满意	非常满意	非常认可	非常满意
男	36 岁至 45 岁	本科/大专	龙华街道	一般	不信任	不满意	不满意	非常不满意	不认可	非常满意
男	36 岁至 45 岁	本科/大专	民治街道	非常满意	非常信任	非常满意	非常满意	非常满意	非常认可	非常满意
女	26 岁至 35 岁	本科/大专	龙华街道	满意	信任	满意	满意	满意	认可	满意
男	26 岁至 35 岁	本科/大专	大浪街道	非常满意	非常信任	满意	满意	满意	认可	满意

续表

1	2	3	4	5	6	7	8	9	10	11
女	36岁至45岁	本科/大专	龙华街道	满意	信任	满意	一般	满意	认可	满意
女	26岁至35岁	本科/大专	龙华街道	一般	一般	一般	一般	一般	一般	满意
男	25岁及以下	本科/大专	龙华街道	非常满意	非常信任	非常满意	非常满意	非常满意	非常认可	非常满意
男	36岁至45岁	本科/大专	龙华街道	非常满意	非常信任	非常满意	非常满意	满意	认可	非常满意
女	26岁至35岁	研究生及以上	龙华街道	满意	信任	满意	不满意	非常满意	一般	满意
男	56岁及以上	本科/大专	龙华街道	非常满意	信任	满意	一般	满意	一般	满意
女	26岁至35岁	研究生及以上	民治街道	一般	信任	满意	一般	满意	一般	满意
女	36岁至45岁	研究生及以上	龙华街道	满意	信任	满意	一般	一般	一般	非常满意
男	36岁至45岁	本科/大专	龙华街道	一般	信任	满意	一般	满意	一般	满意
女	26岁至35岁	本科/大专	龙华街道	满意	信任	满意	满意	满意	一般	满意
男	46岁至55岁	高中/中专	龙华街道	满意	信任	满意	满意	满意	认可	满意

10. 指标设计工作相关数据记录

一级指标	二级指标	三级指标	原始数据	单位
治理体系现代化	组织体系	基层治理领导协调机制建立情况	8.75	10分制
		区级能部门、街道办事处相关权责清单制定情况	9	10分制
		基层群众性自治组织的社区工作事项清单制定情况	7.75	10分制
		区级基层治理规划制定情况	8.5	10分制
		区、街道统一指挥协调能力	7.75	10分制
	制度体系	社区“两委”交叉任职比例	87	%
		社区“两委”班子成员资格联审机制落实情况	8.75	10分制
		党务、居务、财务公开制度完善度	8	10分制
		社区“两委”班子成员联系群众机制落实情况	7.75	10分制
		社区公共服务和代办政务服务事项规范化情况	8	10分制
	保障体系	基层治理工作成效评估工作情况	7.25	10分制
		督查检查工作规范化程度	7.25	10分制
		容错纠错制度建设及落实情况	7.25	10分制
		每平方公里党群服务中心数	1.16	个
		基层干部与党务工作者队伍管理建设情况	8.25	10分制
		社区党组织书记后备人才库健全度	8	10分制
		社区服务人才队伍建设情况	8	10分制
		基层党员干部法治素养情况	7.75	10分制
		基层公共法律服务体系完善度	7.25	10分制

续表

一级指标	二级指标	三级指标	原始数据	单位
治理体系现代化	保障体系	习近平新时代中国特色社会主义思想宣传情况	8.5	10分制
		社区道德评议机制健全度	8	10分制
治理能力现代化	行政执行能力	行政流程规范化建设	8.25	10分制
		行政监管制约体系建设	8	10分制
		行政执法透明化建设	7.75	10分制
	为民服务能力	九年义务教育巩固率	98.91	%
		每千人医疗卫生机构床位数	1.67	张
		流动人口服务体系建设	8.75	10分制
	议事协商能力	基层议事协商会场次数量	17	场次
		全区社区民生微实事项目数量	1278	件
		政协委员联络站数量	17	个
	应急管理能力	应急管理组织机制建设	7.5	10分制
		物资保障（救援物资、应急设备、应急资金等）体系完备率	7.75	10分制
		跨部门跨系统应急数据集成平台建成情况	7.75	10分制
	平安建设能力	重大决策社会稳定风险评估机制建设	7.75	10分制
		心理疏导服务机制建设	7.75	10分制
		全区年度各类安全事故数	1189	件
	智慧治理能力	基本公共服务事项网上办理率	67.54	%
		全区适老化和无障碍信息服务建设	8.25	10分制
		全区“线上+线下”办事服务渠道建设	8.75	10分制

续表

一级指标	二级指标	三级指标	原始数据	单位
治理效能现代化	经济效能	全区地区生产总值	2828.45	亿元
		全区年固定资产投资增长率	-10.70	%
		全区人均可支配收入	64340.87	元
	政治效能	居民参与基层协商治理满意度	4.11	5分制
		居民对政府信任度	4.30	5分制
		居民政策认同感	4.24	5分制
	社会效能	居民对基本公共服务满意度	4.11	5分制
		居民社会安全感	4.35	5分制
	文化效能	平均每万人拥有公共文化设施面积	0.497	平方米
		全区图书馆（含城市书房）数量	90	座
		对社会主义核心价值观的认可度	4.51	5分制
	生态效能	环境空气质量优良率	92.30	%
		城市生活垃圾无害化处理率	100	%
		城市生态环境满意度	4.16	5分制